Caro aluno, seja bem-vindo à sua plataforma do conhecimento!

A partir de agora, você tem à sua disposição uma plataforma que reúne, em um só lugar, recursos educacionais digitais que complementam os livros impressos e são desenvolvidos especialmente para auxiliar você em seus estudos. Veja como é fácil e rápido acessar os recursos deste projeto.

1 Faça a ativação dos códigos dos seus livros.

Se você NÃO tiver cadastro na plataforma:

- Para acessar os recursos digitais, você precisa estar cadastrado na plataforma educamos.sm. Em seu computador, acesse o endereço <br.educamos.sm>.
- No canto superior direito, clique em "**Primeiro acesso? Clique aqui**". Para iniciar o cadastro, insira o código indicado abaixo.
- Depois de incluir todos os códigos, clique em "**Registrar-se**" e, em seguida, preencha o formulário para concluir esta etapa.

Se você JÁ fez cadastro na plataforma:

- Em seu computador, acesse a plataforma e faça o *login* no canto superior direito.
- Em seguida, você visualizará os livros que já estão ativados em seu perfil. Clique no botão "**Adicionar livro**" e insira o código abaixo.

Este é o seu código de ativação! →

D8LY6-PCABR-AZFEP

2 Acesse os recursos.

Usando um computador

Acesse o endereço <br.educamos.sm> e faça o *login* no canto superior direito. Nessa página, você visualizará todos os seus livros cadastrados. Para acessar o livro desejado, basta clicar na sua capa.

Usando um dispositivo móvel

Instale o aplicativo **educamos.sm**, que está disponível gratuitamente na loja de aplicativos do dispositivo. Utilize o mesmo *login* e a mesma senha da plataforma para acessar o aplicativo.

Importante! Não se esqueça de sempre cadastrar seus livros da SM em seu perfil. Assim, você garante a visualização dos seus conteúdos, seja no computador, seja no dispositivo móvel. Em caso de dúvida, entre em contato com nosso canal de atendimento pelo **telefone 0800 72 54876** ou pelo **e-mail** atendimento@grupo-sm.com.
BRA215307_6902

ANA LUIZA PETILLO NERY
Bacharela e licenciada em Química pela Universidade de São Paulo (USP).
Doutora em Ciências pela USP.
Professora de Química.

ANDRÉ CATANI
Bacharel e licenciado em Ciências Biológicas pela
Universidade Estadual de Campinas (Unicamp).
Professor de Ciências e Biologia.

JOÃO BATISTA AGUILAR
Bacharel e licenciado em Ciências Biológicas pela USP.
Mestre em Ecologia pela USP.
Doutor em Ciências pela USP.
Professor de Ciências e Biologia.

São Paulo, 5ª edição, 2023

Geração Alpha Ciências 6
© SM Educação
Todos os direitos reservados

Direção editorial André Monteiro
Gerência editorial Lia Monguilhott Bezerra
Edição executiva André Zamboni
Edição: Carolina Mancini Vall Bastos, Marcelo Augusto Barbosa Medeiros, Mauro Faro, Filipe Faria Berçot, Tatiana Novaes Vetillo, Sylene Del Carlo, Juliana Rodrigues F. de Souza
Suporte editorial: Camila Alves Batista, Fernanda de Araújo Fortunato
Coordenação de preparação e revisão Cláudia Rodrigues do Espírito Santo
Preparação: Ana Paula R. Migiyama, Eliane de Abreu Santoro, Vera Lúcia Rocha
Revisão: Eliane de Abreu Santoro, Ivana Alves Costa, Vera Lúcia Rocha
Apoio de equipe: Camila Lamin Lessa
Coordenação de *design* Gilciane Munhoz
Design: Camila N. Ueki, Lissa Sakajiri, Paula Maestro
Coordenação de arte Vitor Trevelin
Edição de arte: Vivian Dumelle
Assistência de arte: Bruno Cesar Guimarães
Assistência de produção: Júlia Stacciarini Teixeira
Coordenação de iconografia Josiane Laurentino
Pesquisa iconográfica: Adriana Neves
Tratamento de imagem: Marcelo Casaro
Capa Megalo | identidade, comunicação e design
Ilustração da capa: Thiago Limón
Projeto gráfico Megalo | identidade, comunicação e design; Camila N. Ueki, Lissa Sakajiri, Paula Maestro
Ilustrações que acompanham o projeto: Laura Nunes
Editoração eletrônica Essencial design
Cartografia João Miguel A. Moreira
Pré-impressão Américo Jesus
Fabricação Alexander Maeda
Impressão Gráfica e Editora PifferPrint Ltda.

Dados Internacionais de Catalogação na Publicação (CIP)
(Câmara Brasileira do Livro, SP, Brasil)

Nery, Ana Luiza Petillo
  Geração alpha ciências, 6 / Ana Luiza Petillo Nery, André Catani, João Batista Aguilar. -- 5. ed. -- São Paulo : Edições SM, 2023.

  ISBN 978-85-418-3080-5 (aluno)
  ISBN 978-85-418-3081-2 (professor)

  1. Ciências (Ensino fundamental) I. Catani, André. II. Aguilar, João Batista. III. Título.

23-154213   CDD-372.35

Índices para catálogo sistemático:
1. Ciências : Ensino fundamental 372.35

Cibele Maria Dias – Bibliotecária – CRB-8/9427

5ª edição, 2023
1ª impressão, setembro 2023

SM Educação
Avenida Paulista, 1842 – 18º andar, cj. 185, 186 e 187 – Condomínio Cetenco Plaza
Bela Vista 01310-945 São Paulo SP Brasil
Tel. 11 2111-7400
atendimento@grupo-sm.com
www.grupo-sm.com/br

APRESENTAÇÃO

OLÁ, ESTUDANTE!

Ser jovem no século XXI significa estar em contato constante com múltiplas formas de linguagem, uma imensa quantidade de informações e inúmeras ferramentas tecnológicas. Isso ocorre em um cenário mundial de grandes mudanças sociais, econômicas e ambientais.

Diante dessa realidade, esta coleção foi cuidadosamente pensada tendo como principal objetivo ajudar você a enfrentar esses desafios com informação de qualidade, autonomia e espírito crítico.

Atendendo a esse propósito, os textos, as imagens e as atividades que esta coleção traz oferecem oportunidades para que você reflita sobre o que aprende, expresse suas ideias e desenvolva habilidades de comunicação nas mais diversas situações de interação em sociedade.

Vinculados aos conhecimentos próprios da área de Ciências da Natureza, também são explorados aspectos dos Objetivos de Desenvolvimento Sustentável (ODS), da Organização das Nações Unidas (ONU). Com isso, esperamos que você compartilhe dos conhecimentos construídos pelas Ciências da Natureza e os utilize para fazer escolhas responsáveis e transformadoras em sua vida.

Desejamos também que esta coleção contribua para que você se torne um jovem atuante na sociedade do século XXI e seja capaz de questionar a realidade em que vive, buscando respostas e soluções para os desafios presentes e para os que estão por vir.

Bons estudos!

Equipe editorial

CONHEÇA SEU LIVRO

Abertura da unidade

Nesta unidade, eu vou...
Nessa trilha, você conhece os objetivos de aprendizagem da unidade. Eles estão organizados por capítulos e seções e podem ser utilizados como um guia para seus estudos.

Primeiras ideias
As questões dessa seção vão incentivar você a contar o que sabe dos temas em estudo e a levantar algumas hipóteses sobre eles.

Uma imagem vai instigar sua curiosidade e motivar você ao estudo da unidade.

Leitura da imagem
Nessa seção, as questões orientam a leitura da imagem e permitem estabelecer relações entre o que é retratado nela e o que será abordado na unidade.

Cidadania global
Nesse boxe, você começa a refletir sobre o Objetivo de Desenvolvimento Sustentável (ODS) relacionado aos temas da unidade. O entendimento sobre o contexto desse ODS será construído ao longo dos capítulos e retomado no final da unidade.

Capítulos

Abertura do capítulo e Para começar
O boxe *Para começar* apresenta questões para você verificar o que conhece do conteúdo do capítulo e refletir sobre o que vai estudar. Textos, imagens, mapas e esquemas introduzem o conteúdo que será explorado.

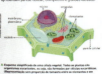

4

Práticas de Ciências

Nessa seção, você vai realizar pesquisas e atividades práticas, levantar hipóteses e elaborar conclusões, entre outras atividades.

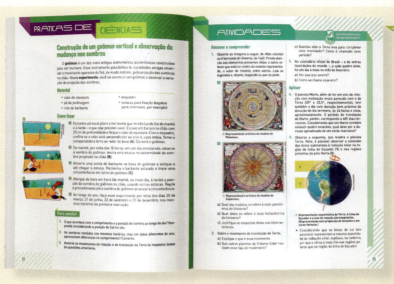

Atividades

As atividades vão ajudar você a desenvolver habilidades e competências com base no que você estudou no capítulo.

Contexto – Ciência, tecnologia e sociedade

Essa seção aparece no final de alguns capítulos e, com base em temas relacionados à unidade, convida você a compreender as relações entre ciência, tecnologia, sociedade e meio ambiente.

Ciência dinâmica

Presente ao final de alguns capítulos, essa seção explora controvérsias e mudanças conceituais – aspectos que ajudam a construir o conhecimento científico –, bem como a contribuição de estudiosos para diversas áreas das Ciências da Natureza.

Boxes

Ampliação

Traz informações complementares sobre os assuntos explorados na página.

Glossário

Traz definições de expressões e palavras cujo significado talvez você desconheça.

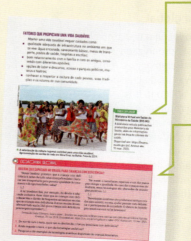

Para explorar

Oferece sugestões de museus, livros, *sites* e filmes relacionados ao tema em estudo.

Cidadania global

Apresenta informações e questões que levam você a refletir e a se posicionar sobre situações e fatos relacionados ao ODS apresentado na abertura do capítulo.

5

Fechamento da unidade

Investigar

Em dois momentos do livro, você e os colegas vão experimentar diferentes metodologias de pesquisa, como entrevista, coleta de dados, entre outras. Também vão desenvolver diferentes formas de comunicação para compartilhar os resultados de suas investigações.

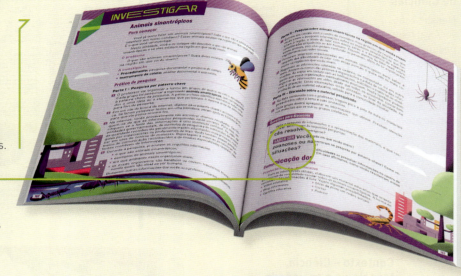

Saber ser

O selo **Saber ser** indica momentos oportunos para o desenvolvimento das competências socioemocionais tomada de decisão responsável, autogestão, autoconsciência, consciência social e habilidades de relacionamento.

Atividades integradas

As atividades propostas nessa seção integram os temas abordados na unidade e também auxiliam no desenvolvimento de habilidades e competências.

Cidadania global

Essa seção fecha o trabalho com o ODS e está organizada em duas partes. Em *Retomando o tema*, você vai rever as discussões realizadas ao longo dos capítulos e retomar a questão da abertura da unidade. Em *Geração da mudança*, você será convidado a desenvolver uma atividade, a fim de contribuir para o desenvolvimento do ODS trabalhado na unidade, no contexto da sua comunidade.

6

No final do livro, você também vai encontrar:

Interação
Essa seção propõe um projeto coletivo que resultará em um produto que pode ser usufruído pela comunidade escolar e/ou do entorno da escola.

Prepare-se!
Essa seção apresenta dois blocos de questões com formato semelhante ao de provas e exames oficiais, como Enem, Saeb e Pisa, para você verificar seus conhecimentos.

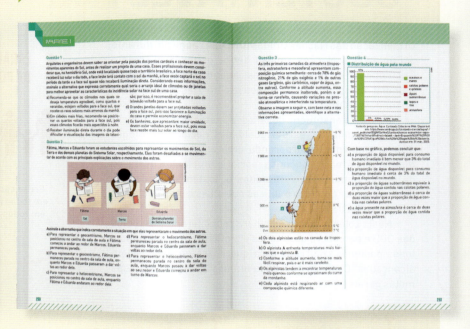

GERAÇÃO ALPHA DIGITAL

O livro digital oferece uma série de recursos para interação e aprendizagem. No livro impresso, eles são identificados com os ícones descritos a seguir.

Atividades interativas
Estes ícones indicam que, no livro digital, você encontrará atividades interativas que compõem um ciclo avaliativo ao longo da unidade. No início da unidade, você poderá verificar seus **conhecimentos prévios**. Ao final dos capítulos e da unidade, encontrará conjuntos de atividades para realizar o **acompanhamento da aprendizagem** e, por fim, a **autoavaliação**.

 Conhecimentos prévios

 Acompanhamento da aprendizagem

 Autoavaliação

Recursos digitais
Este ícone indica que, no livro digital, você terá acesso a galerias de imagens, áudios, animações, vídeos, entre outros recursos. Quando encontrar uma chamada como esta, acesse o recurso e faça a atividade que se pede.

 Assista à **rotação e translação** e proponha um modelo para representar esses dois movimentos realizados pelo planeta Terra.

O QUE SÃO OS OBJETIVOS DE DESENVOLVIMENTO SUSTENTÁVEL

Em 2015, representantes dos Estados-membros da Organização das Nações Unidas (ONU) se reuniram durante a Cúpula das Nações Unidas sobre o Desenvolvimento Sustentável e adotaram uma agenda socioambiental mundial composta de 17 Objetivos de Desenvolvimento Sustentável (ODS).

Os ODS constituem desafios e metas para erradicar a pobreza, diminuir as desigualdades sociais e proteger o meio ambiente, incorporando uma ampla variedade de tópicos das áreas econômica, social e ambiental. Trata-se de temas humanitários atrelados à sustentabilidade que devem nortear políticas públicas nacionais e internacionais até o ano de 2030.

Nesta coleção, você trabalhará com diferentes aspectos dos ODS e perceberá que, juntos e também como indivíduos, todos podemos contribuir para que esses objetivos sejam alcançados. Conheça aqui cada um dos 17 objetivos e suas metas gerais.

1 ERRADICAÇÃO DA POBREZA

Erradicar a pobreza em todas as formas e em todos os lugares

2 FOME ZERO E AGRICULTURA SUSTENTÁVEL

Erradicar a fome, alcançar a segurança alimentar, melhorar a nutrição e promover a agricultura sustentável

11 CIDADES E COMUNIDADES SUSTENTÁVEIS

Tornar as cidades e comunidades mais inclusivas, seguras, resilientes e sustentáveis

10 REDUÇÃO DAS DESIGUALDADES

Reduzir as desigualdades no interior dos países e entre países

9 INDÚSTRIA, INOVAÇÃO E INFRAESTRUTURA

Construir infraestruturas resilientes, promover a industrialização inclusiva e sustentável e fomentar a inovação

12 CONSUMO E PRODUÇÃO RESPONSÁVEIS

Garantir padrões de consumo e de produção sustentáveis

13 AÇÃO CONTRA A MUDANÇA GLOBAL DO CLIMA

Adotar medidas urgentes para combater as alterações climáticas e os seus impactos

14 VIDA NA ÁGUA

Conservar e usar de forma sustentável os oceanos, mares e os recursos marinhos para o desenvolvimento sustentável

3 SAÚDE E BEM-ESTAR

Garantir o acesso à saúde de qualidade e promover o bem-estar para todos, em todas as idades

4 EDUCAÇÃO DE QUALIDADE

Garantir o acesso à educação inclusiva, de qualidade e equitativa, e promover oportunidades de aprendizagem ao longo da vida para todos

5 IGUALDADE DE GÊNERO

Alcançar a igualdade de gênero e empoderar todas as mulheres e meninas

8 TRABALHO DECENTE E CRESCIMENTO ECONÔMICO

Promover o crescimento econômico inclusivo e sustentável, o emprego pleno e produtivo e o trabalho digno para todos

7 ENERGIA LIMPA E ACESSÍVEL

Garantir o acesso a fontes de energia fiáveis, sustentáveis e modernas para todos

6 ÁGUA POTÁVEL E SANEAMENTO

Garantir a disponibilidade e a gestão sustentável da água potável e do saneamento para todos

15 VIDA TERRESTRE

Proteger, restaurar e promover o uso sustentável dos ecossistemas terrestres, gerir de forma sustentável as florestas, combater a desertificação, travar e reverter a degradação dos solos e travar a perda da biodiversidade

16 PAZ, JUSTIÇA E INSTITUIÇÕES EFICAZES

Promover sociedades pacíficas e inclusivas para o desenvolvimento sustentável, proporcionar o acesso à justiça para todos e construir instituições eficazes, responsáveis e inclusivas a todos os níveis

17 PARCERIAS E MEIOS DE IMPLEMENTAÇÃO

Reforçar os meios de implementação e revitalizar a parceria global para o desenvolvimento sustentável

Nações Unidas Brasil. Objetivos de Desenvolvimento Sustentável. Disponível em: https://brasil.un.org/pt-br/sdgs. Acesso em: 2 maio 2023.

SUMÁRIO

UNIDADE 1

TERRA EM MOVIMENTO 13

1. Rotação da Terra 16
A Terra no Sistema Solar 16
Atividades 19

2. Translação da Terra 20
A Terra gira ao redor do Sol 20
Práticas de Ciências | Construção de um gnômon vertical e observação da mudança nas sombras 22
Atividades 23
Ciência dinâmica | A forma da Terra 24

⊿ **Atividades integradas** 26
⊿ **Cidadania global** | ODS 4 – Educação de qualidade 28

UNIDADE 2

PLANETA TERRA 29

1. Atmosfera 32
A atmosfera nos envolve 32
Composição da atmosfera terrestre 33
Atmosfera e altitude 36
Atividades 37

2. Hidrosfera 38
A água no planeta 38
Práticas de Ciências | Por que os rios têm curvas? 44
Atividades 45
Contexto – Ciência, tecnologia e sociedade | Fitorremediação 46

3. Geosfera 48
A geosfera 48
Atividades 51

⊿ **Atividades integradas** 52
⊿ **Cidadania global** | ODS 6 – Água potável e saneamento 54

UNIDADE 3

ROCHAS, MINERAIS E SOLO 55

1. Minerais e rochas 58
Minerais 58
Rochas 60
Ciclo das rochas 65
Minérios 65
Práticas de Ciências | Visita a um museu geológico 67
Atividades 68
Ciência dinâmica | Quantos anos a Terra tem? 70

2. Formação do solo 72
A degradação das rochas e a origem do solo 72
Atividades 78

⊿ **Atividades integradas** 80
⊿ **Cidadania global** | ODS 11 – Cidades e comunidades sustentáveis 82

UNIDADE 4 — MATERIAIS 83

1. Propriedades dos materiais 86
- O estudo da matéria 86
- **Atividades** 90

2. Misturas e substâncias 91
- De que os materiais são formados 91
- **Práticas de Ciências** | Construindo um filtro 93
- **Atividades** 98

3. Transformações de materiais 99
- As transformações nos cercam 99
- Transformações físicas e químicas 100
- Materiais sintéticos e materiais naturais 103
- **Atividades** 107
- **Contexto** – Ciência, tecnologia e sociedade | Criatividade na solução de problemas 108

- ◢ **Atividades integradas** 110
- ◢ **Cidadania global** | ODS 12 – Consumo e produção responsáveis 112

UNIDADE 5 — ORGANISMOS 113

1. Características dos seres vivos 116
- A célula 116
- **Práticas de Ciências** | Construindo um modelo de célula 118
- Metabolismo 120
- Nutrição e respiração 121
- Sensibilidade, reação e movimento 122
- Reprodução 123
- Níveis de organização 124
- **Atividades** 125

2. Grupos de seres vivos 126
- A classificação biológica 126
- **Atividades** 133
- **Ciência dinâmica** | História da classificação 134

- ◢ **Atividades integradas** 136
- ◢ **Cidadania global** | ODS 4 – Educação de qualidade 138

UNIDADE 6 — INVERTEBRADOS 139

1. Os animais 142
- O que é um animal? 142
- Origem e diversidade 143
- Simetria 144
- Poríferos 145
- Cnidários 146
- Platelmintos 147
- Nematódeos 148
- **Atividades** 149
- **Contexto** – Ciência, tecnologia e sociedade | Invertebrados e antibióticos 150

2. Invertebrados mais complexos 151
- Moluscos 151
- Anelídeos 153
- Artrópodes 154
- **Práticas de Ciências** | Expedição científica na escola 157
- Equinodermos 158
- **Atividades** 159
- **Ciência dinâmica** | O sumiço das abelhas 160

- ◢ **Investigar** | Animais sinantrópicos 162
- ◢ **Atividades integradas** 164
- ◢ **Cidadania global** | ODS 14 – Vida na água 166

UNIDADE 7 — VERTEBRADOS 167

1. Peixes e anfíbios 170
- Cordados 170
- Peixes 172
- Anfíbios 174
- **Atividades** 176

2. Répteis e aves 177
- Répteis 177
- Aves 180
- **Práticas de Ciências** | As aves do quintal 182
- **Atividades** 183

3. Mamíferos 184
- Características gerais 184
- **Atividades** 187
- **Contexto** – Ciência, tecnologia e sociedade | Desafios éticos na pesquisa 188

- ◢ **Atividades integradas** 190
- ◢ **Cidadania global** | ODS 15 – Vida terrestre 192

UNIDADE 8 — LOCOMOÇÃO HUMANA 193

1. Sistema esquelético 196
- Funções do sistema esquelético 196
- O esqueleto humano 197
- Articulações 201
- **Atividades** 202

2. Sistema muscular 203
- Visão geral do sistema muscular 203
- Tecido muscular 204
- Músculos e movimentos 205
- **Práticas de Ciências** | Construção de modelo de braço e antebraço 208
- **Atividades** 210

3. Movimento e saúde 212
- Atividades físicas e saúde 212
- Tônus muscular 213
- Cuidados com a postura 214
- Saúde e qualidade de vida 214
- **Atividades** 216
- **Contexto** – Ciência, tecnologia e sociedade | Tecnologia e acessibilidade 218

▲ **Atividades integradas** 220

▲ **Cidadania global** | ODS 16 – Paz, justiça e instituições eficazes 222

UNIDADE 9 — COORDENAÇÃO DO CORPO 223

1. Organização do sistema nervoso 226
- Funções do sistema nervoso 226
- As células do sistema nervoso 227
- As partes do sistema nervoso 229
- **Atividades** 231
- **Ciência dinâmica** | A ciência em constante revisão 232

2. Funcionamento do sistema nervoso 234
- Encéfalo, medula e nervos atuam em conjunto 234
- Ações voluntárias e ações involuntárias 235
- A saúde do sistema nervoso 237
- **Atividades** 239

3. Sistema sensorial 240
- Sensações e percepções 240
- O tato 241
- A visão 242
- A audição 244
- O equilíbrio 245
- O olfato 246
- A gustação 247
- **Práticas de Ciências** | Investigando a percepção 248
- **Atividades** 249

▲ **Investigar** | Conhecendo as deficiências e os meios de superá-las 250

▲ **Atividades integradas** 252

▲ **Cidadania global** | ODS 3 – Saúde e bem-estar 254

INTERAÇÃO
- Composteira na escola 255

PREPARE-SE! 259

BIBLIOGRAFIA COMENTADA 279

TERRA EM MOVIMENTO

UNIDADE 1

PRIMEIRAS IDEIAS

1. Observe o céu durante um dia sem nuvens: O que acontece com a posição relativa do Sol no céu ao longo do dia? Como você explicaria esse fenômeno?
2. Elabore uma hipótese sobre como ocorre a formação dos dias e das noites.
3. Em certas regiões da Terra, em determinados períodos do ano, as noites são mais longas que os dias; em outros períodos do ano, ocorre o contrário. E também há locais em que os dias e as noites têm mais ou menos a mesma duração o ano inteiro. Como é a duração dos dias e das noites na região onde você vive: ela varia conforme o período do ano ou é mais ou menos a mesma ao longo do ano? Levante hipóteses para explicar sua observação.

Conhecimentos prévios

Nesta unidade, eu vou...

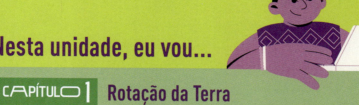

CAPÍTULO 1 — Rotação da Terra

- Identificar a Terra como um planeta do Sistema Solar.
- Explicar o movimento de rotação da Terra e sua relação com o movimento aparente do Sol.
- Associar o movimento de rotação da Terra aos fenômenos cíclicos que fundamentam a organização da percepção da passagem do tempo – dia e noite.
- Criar modelos para relacionar a variação dos períodos de claro e escuro em diferentes regiões do globo terrestre com a inclinação do eixo de rotação.

CAPÍTULO 2 — Translação da Terra

- Comparar os modelos heliocêntrico e geocêntrico e diferenciá-los.
- Compreender o movimento de translação da Terra e associá-lo ao período de um ano.
- Relacionar a existência de ano bissexto com o período do movimento de translação da Terra.
- Conhecer evidências que demonstram a esfericidade da Terra.
- Construir um gnômon e observar a variação da projeção das sombras.

CIDADANIA GLOBAL

- Valorizar os conhecimentos dos povos tradicionais, como a etnoastronomia, e suas contribuições para um desenvolvimento sustentável.
- Reconhecer a importância dos conhecimentos tradicionais para uma educação de qualidade.

LEITURA DA IMAGEM

1. Descreva a cena retratada nessa foto.
2. Essa cena se passa durante o dia ou durante a noite? Explique sua resposta, utilizando elementos presentes nela.
3. Qual relação pode ser estabelecida entre o indígena e o céu nessa cena?

CIDADANIA GLOBAL — 4 EDUCAÇÃO DE QUALIDADE

Muitos povos tradicionais, como os indígenas e os quilombolas, têm a própria interpretação do que veem no céu e de seus fenômenos, que, muitas vezes, é diferente da visão da ciência. Essa interpretação (do céu e de diversos outros elementos) faz parte do conjunto de saberes desses povos, chamado de **conhecimentos tradicionais**. A valorização da diversidade cultural e da contribuição da cultura para o desenvolvimento sustentável está prevista em um dos Objetivos de Desenvolvimento Sustentável da Organização das Nações Unidas (ONU).

- Por que é importante aprender um mesmo tema com base em diferentes pontos de vista, seja o da ciência, seja o dos saberes tradicionais, por exemplo? Em sua opinião, os conhecimentos tradicionais contribuem para uma educação de qualidade? Explique sua resposta.

 Explique a importância da **astronomia indígena** para a vida desses povos.

Indígena Kamaiurá na lagoa de Ipavu, localizada na aldeia Kamaiurá, no Parque Indígena do Xingu (MT).

15

CAPÍTULO 1
ROTAÇÃO DA TERRA

PARA COMEÇAR

A Terra é um dos planetas que compõem o Sistema Solar e, assim como os demais planetas, apresenta movimentos, como o de rotação. Como esse movimento e o Sol se relacionam à alternância do dia com a noite?

A TERRA NO SISTEMA SOLAR

O ser humano sempre esteve atento ao céu, observando seus incontáveis pontos brilhantes e tantos outros astros. Um **astro** é qualquer tipo de corpo celeste, como uma estrela, um cometa ou um planeta.

A Terra é um planeta localizado no Sistema Solar, um dos muitos sistemas planetários existentes no Universo. O **Sistema Solar**, conjunto de corpos celestes que orbitam o Sol – isto é, que se movimentam ao redor do Sol –, é composto de oito planetas: Mercúrio, Vênus, Terra, Marte, Júpiter, Saturno, Urano e Netuno.

Todos os planetas do Sistema Solar realizam movimentos, assim como a Terra. Um desses movimentos é o que a Terra faz ao redor do Sol; outro movimento, que será estudado neste capítulo, é o que a Terra faz em torno do próprio eixo imaginário.

▼ Pôr do sol em Salvador (BA). Foto de 2021. A Terra é o terceiro planeta mais próximo do Sol, a cerca de 149 milhões de quilômetros de distância. Essa distância média, também chamada de unidade astronômica (U.A.), é usada para medir distâncias dentro do Sistema Solar.

Thales Antonio/Shutterstock.com/ID/BR

A TERRA GIRA EM TORNO DE UM EIXO IMAGINÁRIO

Ao observar o céu sem (ou com poucas) nuvens, é possível perceber que a posição do Sol aparentemente muda ao longo do dia: de manhã, o Sol "nasce" a leste no horizonte; durante o dia, ele "se move" no céu e, horas depois, ele "se põe" a oeste. Graças a essas observações e devido ao fato de não percebermos a sensação de movimento da Terra, por muito tempo acreditou-se que o Sol e as demais estrelas se moviam ao redor da Terra, que, por sua vez, parecia parada.

Diversos cálculos e observações mostraram, porém, que é a Terra que se move ao redor do Sol. O movimento aparente do Sol no céu ocorre em decorrência da **rotação** do planeta Terra. Nesse movimento, a Terra gira em torno do próprio eixo, que é imaginário e atravessa o planeta do polo Sul ao polo Norte.

PONTOS CARDEAIS

Com base na observação do movimento aparente do Sol, é possível determinar as direções leste-oeste e norte-sul. O sentido que cada direção apresenta, isto é, se é para um lado ou para o outro, corresponde aos pontos cardeais norte, sul, leste e oeste.

A identificação de direções e sentidos precisos é muito importante nos grandes deslocamentos. Se você observar um mapa, encontrará a indicação dos pontos cardeais, ou pelo menos do norte, na representação. Essa indicação geralmente é feita por meio da rosa dos ventos.

▲ Rosa dos ventos.

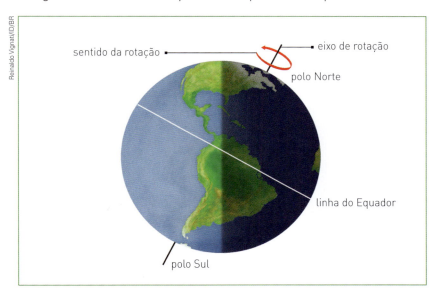

▲ O esquema representa a rotação da Terra. O eixo de rotação, a linha do Equador e a seta que indica o sentido de rotação da Terra são imaginários. (Representação sem proporção de tamanho e em cores-fantasia.)

A formação do dia e da noite

A Terra leva cerca de **24 horas** para realizar uma rotação completa ao redor de seu eixo. Esse período corresponde ao **dia terrestre**. Durante a rotação, a metade do planeta que está voltada para o Sol recebe luz, enquanto a metade oposta não a recebe. O constante movimento de rotação da Terra faz com que o período claro (o **dia claro**) e o período escuro (a **noite**) se alternem.

Tanto as estrelas como os planetas apresentam movimento de rotação, porém o período de cada um deles – isto é, o tempo que cada um leva para completar uma volta ao redor do próprio eixo – é diferente. Uma consequência disso é que os dias têm duração distinta em cada planeta. Em Netuno, por exemplo, o dia tem aproximadamente 16 horas.

PARA EXPLORAR

A história do dia e da noite, de Jacqui Bailey e Matthew Lilly. São Paulo: DCL, 2008.
O livro aborda questões como a existência do dia e da noite, por que o Sol parece subir e descer no céu e por que as sombras mudam ao longo do dia.

período: intervalo de tempo entre ciclos sucessivos de um movimento que sempre se repete.

> **FUSO HORÁRIO**
>
> Com o objetivo de definir os horários na Terra, convencionou-se dividir o globo terrestre em 24 faixas ao longo da direção norte-sul. A cada uma dessas faixas foi atribuído um horário. Essas faixas correspondem aos **fusos horários**, e cada uma delas está a uma hora de diferença da faixa ao lado. Por razões políticas e comerciais, nem todas as faixas são delimitadas por retas. Elas podem ser distorcidas para incluir ou excluir certos territórios ou países. Regiões e países dentro de uma mesma faixa estão em um mesmo fuso horário. No Brasil, há quatro faixas de fuso horário.

A inclinação do eixo imaginário terrestre

A duração dos períodos claros e escuros varia de acordo com a região do globo terrestre e também ao longo do ano. Isso se relaciona a outra característica terrestre: o eixo de rotação da Terra é **inclinado** em relação ao plano orbital terrestre.

Dessa forma, a linha do Equador não está alinhada a esse plano e a quantidade de luz solar que atinge cada hemisfério varia ao longo do ano. Acompanhe o esquema a seguir.

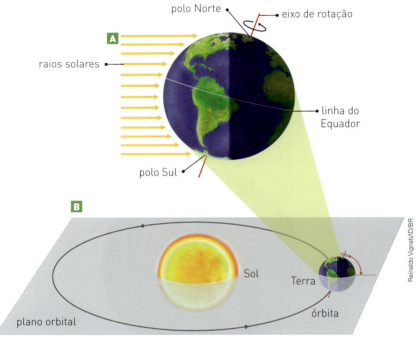

▲ Algumas características da Terra, vistas até agora.

órbita: trajetória que um astro descreve ao redor de outro.

plano orbital terrestre: plano imaginário estabelecido pela órbita da Terra ao redor do Sol.

▲ Esquema do movimento de rotação da Terra **(A)** e do plano orbital terrestre **(B)**. Perceba em **(A)** que os raios solares atingem mais o hemisfério Sul que o hemisfério Norte. Isso ocorre por dois motivos: pela inclinação do eixo de rotação da Terra em relação ao plano da órbita **(B)** e pela posição da Terra na órbita em relação ao Sol. Quando a Terra estiver à direita do Sol, no esquema, o hemisfério Sul receberá mais luz que o Norte. (Representação sem proporção de tamanho e distância entre os elementos e em cores-fantasia.)

CIDADANIA GLOBAL

ASTRONOMIA, CONHECIMENTOS TRADICIONAIS E SUSTENTABILIDADE

O conhecimento tradicional depende do meio ambiente em que as comunidades tradicionais vivem e está relacionado a uma estrutura social de contato com a natureza, em que predomina o respeito. Em geral, cada comunidade tradicional desenvolve técnicas de manejo e de utilização dos recursos naturais locais de acordo com sua disponibilidade, a fim de garantir sua utilização no presente e no futuro. Satisfazer as necessidades e as aspirações das gerações presentes e futuras é o princípio da sustentabilidade.

O conhecimento astronômico dos povos originários também contribui para o manejo sustentável dos recursos naturais. Estrelas e constelações são usadas como marcadores temporais e associadas a fenômenos, como florações, frutificações, elevação no nível dos rios, movimentos de subida ou de descida de peixes ao longo do rio, entre outros, auxiliando a compreender o comportamento da natureza e a estabelecer as melhores formas de interagir com os recursos do meio. Por isso, nem todos os grupos atribuem o mesmo significado a determinado fenômeno astronômico, uma vez que cada grupo desenvolve a própria estratégia de sobrevivência. As constelações sazonais, por exemplo, oferecem aos povos uma grande diversidade de interpretação.

- **SABER SER** Converse com os colegas: Como os conhecimentos tradicionais que os povos indígenas têm sobre os fenômenos celestes podem ser úteis para as gerações atuais e futuras? Justifique sua resposta.

ATIVIDADES

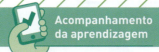

Retomar e compreender

1. Observe a foto e responda às questões no caderno.
   a) De que lado da imagem estaria o Sol, quando essa foto foi tirada? Justifique.
   b) Que tipo de astro é a Terra?
   c) Na foto, em que metade da Terra é dia claro? E em que metade é noite?

A foto, tirada em 1992 pela sonda espacial Galileo, mostra a Lua (menor) e a Terra (maior).

2. Com suas palavras, explique o que é o movimento de rotação da Terra e como ocorre a formação dos dias e das noites.

3. O primeiro país do mundo a comemorar o Ano-Novo é sempre a República de Fiji, localizada na Oceania. Considerando o movimento de rotação da Terra, qual característica desse movimento explica o fato de esse país comemorar o Ano-Novo antes do Brasil?

4. Em Urano, planeta do Sistema Solar, o período de rotação é de cerca de 17 horas e 14 minutos.
   - Compare o período de rotação da Terra com o de Urano e responda em qual desses planetas o dia é mais longo. Justifique.

Foto de Urano, feita pela sonda Voyager 2, em 14 de janeiro de 1986.

Aplicar

5. A foto a seguir foi feita com a técnica de longa exposição, em que uma câmera registra um mesmo local ao longo de determinado tempo. Os traços luminosos na imagem correspondem às trajetórias aparentes dos astros no decorrer da noite.

Parque Nacional do Iguaçu (PR), 2021. Foto de longa exposição.

- No caderno, elabore uma explicação para o movimento aparente dos astros no céu noturno, evidenciado nessa foto.

6. Organizem-se em grupos de até quatro estudantes. Projetem e construam um modelo que relacione a variação da duração de dias e noites, de acordo com a região terrestre, ao eixo de rotação da Terra.

CAPÍTULO 2
TRANSLAÇÃO DA TERRA

PARA COMEÇAR

Além de girar em torno de seu eixo imaginário, a Terra se movimenta ao redor do Sol. Como isso se relaciona à quantidade de luz solar que chega aos hemisférios da Terra ao longo do ano?

Interaja com **modelos do Universo** e identifique as semelhanças e as diferenças entre os modelos apresentados.

▼ A festa de Ano-Novo é uma celebração que marca o fim de um ciclo: o ano. Esse período está relacionado ao movimento de translação da Terra. Praia de Copacabana, Rio de Janeiro (RJ). Foto de 2023.

A TERRA GIRA AO REDOR DO SOL

Desde a Antiguidade, o Universo desperta a curiosidade humana. O desejo de compreendê-lo levou à elaboração de diferentes explicações sobre o movimento dos astros. Uma delas foi o **geocentrismo** (do grego *geo* = Terra). De acordo com o modelo geocêntrico, a Terra estaria no centro do Universo, e os outros astros (inclusive o Sol) se moveriam ao redor dela. Alguns defensores dessa ideia foram Aristóteles (384 a.C.-322 a.C.), na Grécia Antiga, e o astrônomo grego Ptolomeu (cerca de 100 d.C.-170 d.C.), no século II d.C.

Para o **heliocentrismo** (do grego *helios* = Sol), por sua vez, a Terra e os demais planetas giravam ao redor do Sol, que ocuparia o centro do Universo. O estudioso grego Aristarco (310 a.C.-230 a.C.) e o matemático e astrônomo polonês Nicolau Copérnico (1473-1543) defenderam essa ideia.

De acordo com a visão científica atual, o Sol é o elemento central apenas do Sistema Solar, mas o centro do Universo, para muitos cientistas, é indefinido. A Terra, como os demais planetas do Sistema Solar, percorre uma trajetória ao redor do Sol. Esse movimento que um corpo celeste faz ao redor de outro é chamado **translação**. O próprio Sol também se move, em torno do centro da galáxia Via Láctea.

A TRANSLAÇÃO E O ANO

O movimento de translação da Terra ao redor do Sol dura 365 dias e 6 horas. A esse período deu-se o nome de **ano**. A trajetória descrita durante a translação é chamada de **órbita**. A órbita da Terra é praticamente circular.

O eixo da Terra é inclinado em relação ao plano da órbita. Assim, à medida que ocorre o movimento de translação, muda a quantidade de luz que os hemisférios terrestres recebem, o que acaba interferindo no clima e na duração dos períodos iluminados e dos períodos escuros. Na região da linha do Equador, essa variação é menor. Observe o esquema a seguir.

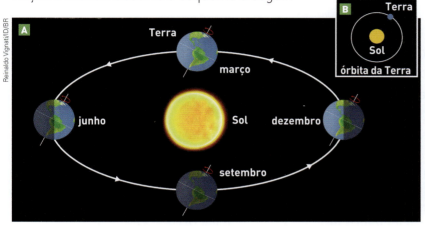

◀ Esquema do movimento de translação da Terra. Como a órbita da Terra é praticamente circular, a distância entre a Terra e o Sol varia muito pouco ao longo de um ano e não exerce influência significativa no clima de nosso planeta. Por razões didáticas, o esquema (A) representa a Terra ao mesmo tempo em quatro posições. Ao lado, o esquema (B) mostra a órbita da Terra ao redor do Sol vista de cima. (Representações sem proporção de tamanho e distância entre os elementos e em cores-fantasia.)

Ano bissexto

No calendário utilizado em grande parte do mundo, o ano tem 365 dias. No entanto, como você viu, a cada ano há seis horas "sobrando". Por convenção, decidiu-se que essas horas se "acumulariam" e, a cada quatro anos, o mês de fevereiro teria um dia a mais, ou seja, 29 dias. Esse ano com 366 dias é chamado de **ano bissexto**.

 Assista à **rotação e translação** e proponha um modelo para representar esses dois movimentos realizados pelo planeta Terra.

CIDADANIA GLOBAL

O VALOR E A NATUREZA DOS CONHECIMENTOS TRADICIONAIS

A integração de conhecimentos científicos e tradicionais tem sido cada vez mais proposta em abordagens de conservação e manejo sustentável da natureza. [...]

[...]

De uma perspectiva intercultural, busca-se o desenvolvimento de sistemas complementares de conhecimentos tradicionais e científicos, os quais podem ser postos em uso, por exemplo, na conservação e educação. Mas, para além de seu papel cognitivo e prático, uma perspectiva intercultural abriga maior potencial para cooperação baseada em respeito mútuo entre comunidades tradicionais e comunidades científicas, preservando a autonomia dos processos de produção de conhecimento e buscando possibilidades de diálogo e complementaridade.

Charbel N. El-Hani. Integrando conhecimentos científicos e tradicionais na conservação. Blog *Darwinianas*, 1º maio 2018. Disponível em: https://darwinianas.com/2018/05/01/integrando-conhecimentos-cientificos-e-tradicionais-na-conservacao/. Acesso em: 3 mar. 2023.

1. Segundo o texto, como deve ser a relação entre o conhecimento tradicional e o científico? O que essa relação ajuda a promover entre as comunidades?
2. Faça uma busca de conhecimentos tradicionais relacionados à astronomia presentes em comunidades tradicionais do Brasil. Esses conhecimentos podem contribuir para uma educação de qualidade?

PRÁTICAS DE CIÊNCIAS

Construção de um gnômon vertical e observação da mudança nas sombras

O **gnômon** é um dos mais antigos instrumentos astronômicos construídos pelo ser humano. Esse instrumento possibilitou às sociedades antigas observar o movimento aparente do Sol, de modo indireto, pela projeção das sombras no chão. Neste **experimento**, você vai construir um gnômon e observar a variação da projeção das sombras.

Material

- cabo de vassoura
- pá de jardinagem
- rolo de barbante
- esquadro
- estacas para fixação (espetos para churrasco, por exemplo)

Como fazer

Ilustrações: Leandro Lassmar/ID/BR

1 Encontre um local plano e horizontal que receba luz do Sol de manhã e à tarde – e que seja possível cavar. Escave um buraco no chão com 20 cm de profundidade e finque o cabo de vassoura. Com o esquadro, confira se o cabo está perpendicular ao solo e, caso esteja, firme-o compactando a terra ao redor da base **(A)**. Ele será o gnômon.

2 De manhã, por volta das 10 horas, em um dia ensolarado, observe a sombra do gnômon. Insira uma estaca na extremidade da sombra projetada no chão **(B)**.

3 Amarre uma ponta do barbante na base do gnômon e estique-o até chegar à estaca. Mantenha o barbante esticado e trace uma circunferência em torno do gnômon **(C)**.

4 Marque de hora em hora (de manhã, ao meio-dia, à tarde) a posição da sombra do gnômon no chão, usando outras estacas. Repita o procedimento até a sombra do gnômon alcançar a circunferência.

5 Ao longo do ano, faça esse experimento por volta dos dias 20 de março, 21 de junho, 22 de setembro e 20 de dezembro, nos mesmos horários da primeira marcação.

Para concluir

1. O que acontece com o comprimento e a posição da sombra ao longo do dia? Responda considerando a posição do Sol no céu.

2. As sombras medidas nos mesmos horários, mas em datas diferentes do ano, apresentam diferenças no comprimento? Comente.

3. Associe os movimentos de rotação e de translação da Terra às respostas dadas às questões anteriores.

ATIVIDADES

Acompanhamento da aprendizagem

Retomar e compreender

1. Observe as imagens a seguir, do *Atlas celestial ou A harmonia do Universo*, de 1660. Preste atenção aos elementos presentes nelas: o astro celeste que está no centro do modelo representado, o autor do modelo, entre outros. Leia as legendas e, depois, responda ao que se pede.

A

▲ Representação artística do modelo de Ptolomeu.

B

▲ Representação artística do modelo de Copérnico.

   a) Qual dos modelos se refere à visão geocêntrica do Universo?
   b) Qual deles se refere à visão heliocêntrica do Universo?
   c) Justifique as respostas dadas nos itens anteriores.

2. Sobre o movimento de translação da Terra:
   a) Explique o que é esse movimento.
   b) Que outros planetas do Sistema Solar realizam esse tipo de movimento?
   c) Quantos dias a Terra leva para completar uma translação? Como é chamado esse período?

3. No calendário oficial do Brasil – e de outras localidades do mundo –, a cada quatro anos, há um dia a mais no mês de fevereiro.
   a) Por que isso ocorre?
   b) Como se chama esse ano?

Aplicar

4. O planeta Marte, além de ter um eixo de rotação com inclinação muito parecida com a da Terra (25° e 23,5°, respectivamente), tem também o dia com duração bem próxima da duração do dia terrestre, de 24 horas e meia, aproximadamente. O período de translação de Marte, porém, corresponde a 687 dias terrestres. Considerando que em Marte também existam quatro estações, qual deve ser a duração aproximada de um verão marciano?

5. Observe o esquema, que mostra o planeta Terra. Nele, é possível observar a extensão das áreas submetidas à radiação solar na região da linha do Equador (**1**) e nas regiões próximas do polo Norte (**2**).

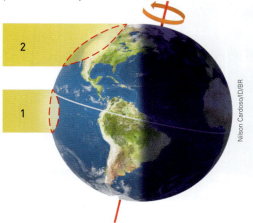
▲ Representação esquemática da Terra. A linha do Equador e o eixo de rotação são imaginários. (Representação sem proporção de tamanho e em cores-fantasia.)

- Considerando que os feixes de luz (em amarelo) representam a mesma quantidade de radiação solar, explique, no caderno, por que o clima é mais frio nas regiões polares que na região da linha do Equador.

23

CIÊNCIA DINÂMICA

A forma da Terra

A forma da Terra já era estudada na Antiguidade. Na Grécia Antiga, Pitágoras (570 a.C.-496 a.C.) descrevia o planeta como um corpo esférico. Mais tarde, o grego Aristóteles (384 a.C.-322 a.C.) também defendeu essa ideia; entre seus argumentos, estava a observação da sombra curvada da Terra projetada na Lua durante os eclipses lunares. Eratóstenes (276 a.C.-196 a.C.) demonstrou a curvatura da Terra e estimou a medida da circunferência da Terra, encontrando um valor bem próximo da medida que hoje é conhecida pela ciência.

O experimento de Eratóstenes

O crédito da determinação do tamanho da Terra vai para Eratóstenes, um grego que dirigia a Grande Biblioteca de Alexandria, no Egito. Por volta de 250 a.C., um viajante contou a ele uma observação interessante. Ao meio-dia do primeiro dia de verão no Hemisfério Norte (21 de junho), um poço profundo na cidade de Siena, cerca de 800 km ao sul de Alexandria, ficava totalmente iluminado pela luz solar, porque o sol estava em uma posição exatamente sobre a cabeça. Seguindo um palpite, Eratóstenes realizou um experimento. Ele fincou uma estaca vertical em sua própria cidade (Alexandria) e, ao meio-dia, no primeiro dia do verão, a estaca produziu uma sombra.

Eratóstenes presumiu que o Sol estava muito distante, de forma que os raios de luz incidentes sobre as duas cidades eram paralelos. Sabendo que o Sol projetava uma sombra em Alexandria, mas estava exatamente sobre a cabeça ao mesmo tempo em Siena, Eratóstenes conseguiu demonstrar por meio de geometria simples que a superfície do solo deveria ser curva. Ele sabia que a superfície curva mais perfeita é a da esfera, então levantou a hipótese de que a Terra tinha uma forma esférica (os gregos admiravam a perfeição geométrica). Medindo o comprimento da sombra da estaca em Alexandria, calculou que, se as linhas verticais entre as duas cidades pudessem ser estendidas ao centro da Terra, elas se encontrariam em uma intersecção com ângulo em torno de 7°, que é aproximadamente 1/50 de um círculo completo (360°). Ele sabia que a distância entre as duas cidades era cerca de 800 km em medições atuais. Usando esses dados, Eratóstenes calculou uma circunferência para a Terra que é muito próxima ao valor moderno:

Circunferência da Terra = 50 × distância de Siena a Alexandria = 50 × 800 km = 40 000 km.

[...]

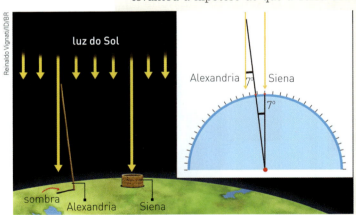

Esquema do experimento de Eratóstenes. (Representação sem proporção de tamanho e distância entre os elementos e em cores-fantasia.)

Em sua poderosa demonstração do método científico, Eratóstenes fez observações (o comprimento da sombra), formulou uma hipótese (forma esférica) e aplicou um pouco de teoria matemática (geometria esférica) para propor um modelo incrivelmente preciso da forma física da Terra. [...] Além disso, conhecer o tamanho e a forma da Terra permitia aos astrônomos gregos calcular os tamanhos da Lua e do Sol e as distâncias desses corpos em relação à Terra.

John Grotzinger; Tom Jordan. *Para entender a Terra*. 6. ed. Porto Alegre: Bookman, 2013. p. 8-9.

O conceito de Terra esférica foi adotado por muitos estudiosos, inclusive durante a Idade Média. Mais tarde, essa concepção de Terra esférica foi utilizada por navegadores, principalmente a partir das grandes navegações do século XV. Entre esses navegadores estão o genovês Cristóvão Colombo (1451-1506) e o português Fernão de Magalhães (1480-1521) – este, um dos idealizadores e integrante da primeira viagem de circum-navegação do planeta realizada entre 1519 e 1522.

▲ Ilustração da obra *De sphaera mundi*, tratado medieval do século XIII, escrito pelo matemático e astrônomo escocês Johannes de Sacrobosco (1195-1256), no qual se pode ver uma das evidências que davam suporte à ideia de que a Terra é esférica: ao olhar para um navio que surge no horizonte, a parte inferior da embarcação não pode ser vista, devido à curvatura da Terra. Essa evidência já era conhecida desde os tempos de Aristóteles.

> [...] muitos exploradores conseguiram completar a volta ao mundo. O português Fernão de Magalhães circum-navegou a Terra [...], algo que teria sido muito mais difícil de fazer caso o planeta tivesse uma borda.
>
> No entanto, mesmo antes do feito de Magalhães, navegadores mais atentos já tinham percebido que a Terra era redonda, ao observarem que, ao apontar rumo a um objeto alto, como uma montanha, o topo aparece sobre o horizonte antes de todo o resto.
>
> Melissa Hogenboom. Ainda duvida que a Terra é redonda? Veja como os gregos provaram isso há 2 mil anos. *BBC*, 3 fev. 2016. Disponível em: http://www.bbc.com/portuguese/noticias/2016/02/160130_vert_earth_terra_redonda_ml. Acesso em: 3 mar. 2023.

circum-navegar: nesse caso, navegar por via marítima em torno da Terra.

A ciência atual já provou que a forma da Terra é aproximadamente esférica. Isso com base em dados obtidos por meio da observação por satélites, sondas, entre outros meios de verificação. Uma das fotos mais conhecidas – reproduzida nesta página – foi feita em 1972 pela tripulação da missão Apollo 17.

Captada a cerca de 29 mil quilômetros de distância da Terra, esta foto, que mostra uma face da Terra totalmente iluminada, é uma das mais reproduzidas na história da humanidade. ▶

Em discussão

1. Os textos negam ou confirmam que a forma da Terra é aproximadamente esférica? Justifique com elementos dos textos.

2. Eratóstenes contratou uma pessoa especializada em dar passos com precisão para ir de Alexandria até Siena. Com isso, obteve um valor confiável da distância entre essas duas cidades, utilizado em seus cálculos. Por que experimentos bem projetados e medições precisas são importantes para a ciência?

3. Nos últimos anos, algumas pessoas que acreditam que a Terra é plana têm ganhado certo destaque nas redes sociais, principalmente pela facilidade de divulgar suas ideias por meio de notícias falsas, as *fake news*. Busque informações na internet para entender quais são os argumentos desse grupo para afirmar que a Terra é plana e como a ciência responde a esses equívocos.

 Ouça **qual é a forma da Terra?** e enumere as informações que você considere mais relevantes.

ATIVIDADES INTEGRADAS

Retomar e compreender

1. No caderno, copie e preencha corretamente o esquema a seguir.

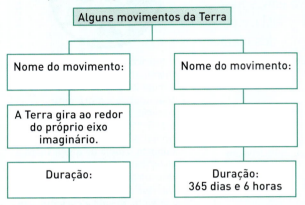

Alguns movimentos da Terra
- Nome do movimento:
  - A Terra gira ao redor do próprio eixo imaginário.
  - Duração:
- Nome do movimento:
  -
  - Duração: 365 dias e 6 horas

2. Leia as afirmações a seguir e, no caderno, classifique-as em verdadeiras ou falsas, corrigindo-as quando necessário.

a) A Terra é um dos sete planetas que compõem o Sistema Solar.

b) Planetas e estrelas são exemplos de astros.

c) No Sistema Solar, somente a Terra apresenta os movimentos de rotação e translação.

d) De acordo com a visão geocêntrica de Ptolomeu, o Sol ocupava o centro do Universo.

Aplicar

3. A ideia do heliocentrismo não nasceu com Nicolau Copérnico. Ele retomou as ideias propostas pelo estudioso grego Aristarco (310 a.C.-230 a.C.), na Grécia Antiga. Depois de Copérnico, outros pesquisadores fizeram novas descobertas.

Representação artística retratando Aristarco feita em 1632 por Philip van Lansberg (1561-1632).

a) O que isso pode dizer a respeito dos modelos científicos?

b) Qual é a importância dos modelos de Aristóteles e de Ptolomeu para a ciência?

Analisar e verificar

4. A figura representa a posição da Terra durante o inverno no hemisfério Norte. Nesse período, ocorre um interessante fenômeno no círculo polar Ártico: o Sol não "nasce" durante alguns dias. Enquanto isso, no círculo polar Antártico, ele não se põe.

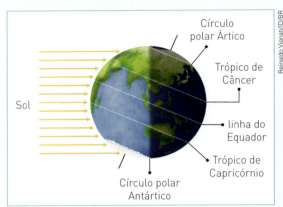

a) A que se deve esse fato, se a Terra continua a girar em seu movimento de rotação?

b) Quando essa situação poderá se inverter? Por quê?

5. Observe a tabela a seguir e responda às questões.

Períodos de rotação (valores aproximados) de alguns planetas do Sistema Solar	
Planeta	Período de rotação
Mercúrio	1 407 horas e 30 minutos
Vênus	5 832 horas
Marte	24 horas e 36 minutos
Júpiter	9 horas e 56 minutos
Saturno	10 horas e 39 minutos

Fonte de pesquisa: Planet compare. Nasa Science – Solar System Exploration. Disponível em: https://solarsystem.nasa.gov/planet-compare/. Acesso em: 3 mar. 2023.

a) Que planeta, dentre os listados na tabela, tem período de rotação mais similar ao da Terra? Justifique.

b) Qual planeta da tabela apresenta o dia mais curto? E qual apresenta o dia mais longo? Justifique.

Acompanhamento da aprendizagem

6. Observe o mapa dos fusos horários existentes no Brasil.

   ■ **Fusos horários no Brasil**

   Fonte de pesquisa: IBGE Mapas. Disponível em: https://atlasescolar.ibge.gov.br/images/atlas/mapas_brasil/brasil_fuso_horario.pdf. Acesso em: 3 mar. 2023.

   a) Em que faixa de fuso horário se encontra o município em que você mora?
   b) O horário oficial do Brasil é o Horário Oficial de Brasília, no Distrito Federal. Quantas horas de diferença há entre o fuso horário de seu estado e o fuso horário do Distrito Federal?

Criar

7. Por volta do meio-dia no Brasil, João assistia a um programa de televisão que mostrava um repórter brasileiro cobrindo um evento esportivo ao meio-dia no Japão. Responda:
   - O programa de televisão a que João assistia estava sendo transmitido ao vivo? Elabore uma hipótese para justificar sua resposta.

8. Leia o texto a seguir e responda às questões.

   > Para os tupis-guaranis o Sol é o principal regulador da vida na Terra e tem grande significado religioso. Todo o cotidiano deles está voltado para a busca da força espiritual do Sol. Os guaranis, por exemplo, nomeiam o Sol de *Kuaray*, na linguagem do cotidiano, e de *Nhamandu*, na espiritual.
   >
   > Os tupis-guaranis determinam o meio-dia solar, os pontos cardeais e as estações do ano utilizando o relógio solar vertical, ou gnômon, que na língua tupi antiga, por exemplo, chamava-se *Cuaracyraangaba*. Ele é constituído de uma haste cravada verticalmente em um terreno horizontal, da qual se observa a sombra projetada pelo Sol. Essa haste vertical aponta para o ponto mais alto do céu, chamado zênite. O relógio solar vertical foi utilizado também no Egito, China, Grécia e em diversas outras partes do mundo.
   >
   > Germano Bruno Afonso. Mitos e estações no céu Tupi-Guarani. *Revista Ciência & Cultura*, v. 74, n. 3, jul./set. 2022. Disponível em: https://revistacienciaecultura.org.br/?artigos=mitos-e-estacoes-no-ceu-tupi-guarani. Acesso em: 6 mar. 2023.

   a) Compare o gnômon feito pelos povos indígenas falantes de tupi-guarani, descrito no texto, com o que vocês construíram nesta unidade.
   b) O que você acha da visão desses povos a respeito do Sol? Por que é importante respeitar esse conhecimento tradicional?

CIDADANIA GLOBAL
UNIDADE 1

Retomando o tema

Nesta unidade, você conheceu a importância dos conhecimentos tradicionais e, além disso, teve a oportunidade de perceber que a combinação desses conhecimentos com o conhecimento científico possibilita uma compreensão mais integral dos fenômenos naturais. Agora, verifique o que você aprendeu acerca desses temas respondendo às questões a seguir.

1. Qual é a importância dos conhecimentos de astronomia para o modo de vida dos povos indígenas brasileiros?
2. A valorização dos conhecimentos tradicionais pode contribuir para promover um desenvolvimento sustentável? Explique.
3. Em sua opinião, por que é importante aprender um mesmo tema com base em diferentes saberes e pontos de vista?

Geração da mudança

- Em grupos, recuperem as informações que vocês coletaram sobre conhecimentos tradicionais relacionados à astronomia de povos tradicionais do Brasil e, com essas informações, elaborem uma apresentação aos colegas de turma.
- Sejam criativos na montagem da apresentação, utilizando fotos, vídeos e/ou animações, para exemplificar o conhecimento tradicional selecionado pelo grupo.
- Em data combinada com o professor, cada grupo apresentará seu trabalho à turma. Ao final, discutam como os conhecimentos tradicionais podem contribuir para uma educação de qualidade na comunidade escolar.

PLANETA TERRA

UNIDADE 2

PRIMEIRAS IDEIAS

1. Como você imagina que seja a composição da atmosfera da Terra?
2. Você já leu ou ouviu a expressão "Planeta Água" referindo-se à Terra? O que você acha que ela significa?
3. Em quais estados físicos a água é encontrada no planeta Terra?
4. O que você sabe a respeito da temperatura no interior da Terra?

Conhecimentos Prévios

Nesta unidade, eu vou...

CAPÍTULO 1 Atmosfera

- Analisar e interpretar esquemas para compreender o que é atmosfera e sua estrutura.
- Conhecer a composição gasosa da atmosfera terrestre.
- Compreender a relação entre altitude e atmosfera.
- Pesquisar os efeitos do buraco na camada de ozônio.

CAPÍTULO 2 Hidrosfera

- Compreender o que é hidrosfera.
- Reconhecer as parcelas de água doce, salgada e salobra que compõem a hidrosfera.
- Identificar alguns corpos de água.
- Compreender as etapas do ciclo da água.
- Conhecer a prática de fitorremediação e associá-la ao tratamento de solo e água contaminados.

CAPÍTULO 3 Geosfera

- Analisar um esquema, identificando a crosta terrestre, o manto e o núcleo, e conhecer as características dessas camadas.
- Compreender a erosão e o intemperismo como fatores que podem modificar a crosta terrestre.

CIDADANIA GLOBAL

- Reconhecer a importância das nascentes de água para a população.
- Identificar as nascentes e/ou fontes de captação de água da região em que vivo e os eventuais riscos a que estão submetidas.
- Elaborar cartazes de conscientização sobre a importância das nascentes e as principais ameaças a essas fontes de água.

29

LEITURA DA IMAGEM

1. Que componentes do planeta Terra você consegue identificar no ambiente mostrado nessa foto?
2. De onde você acha que se origina a água de nascentes como a retratada na foto? Como você chegou a essa conclusão?

CIDADANIA GLOBAL

6 ÁGUA POTÁVEL E SANEAMENTO

A água é um recurso natural essencial para a manutenção da vida de todos os seres vivos do planeta Terra. Em geral, a água utilizada para o abastecimento da população de áreas urbanas é proveniente de mananciais. Nos últimos anos, porém, muitas áreas onde há presença de mananciais têm sido severamente afetadas pelo uso inadequado do solo, pela poluição, pelo despejo de esgoto e descarte de lixo, pelo desmatamento de encostas, entre outros fatores.

- Quais medidas podem ser tomadas pela população para ajudar na preservação das nascentes de água ou na recuperação daquelas já degradadas?

 Compare os **rios e suas nascentes**.

Nascente do rio São Francisco, localizada no Parque Nacional da Serra da Canastra, em São Roque de Minas (MG). Foto de 2022. Nascentes são afloramentos naturais de água que podem vir a formar cursos de água, como riachos e rios, por exemplo.

André Dib/Pulsar Imagens

CAPÍTULO 1

ATMOSFERA

PARA COMEÇAR

A atmosfera é formada por vários tipos de gases e por materiais líquidos e sólidos. Por que ela é essencial para a sobrevivência dos seres vivos na Terra?

▼ Foto tirada por astronautas a bordo da Estação Espacial Internacional em 2021. Na imagem, é possível ver o cruzamento da aurora boreal (luzes na vertical) com o fenômeno *airglow* (brilho do ar), que ocorre quando a luz do Sol atravessa a atmosfera terrestre.

A ATMOSFERA NOS ENVOLVE

A **atmosfera** (do grego *atmós* = vapor e *sphaira* = esfera) é composta de uma mistura de gases, como o gás nitrogênio, o gás oxigênio e o gás carbônico. Essa mistura, também conhecida como **ar**, envolve a Terra. Alguns desses gases, como o gás oxigênio e o gás carbônico, são utilizados pelos seres vivos em seus processos vitais, como a respiração e a fotossíntese.

Há mais de 4 bilhões de anos, a Terra estava em formação. A crosta estava se solidificando, e o planeta liberava diversos gases, que passavam a compor a atmosfera da Terra primitiva.

Com o tempo, ocorreram transformações ambientais na Terra, algumas delas provocadas pelo desenvolvimento da vida no planeta. O gás oxigênio, por exemplo, passou a fazer parte da atmosfera após o surgimento de microrganismos que realizavam fotossíntese. O gás carbônico, por sua vez, diminuía, graças à absorção realizada pela fotossíntese. Por causa dessas transformações, a proporção de gases da atmosfera foi se alterando, até chegar à composição atual.

No entanto, ações humanas, como a emissão de poluentes por veículos e incêndios criminosos, têm provocado modificações na atmosfera todos os dias, comprometendo esse equilíbrio.

Mark Garcia/NASA

COMPOSIÇÃO DA ATMOSFERA TERRESTRE

A atmosfera terrestre é composta principalmente de gás nitrogênio e gás oxigênio. Também compõem a atmosfera, mas em pequenas quantidades, o dióxido de carbono (gás carbônico), o argônio, o hidrogênio, entre outros gases.

■ **Composição da atmosfera terrestre (principais gases)**

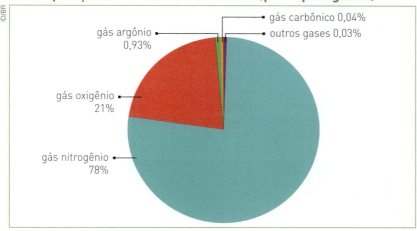

◀ O gráfico apresenta as proporções aproximadas dos principais gases que compõem a atmosfera terrestre.

Fonte de pesquisa: Alice Marlene Grimm. A atmosfera. Em: Alice Marlene Grimm. *Meteorologia básica*. Curitiba: Universidade Federal do Paraná, 1999. Disponível em: https://www.fisica.ufpr.br/grimm/aposmeteo/cap1/cap1-2.html. Acesso em: 28 fev. 2023.

Além de gases, a atmosfera contém água nos estados líquido e sólido nas nuvens, e material particulado, como fuligem, pólen, esporos e outros microrganismos.

A ÁGUA NA ATMOSFERA

A atmosfera contém água no estado gasoso, conhecida como vapor de água, que é invisível. A quantidade de vapor de água na atmosfera em determinado local muda no decorrer do ano em virtude das chuvas, dos ventos e das alterações climáticas. Em média, existe entre 1% e 4% de vapor de água na atmosfera terrestre, e a maior parte está nos 4 mil metros próximos à superfície.

A **umidade relativa do ar** é a medida da quantidade de vapor de água existente no ar e é expressa na forma de porcentagem.

Há regiões na Terra onde o ar é bem seco, como no deserto de Atacama, e outras regiões onde o ar é muito úmido, como na floresta Amazônica.

◀ O deserto de Atacama, no Chile, apresenta taxas de umidade muito baixas. Foto de 2022.

33

Camadas da atmosfera terrestre

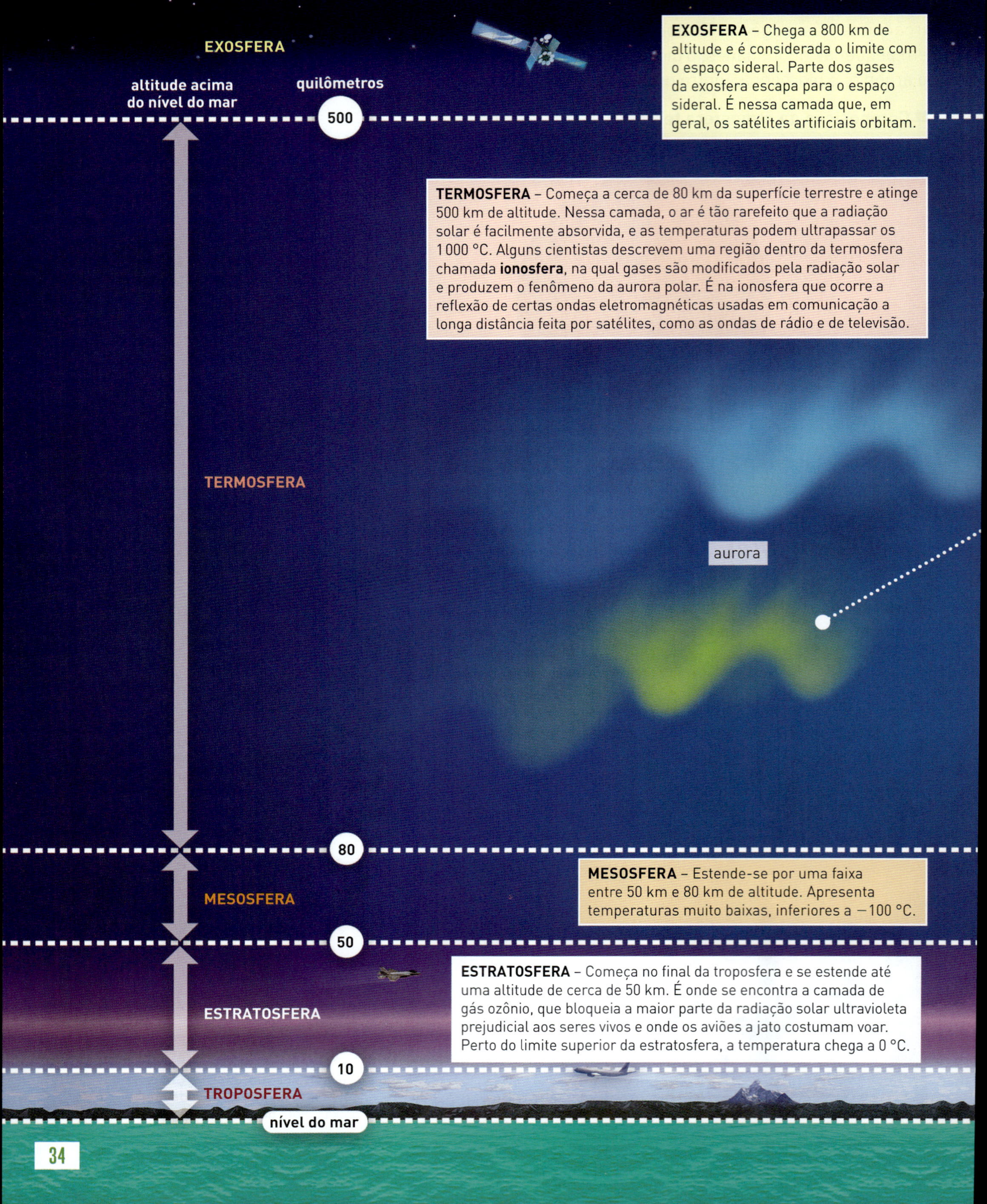

EXOSFERA – Chega a 800 km de altitude e é considerada o limite com o espaço sideral. Parte dos gases da exosfera escapa para o espaço sideral. É nessa camada que, em geral, os satélites artificiais orbitam.

EXOSFERA

altitude acima do nível do mar

quilômetros

500

TERMOSFERA – Começa a cerca de 80 km da superfície terrestre e atinge 500 km de altitude. Nessa camada, o ar é tão rarefeito que a radiação solar é facilmente absorvida, e as temperaturas podem ultrapassar os 1 000 °C. Alguns cientistas descrevem uma região dentro da termosfera chamada **ionosfera**, na qual gases são modificados pela radiação solar e produzem o fenômeno da aurora polar. É na ionosfera que ocorre a reflexão de certas ondas eletromagnéticas usadas em comunicação a longa distância feita por satélites, como as ondas de rádio e de televisão.

TERMOSFERA

aurora

80

MESOSFERA

MESOSFERA – Estende-se por uma faixa entre 50 km e 80 km de altitude. Apresenta temperaturas muito baixas, inferiores a −100 °C.

50

ESTRATOSFERA

ESTRATOSFERA – Começa no final da troposfera e se estende até uma altitude de cerca de 50 km. É onde se encontra a camada de gás ozônio, que bloqueia a maior parte da radiação solar ultravioleta prejudicial aos seres vivos e onde os aviões a jato costumam voar. Perto do limite superior da estratosfera, a temperatura chega a 0 °C.

10

TROPOSFERA

nível do mar

Observe o **recorde mundial de salto em queda livre** e identifique de qual camada da atmosfera o saltador pulou.

▲ Aurora polar nas ilhas Lofoten, Noruega. Foto de 2022.

Fonte de pesquisa: Roger A. Pielke. Atmosphere (tradução nossa: Atmosfera). Em: *Encyclopædia Britannica* (tradução nossa: Enciclopédia Britânica). [*S. l.*]: Encyclopædia Britannica, 2021. Disponível em: https://www.britannica.com/science/atmosphere. Acesso em: 28 fev. 2023.

▲ Em 2012, o austríaco Felix Baumgartner saltou de uma cápsula a 39 km de altitude, na estratosfera, e pousou de paraquedas no deserto do Novo México, nos Estados Unidos. Para isso, precisou de uma roupa especial e de fornecimento artificial de gás oxigênio.

meteoros

camada de ozônio

TROPOSFERA – É a camada mais próxima da superfície terrestre. Embora sua espessura média varie de 12 km a 15 km, chega a 20 km na região da linha do Equador e é menos espessa nos polos, com cerca de 10 km. É na troposfera que está a maior parte do ar (cerca de 90%) e onde ocorrem os fenômenos climáticos, como chuvas, ventos, relâmpagos, trovões e tempestades.

35

ATMOSFERA E ALTITUDE

A atmosfera sofre influência de muitos fatores, entre eles a radiação solar, os fenômenos climáticos, as atividades dos seres vivos e a altitude. A **altitude** é a distância vertical em que determinado ponto se encontra em relação ao nível do mar.

Quanto maior a altitude, mais rarefeito é o ar. No esquema, isso é mostrado pela intensidade da cor azul, que representa os gases da atmosfera. (Representação sem proporção de tamanho e em cores-fantasia.)

Medições realizadas por cientistas mostram que, conforme a altitude aumenta, a quantidade de gases no ar atmosférico diminui. Nesse caso, dizemos que o ar se torna cada vez mais **rarefeito**, ou seja, com menos gases.

Em grandes altitudes, há menos gás oxigênio disponível. Isso afeta o funcionamento do organismo de pessoas que não estão habituadas a essas condições e se deslocam para essas altitudes. Acima de 2 mil metros, por exemplo, começam a aparecer sintomas como náusea, aumento do ritmo cardíaco e dores de cabeça. Esses sintomas podem levar várias semanas para desaparecer, até que o corpo se adapte à nova altitude.

Também a temperatura do ar diminui à medida que a altitude aumenta. Na troposfera, a cada 1 000 metros de altitude, a temperatura diminui em média 6 °C.

Em outras camadas da atmosfera, porém, a variação de temperatura segue outros padrões. A termosfera, por exemplo, tem temperaturas maiores que a mesosfera, camada que se encontra abaixo da termosfera.

Devido à sua altitude, que alcança 2 652 m, o vulcão Osorno, localizado no Chile, apresenta temperaturas muito baixas em suas áreas mais elevadas e seu pico permanece sempre coberto de neve. Foto de 2022.

ATIVIDADES

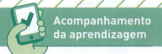

Retomar e compreender

1. Como se originaram os gases que formavam a atmosfera terrestre primitiva?

2. Quais são os dois gases que, atualmente, compõem a quase totalidade do ar atmosférico terrestre?

3. Por que a maioria dos instrumentos meteorológicos para medição de ventos, de temperatura, de chuvas, de umidade e de variações climáticas é colocada na troposfera?

4. Quando os meteorologistas citam a quantidade de vapor de água na atmosfera terrestre, é comum usarem o termo "umidade média".
    - Em sua opinião, por que os meteorologistas usam esse termo?

5. Leia o trecho de um texto, a seguir, sobre as sensações de um viajante ao chegar à cidade de Potosí, na Bolívia, situada a uma altitude de mais de 4 mil metros.

    > Desço do ônibus e sinto uma náusea terrível. Não consigo andar nem respirar, e minha cabeça parece que vai explodir. Sento-me na calçada ou algo parecido a isso. [...] Aqui eu sou um gringo; nem mesmo a língua espanhola é uma referência. Estou imerso em uma paisagem e uma cultura completamente diferentes. O que sinto neste momento é o *soroche*, o mal de altitude em todo o seu esplendor. São os efeitos do ar rarefeito. [...] Há estimativas que indicam que metade do oxigênio na atmosfera é encontrado abaixo das altitudes de cinco mil metros. [...] A sensação é horrível.
    >
    > Marcos Rodrigues. *Um sabiá sujo*: a aventura científica sobre a descoberta de uma ave e de um continente. Campinas: Ed. da Unicamp, 2020.

    a) O que é o "ar rarefeito" mencionado pelo autor do texto?

    b) Quais efeitos o ar rarefeito dessa região causa no organismo humano? No trecho citado, como é denominada essa condição?

6. Leia o texto a seguir e responda às questões.

    Um dos graves problemas ambientais enfrentados pela humanidade nas últimas décadas é o chamado "buraco na camada de ozônio". Esse buraco é, na verdade, uma diminuição na espessura da camada de gás ozônio presente na atmosfera terrestre.

    a) Em que camada da atmosfera se localiza a camada de ozônio?

    b) Busque informações sobre esse tema e cite três consequências danosas para o ambiente e os seres vivos derivadas do buraco na camada de ozônio.

7. A figura a seguir apresenta as condições locais por onde passam aviões a jato.

    Observe os dados numéricos apresentados. A altitude (alt) em que se encontra o avião está expressa na unidade de medida pé.

    Considerando que 1 pé equivale a aproximadamente 0,3 metro, responda:

    a) A que altitude, em metro, o avião a jato da figura está se deslocando?

    b) Em que camada da atmosfera está acontecendo o deslocamento do avião representado na figura? Justifique sua resposta.

Aplicar

8. Em relação à respiração do ser humano, um estudante fez a seguinte afirmação:

    "No ar expirado pelo ser humano, há quantidades maiores de gás carbônico e de gás oxigênio e igual quantidade de gás nitrogênio em relação ao ar inspirado."

    a) Em um dicionário, consulte os significados de expirar e de inspirar mais adequados à situação expressa na frase e escreva-os no caderno.

    b) O que é ar expirado e ar inspirado?

    c) A afirmação do estudante está correta? Justifique sua resposta. Caso a frase esteja incorreta, faça a correção no caderno.

CAPÍTULO 2
HIDROSFERA

PARA COMEÇAR
A Terra é o único planeta do Sistema Solar em que se conhece a presença de água líquida em quantidade abundante na superfície. Que relação pode ser feita entre esse fato e a existência de vida na Terra?

A ÁGUA NO PLANETA

A **hidrosfera** é o conjunto de todos os corpos de água existentes na Terra: oceanos, rios, lagos, geleiras e reservas subterrâneas.

Embora cubra mais de dois terços da superfície terrestre, a hidrosfera não forma uma camada contínua. Cerca de 97% da água em nosso planeta é salgada e se encontra em mares e oceanos. A água de geleiras, rios, lagos e lençóis subterrâneos – conhecida como água doce – constitui os demais 3% do volume total da água que forma a hidrosfera terrestre. Como comparação, se toda a água do planeta estivesse em uma garrafa de 1 litro, a água doce corresponderia a 3 colheres de sopa apenas.

ÁGUA DOCE

A **água doce** é encontrada principalmente em rios e lagos, mas também em reservatórios subterrâneos e geleiras. Ela contém poucos sais dissolvidos – em geral, menos de 0,5 grama por litro. A água doce é usada para o consumo humano, na agricultura e na criação de animais.

▼ Nascente do rio Araguaia, na fronteira entre os estados de Goiás, Mato Grosso e Mato Grosso do Sul. Foto de 2021.

ÁGUA SALGADA E ÁGUA SALOBRA

A **água salgada** é encontrada nos oceanos e mares. Ela recebe esse nome porque tem alta concentração de sais, que varia de 30 a 35 gramas por litro de água.

Os sais chegam aos oceanos levados pelos rios. Ao longo de seu percurso, os rios desgastam rochas, dissolvendo seus minerais, e arrastam sedimentos, lançando esse material nos oceanos. A água salgada é imprópria para o consumo humano e para a produção de alimentos, por exemplo.

▲ O esquema representa a proporção entre os diversos reservatórios de água da Terra, comparando toda a água do planeta a um galão de 10 litros. (Representação sem proporção de tamanho e em cores-fantasia.)

▲ As rochas do leito do rio são desgastadas pela ação das águas, as quais dissolvem os sais minerais que são levados ao mar. Rio desaguando no mar na ilha de Harris, na Escócia. Foto de 2018.

Em regiões de estuários e manguezais, a correnteza dos rios e o movimento das marés promovem a mistura da água doce com a água salgada. Por isso, nesses locais, a água apresenta quantidades variáveis de sais minerais e é chamada de água salobra.

O sabor e o cheiro da água salobra dependem dos sais minerais e dos sedimentos que ela contém. Em geral, a água salobra não é própria para o consumo humano.

estuário: ambiente aquático costeiro onde se misturam água doce e água salgada.

manguezal: ecossistema costeiro de transição entre o ambiente terrestre e o aquático.

PARA EXPLORAR

O mundo à nossa volta: água, de Trevor Day. São Paulo: DCL, 2008. Imagens e fatos surpreendentes levarão você a saber mais a respeito da água do planeta Terra e quanto ela é vital para o presente e o futuro das espécies.

◀ Foz do rio Paraty-Mirim no Parque Estadual de Paraty-Mirim, localizado na Reserva Ecológica de Juatinga (RJ). Foto de 2022. O estuário tem ligação direta com o mar, por isso, sua água é salobra e sua salinidade é variável.

MARES

Os mares são corpos de água salgada ligados aos oceanos, mas cercados por grandes porções continentais. São mais rasos e menores que os oceanos. Em geral, estão delimitados pelos recortes do litoral de certas regiões, como é o caso do mar Mediterrâneo, que banha o norte da África, o sul da Europa e uma pequena parte da Ásia, comunicando-se com o oceano Atlântico apenas pelo estreito de Gibraltar, entre Espanha e Marrocos. Outros mares importantes são o mar do Norte, o mar Báltico e o mar do Caribe.

ÁGUA NA ATMOSFERA

Como você viu na unidade 1, o ar atmosférico contém água em estado gasoso. Nesse estado físico, a água não é visível.

É um erro comum pensar que a névoa, a neblina, a cerração ou as nuvens sejam formadas por vapor. Na verdade, elas são constituídas de gotas de água líquida de tamanho muito pequeno. Quando essas gotículas se juntam, formando gotas maiores e mais pesadas, elas caem em forma de chuva.

CORPOS DE ÁGUA

Um **corpo de água** ou **corpo hídrico** é qualquer grande acúmulo de água doce, salobra ou salgada. Os corpos de água, em seu conjunto, constituem um dos principais e mais importantes recursos naturais.

Oceanos

Os **oceanos**, constituídos totalmente de água salgada, são os maiores corpos de água do planeta. Embora formem uma superfície contínua, eles estão divididos em quatro grandes oceanos: Glacial Ártico, Atlântico, Índico e Pacífico.

▲ Esquema da localização dos quatro oceanos (representados em azul). Observe que não há uma separação física entre eles. Alguns estudiosos reconhecem um quinto oceano, o Antártico, que não está representado nesse esquema.

Lagos

Os **lagos** são corpos de água isolados no interior dos continentes, sem comunicação com os oceanos. Eles podem ser de água doce ou salgada e receber água dos rios, das chuvas, do derretimento de geleiras ou ter nascentes internas. Um lago também pode se formar do represamento de um rio, como o lago de Itaipu, no Paraná.

▶ Vista parcial do lago Titicaca, entre a Bolívia e o Peru. Esse lago é o mais alto do mundo, situado a 3 821 metros de altitude. Foto de 2021.

Geleiras

Grande parte da água doce do planeta está armazenada nas **geleiras**, extensas massas de água congelada encontradas em diversos locais do planeta, em especial nas regiões dos polos.

As geleiras são formadas pelo acúmulo de neve que precipita e não derrete em razão das baixas temperaturas de onde se localizam.

Águas subterrâneas

As águas superficiais, como as dos rios e da chuva, infiltram-se no solo. Mas, em determinados locais da crosta terrestre, camadas de rochas podem impedir que a água continue se infiltrando.

Essa água, ao se acumular no subsolo, forma reservatórios subterrâneos. É a chamada **água subterrânea**.

As rochas que provocam o armazenamento subterrâneo de água formam os **aquíferos**. No Brasil, existem dois sistemas aquíferos muito importantes: o Sistema Aquífero Grande Amazônia e o Sistema Aquífero Guarani.

Os aquíferos são reservas de água cruciais para os seres vivos, pois suas águas podem aflorar à superfície dando origem a rios e lagos. Por isso, é essencial que essas reservas sejam protegidas de contaminação (como de poluentes gerados por atividades industriais e agrícolas, por exemplo).

■ **Localização do Sistema Aquífero Grande Amazônia e do Sistema Aquífero Guarani**

Fonte de pesquisa: João Alberto Oliveira Diniz (coord.). *Mapa hidrogeológico do Brasil ao milionésimo*. Recife: Serviço Geológico do Brasil, 2014. Disponível em: http://www.cprm.gov.br/publique/Hidrologia/Mapas-e-Publicacoes/Mapa-Hidrogeologico-do-Brasil-ao-Milionesimo-756.html. Acesso em: 28 fev. 2023.

CIDADANIA GLOBAL

IMPORTÂNCIA DAS NASCENTES

As nascentes têm importante papel ambiental: além de fornecerem água para os córregos e rios que abastecem toda a cidade, elas [...] são fonte de vida para outros organismos. [...]

Nascentes e córregos urbanos recebem constantemente lixo e esgoto [...] com isso, vários organismos presentes nesses ambientes não conseguem sobreviver ou não desenvolvem seu papel ecológico.

A população [humana] é diretamente afetada pela poluição das águas. O aumento de casos de doenças [...] [e] a diminuição da oferta de água e de locais para atividades de recreação e lazer são alguns dos prejuízos gerados pela poluição, além dos elevados gastos financeiros para tratar a água.

As APPs [Áreas de Preservação Permanente] garantem a integridade das nascentes, tendo a função ambiental de preservar os recursos hídricos, a paisagem, a estabilidade geológica, a biodiversidade, [...] além de proteger o solo e assegurar o bem-estar das populações humanas. [...]

Importância das nascentes. Projeto Água para o Futuro, 9 jun. 2022. Ministério Público do Estado do Mato Grosso. Disponível em: https://aguaparaofuturo.mpmt.mp.br/nascentes/importancia-das-nascentes. Acesso em: 28 fev. 2023.

1. De acordo com o texto, como a população humana pode ser afetada pela poluição das nascentes?
2. De que forma as Áreas de Preservação Permanente contribuem para a manutenção da biodiversidade?

Rios

Os **rios** podem se originar de **nascentes**, locais onde a água subterrânea aflora na superfície, ou se formar devido ao derretimento de geleiras. Eles podem desaguar no oceano, em lagos ou em outros rios.

O rio Amazonas – que nasce no Peru, mas tem a maior parte de sua extensão no Brasil – é o maior rio do mundo em volume de água, concentrando um quinto de toda a água doce líquida do planeta. Ele despeja no oceano Atlântico mais de 200 milhões de litros de água por segundo.

Mananciais

Os **mananciais** (do latim *manans* = o que brota ou emana) são as fontes de onde vem a água usada para consumo humano e para atividades econômicas. Rios, lagos, lençóis subterrâneos e até represas podem ser considerados mananciais.

Eles são abastecidos pela água das chuvas, que penetra no solo e corre por entre as rochas até atingir um aquífero. A água também pode vir de geleiras, que derretem e terminam por penetrar no solo da mesma forma. O contato com as rochas do solo dissolve minerais, e isso dá às águas de diferentes regiões propriedades de sabor, composição química e odor diversos.

O desmatamento, para a ocupação urbana desordenada e a expansão da agropecuária, com uso intensivo de agrotóxicos, o lançamento de esgotos industriais e domésticos e o despejo de lixo contaminam a água, comprometendo o equilíbrio ecológico em áreas de mananciais e colocando em risco o abastecimento de água para populações humanas.

ÁGUA POTÁVEL

A água **potável** é a água própria para beber. Para ser considerada potável, ela precisa estar livre de substâncias tóxicas e apresentar quantidades de partículas e organismos consideradas seguras para ser bebida e usada no preparo de alimentos, por exemplo.

A falta de tratamento da água e a poluição causada por atividades industriais e agrícolas, além da ausência de saneamento básico em muitas regiões do mundo – uma em cada três – tornam a água imprópria para o consumo humano. Algumas populações são obrigadas a consumir água contaminada e acabam contraindo doenças.

Um relatório publicado pela Organização das Nações Unidas (ONU) em 2021 mostra que cerca de 2,2 bilhões de pessoas em todo o mundo ainda não têm água potável para usar no dia a dia. No Brasil, são cerca de 35 milhões de pessoas sem acesso à água potável.

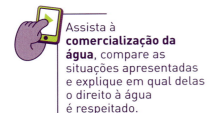

Assista à **comercialização da água**, compare as situações apresentadas e explique em qual delas o direito à água é respeitado.

CIDADANIA GLOBAL

MANANCIAIS URBANOS

Uma parte dos habitantes da Região Metropolitana de São Paulo vive em torno da represa de Guarapiranga, construída no início do século XX para gerar energia elétrica e regular a vazão do rio Tietê. A partir de 1929, as águas dessa represa passaram a ser usadas também para o abastecimento da população.

Com o tempo e em razão do crescimento urbano acelerado e desordenado, as margens desse reservatório hídrico tornaram-se alvo de ocupação intensa e irregular. Hoje, ao redor da represa, vivem mais de 1 milhão de habitantes. A água da Guarapiranga está bastante poluída e seu tratamento, apesar do custo elevado, é imprescindível, pois esse manancial é responsável por abastecer mais de 5 milhões de pessoas.

1. Segundo o texto, qual relação pode haver entre a ocupação humana e a poluição do manancial?

2. De que forma o poder público, moradores e responsáveis por atividades comerciais e industriais no entorno da represa poderiam reduzir o impacto de suas atividades nas águas desse manancial?

CICLO DA ÁGUA

A água da hidrosfera existe na Terra há muito tempo. Ela passa constantemente por várias mudanças de estado físico: condensação, evaporação e solidificação. Esse movimento constante da água no planeta é chamado **ciclo da água**.

Ao evaporar dos oceanos, rios e lagos, por exemplo, a água sobe para a atmosfera, onde se condensa e forma nuvens.

Ao precipitar como chuva ou neve, ela penetra no solo e reabastece os corpos de água.

O derretimento do gelo e da neve ajuda a formar e a abastecer os corpos de água.

O agrupamento de gotículas na atmosfera forma as nuvens, que, movidas pelos ventos, são distribuídas para diversas regiões.

O calor e a luz do Sol promovem a evaporação da água líquida e o descongelamento da água sólida.

A água das nuvens precipita na forma de chuva ou de neve sobre os lagos, os mares, os oceanos, os rios, os campos, as montanhas, as cidades, entre outros ambientes.

As plantas absorvem a água do solo e a liberam para o ambiente pela evapotranspiração, processo de perda de água em forma de vapor. Os animais bebem água ou a consomem nos alimentos. Eles liberam água para o ambiente por meio da respiração, da excreção, da liberação de fezes e da transpiração.

Quando a água subterrânea aflora à superfície, ela pode dar origem a corpos de água como os rios, que correm das regiões altas para as regiões baixas, podendo desaguar nos oceanos.

A água dos oceanos, lagos e mares, aquecida pelo Sol, transforma-se em vapor e sobe para a atmosfera.

A água penetra entre as partículas do solo, desce até as regiões mais profundas e forma os reservatórios subterrâneos.

Fabio Eugenio/ID/BR

▲ Representação sem proporção de tamanho e distância entre os elementos e em cores-fantasia.

PRÁTICAS DE CIÊNCIAS

Por que os rios têm curvas?

O caminho percorrido por um rio, em geral, não é em linha reta e costuma ser cheio de curvas. Mas por que isso acontece? Para descobrir, você e os colegas vão construir um **modelo** para investigar como se forma o curso de um rio.

Material

- água
- mangueira com pulverizador conectada a uma torneira
- terra, areia, pedras, gravetos e outros elementos similares
- copo ou garrafa com água
- máquina fotográfica ou celular com câmera
- caderno
- lápis

Como fazer

1. Coletivamente e com orientação do professor, definam uma área externa da escola com espaço para criar uma "montanha" e onde possa escorrer água.

2. Em seguida, vocês vão juntar a terra, a areia, as pedras, os gravetos e outros elementos formando um monte de no mínimo 1 metro de altura. A superfície desse monte não pode ser lisa nem uniforme, mas deve ser irregular – com pedras, gravetos e pequenos blocos de terra, por exemplo.

3. Antes de começar o experimento, tirem uma foto do monte que vocês construíram. Observem o relevo dele. Como vocês supõem que será o caminho da água escorrendo por essa superfície? Registrem as hipóteses no caderno.

4. A seguir, há duas opções de realização do experimento. Com o professor, decidam a melhor delas.
   - **Opção 1:** Simulação de chuva constante: um estudante deve segurar a mangueira com o pulverizador para que a água caia suavemente sobre o topo do monte ou em um local bem próximo dele. Derramem a água até que os caminhos traçados por ela se estabilizem.
   - **Opção 2:** Simulação de chuva ocasional: um estudante deve derramar bem devagar a água de um copo ou de uma garrafa no topo desse monte ou em um local bem próximo dele, várias vezes, até que os caminhos da água se estabilizem.

5. Tirem fotos durante todo o experimento e registrem, no caderno, as alterações geradas pela água ao escorrer pela superfície do monte.

Para concluir

1. Analisem as fotos e as anotações. A água seguiu pelo caminho que vocês imaginaram? Descreva o que aconteceu.

2. Com base no que vocês observaram no modelo, elaborem uma explicação para o fato de os rios terem curvas.

ATIVIDADES

Acompanhamento da aprendizagem

Retomar e compreender

1. Leia a frase a seguir.

   O termo "água doce" se refere ao fato de existir açúcar nesse tipo de água.
   - Você concorda com essa afirmação? Justifique sua resposta.

2. O que é e onde costuma ser encontrada a água salobra?

3. Cite três exemplos de corpos de água.

4. Quando um automóvel trafega em uma estrada sem chuva, mas com neblina, o para-brisa fica molhado, como o da foto a seguir.

   - Por que isso acontece?

5. O que são aquíferos?

6. Na região Amazônica, ocorre frequentemente a derrubada de florestas nativas para o plantio de monoculturas e a criação de gado, atividade que cresceu de modo significativo nos anos recentes.

   ▲ Criação de gado em Curionópolis (PA). Foto de 2022.

   - Que consequência a derrubada de florestas pode trazer para o ciclo da água na região desmatada?

7. Leia com atenção o trecho de reportagem a seguir.

   > Um laudo da Polícia Federal sobre contaminação dos rios na Terra Indígena Yanomami, maior reserva do Brasil, revelou que quatros rios da região têm **alta contaminação** por mercúrio: **8 600% superior** ao estipulado como máximo para águas de **consumo humano**.
   >
   > Foram analisadas amostras das águas correntes dos rios **Couto de Magalhães**, **Catrimani**, **Parima** e **Uraricoera**, próximos a garimpos ilegais onde os invasores usam produtos nocivos à natureza, principalmente o mercúrio, durante a extração de minérios.
   >
   > Em relação às águas que podem ser destinadas para irrigação de culturas arbóreas, cerealíferas, forrageiras, a pesca amadora e a navegação, as amostras apresentaram um teor de mercúrio de 860% nas amostras.
   >
   > O objetivo da perícia [...] era identificar e quantificar a presença e concentração de contaminantes relacionados a atividade de extração do ouro nos garimpos ilegais dentro da Terra Indígena Yanomami. [...]
   >
   > O estudo [de 2022] da PF também mencionou um aumento das áreas afetadas pelo garimpo. Entre 2018 e 2021, os peritos identificaram que na região do rio Uraricoera, um dos mais afetados pelo garimpo, houve um aumento de 505% da área garimpada. Em 30 anos, a Terra Yanomami vive a pior devastação da história, com aumento de 46% de degradação da floresta em um ano. [...]
   >
   > Yara Ramalho e outros. Rios na Terra Yanomami têm 8 600% de contaminação por mercúrio, revela laudo da PF. *G1 Roraima*, 6 jun. 2022. Disponível em: https://g1.globo.com/rr/roraima/noticia/2022/06/06/rios-na-terra-yanomami-tem-8600percent-de-contaminacao-por-mercurio-revela-laudo-da-pf.ghtml. Acesso em: 28 fev. 2023.

   a) Com base no texto, quais atividades de subsistência dos Yanomami e outras atividades econômicas estão comprometidas com a poluição das águas desses rios?

   b) **SABER SER** Considerando o conceito de manancial abordado no capítulo, como o garimpo tem prejudicado a Terra Yanomami para além do problema da poluição com mercúrio?

CONTEXTO

CIÊNCIA, TECNOLOGIA E SOCIEDADE

Fitorremediação

A fitorremediação (do grego *phytos* = planta) é uma tecnologia que vem sendo desenvolvida no tratamento de solo e água contaminados. Ela se baseia no uso de plantas que são capazes de remover poluentes presentes no ambiente.

Corpos de água naturais, em geral, apresentam baixos níveis de nutrientes dissolvidos. Assim, o acúmulo de nutrientes nesses ambientes, em curto período de tempo – processo chamado eutrofização –, pode torná-los contaminados. Isso ocorre, muitas vezes, porque a alta disponibilidade de nutrientes favorece o aumento da população de determinadas algas na superfície do corpo de água e diminui a passagem de luz solar. Na ausência de luz, as plantas aquáticas não conseguem realizar fotossíntese, e a quantidade de oxigênio dissolvido na água se torna menor, causando a morte de muitos organismos. Observe as ilustrações a seguir.

A No ambiente aquático com baixo nível de nutrientes, ocorre pouco crescimento de algas; assim, há boa passagem de luz solar para as plantas aquáticas, que mantêm elevado o nível de gás oxigênio dissolvido, componente vital para os seres vivos desse ambiente.

B O excesso de nutrientes no ambiente aquático estimula a proliferação de algas e deixa a água turva, o que prejudica a passagem de luz solar; isso diminui o nível de gás oxigênio dissolvido na água, condição que afeta os organismos desse ambiente e, consequentemente, a diversidade de seres vivos.

▲ Representação sem proporção de tamanho e em cores-fantasia.

O acúmulo de nutrientes costuma ser originário de esgotos domésticos (fezes, urina, restos de alimento e detergentes) e de efluentes industriais não tratados. A água usada na agricultura e na pecuária também pode transportar resíduos químicos (presentes em agrotóxicos e fertilizantes), urina, fezes e outros dejetos (oriundos da criação de animais). Além do excesso de nutrientes, os corpos de água podem se tornar contaminados por agentes patogênicos (aqueles causadores de doenças) e por substâncias tóxicas, como os metais pesados, que também prejudicam a saúde das pessoas.

Conheça um exemplo de fitorremediação no texto a seguir.

Tecnologia usa plantas para reutilização de água em tanques de peixes

[...]

Pesquisadores da Empresa Brasileira de Pesquisa Agropecuária Instrumentação (Embrapa Instrumentação), em São Carlos (SP), desenvolveram tecnologia de tratamento de água sem utilização de produtos químicos, usando apenas o cultivo de plantas para reduzir a matéria orgânica da água.

Uma miniestação, chamada de Jardim Aquícola, trata efluentes de viveiros de peixes que contêm excrementos, restos de ração não consumida, algas e microrganismos, e reaproveita os nutrientes na água para a produção de plantas ornamentais, como os copos-de-leite, típicas de ambientes mais úmidos.

O cultivo das plantas funciona como um filtro, já que elas se alimentam dos compostos orgânicos e, assim, acabam deixando a água mais limpa.

De acordo com a Embrapa, a tecnologia se destaca dos métodos convencionais pelos baixos custos relativos de construção e operação, fácil manutenção, baixo consumo de energia, além de dispensar a necessidade de produtos químicos e reduzir a matéria orgânica dissolvida e em suspensão.

A água tratada pode retornar para o tanque de produção aquícola — [de] organismos aquáticos. Com o método, seria possível não apenas reduzir a pegada hídrica da piscicultura, que é o volume total de água utilizado no ciclo de produção, como levar maior sustentabilidade ambiental e econômica à produção de flores como o copo-de-leite.

"A combinação de processos físicos e biológicos que compõem o sistema de tratamento possibilita uma melhoria acentuada na qualidade da água a ser tratada, sem a utilização de produtos químicos. Possibilita ainda o reúso da água tratada nos próprios tanques de produção, auxiliando o uso racional do recurso natural", disse o pesquisador Wilson Tadeu Lopes da Silva, que lidera o projeto.

[...]

"A proposta do Jardim Aquícola vai ao encontro das recomendações preconizadas pela Organização das Nações Unidas para a Alimentação e a Agricultura (FAO), de que a adoção de boas práticas na criação de peixes evita impactos ambientais. O reúso da água é uma delas", divulgou a Embrapa. O estudo teve a participação de estudantes da Universidade Federal de São Carlos (UFSCar).

Além da redução de matéria orgânica, o Jardim Aquícola foi projetado de modo a receber um sistema simples de oxigenação da água tratada, em forma de pequenas quedas-d'água em série. Essa oxigenação faz com que a água possa abrigar peixes novamente. Silva ressalta que o [gás] oxigênio dissolvido na água é uma variável importante na criação de peixes.

"O problema da deficiência de [gás] oxigênio dissolvido em tanques de criação de peixes de água doce se apresenta como uma grande ameaça e um dos fatores limitantes da aquicultura intensiva, porque o esgotamento do [gás] oxigênio dissolvido compromete o crescimento e a produção dos peixes", disse o pesquisador.

Segundo a Embrapa, os resultados laboratoriais obtidos após análises dos principais parâmetros indicativos da qualidade da água — como turbidez, temperatura, [gás] oxigênio dissolvido, pH, amônio e demanda bioquímica de oxigênio — apontam essa tecnologia como "uma ferramenta promissora" no tratamento de efluentes da piscicultura.

[...]

piscicultura: criação de peixes em ambientes controlados.

Camila Boehm. Tecnologia usa plantas para reutilização de água em tanques de peixes. *Agência Brasil*, 9 out. 2021. Disponível em: https://agenciabrasil.ebc.com.br/geral/noticia/2021-10/tecnologia-usa-plantas-para-reutilizacao-de-agua-em-tanques-de-peixes. Acesso em: 28 fev. 2023.

Para compreender

1. Segundo o texto, quais são as vantagens do uso de plantas para a reutilização de água em tanques de peixes?

2. De que maneira o excesso de nutrientes pode comprometer corpos de água como mananciais e rios?

3. Além da fitorremediação, quais medidas ou outras tecnologias são usadas para descontaminar corpos de água? Cite as que você conhece.

CAPÍTULO 3

GEOSFERA

PARA COMEÇAR

Embora possa aparentar ser imutável em uma primeira avaliação, a parte rochosa da Terra sofre constantes modificações. Como você imagina que essas modificações aconteçam?

PARA EXPLORAR

Por dentro do Catavento, episódio 13: interior da Terra
Nesse vídeo, um educador do Museu Catavento, em São Paulo (SP), explica as camadas que compõem a Terra. Disponível em: https://www.youtube.com/watch?v=KeWTsXIDdrA&ab. Acesso em: 28 fev. 2023.

Da superfície até aproximadamente **20 metros** de profundidade, a temperatura do solo é influenciada pela temperatura da atmosfera. O material da região que fica na fronteira entre a crosta e o manto apresenta temperaturas que variam entre **100 °C** e **400 °C**. Porém regiões diferentes e com mesma profundidade podem apresentar temperaturas diferentes entre si.
Daí em diante, quanto maior a proximidade em relação ao núcleo, maior é a temperatura.

A GEOSFERA

A **geosfera** é formada pela crosta terrestre e por outras camadas mais internas, a maioria delas em estado sólido.

Tanto o interior da Terra quanto sua superfície passam constantemente por mudanças. As alterações que ocorrem na parte interna da Terra são causadas, sobretudo, por temperaturas e pressões muito altas.

Já as alterações que ocorrem na superfície terrestre são causadas pelos elementos do clima, pela água e pelos seres vivos, incluindo o ser humano.

De acordo com os cientistas que estudam a geosfera, ela pode ser dividida em três camadas principais: a crosta, o manto e o núcleo. Veja o esquema a seguir.

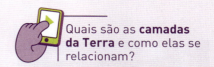
Quais são as **camadas da Terra** e como elas se relacionam?

A superfície da crosta terrestre é bastante irregular. O monte **Everest**, com quase 9 km de altitude, é o ponto mais alto da crosta, e a Fossa das Marianas, com aproximadamente 11 km de profundidade, o mais profundo.

CROSTA OCEÂNICA
Espessura média de 7 km.

CROSTA CONTINENTAL
Espessura média de 35 km.

MANTO SUPERIOR
Espessura média de 400 km.

MANTO INFERIOR
Espessura média de 2 500 km.

NÚCLEO EXTERNO
Espessura média de 2 250 km.

NÚCLEO INTERNO
Espessura média de 1 250 km.

CROSTA TERRESTRE
Camada mais superficial e fina da Terra.

MANTO
Camada situada após a crosta. Cientistas acreditam que o manto superior seja mais rígido – em especial sua parte mais perto da crosta –, enquanto o manto inferior seja mais viscoso. No entanto, quanto maior a profundidade, mais sólido se tornaria o material viscoso do manto, porque a pressão se eleva muito em grandes profundidades. As rochas do manto também estão submetidas a temperaturas muito altas, que variam entre **100 °C** e **3 400 °C**.

NÚCLEO
Camada composta principalmente de níquel e ferro, com cerca de **3 500 km** de espessura. As temperaturas do núcleo podem chegar a **6 000 °C**. O núcleo interno é sólido e está envolvido pelo núcleo externo, que é líquido.

▲ Representação sem proporção de tamanho e distância entre os elementos e em cores-fantasia.

Fonte de pesquisa: Frank Press e outros. *Para entender a Terra*. 6. ed. Porto Alegre: Bookman, 2013. p. 32.

EROSÃO E INTEMPERISMO

A erosão e o intemperismo são alguns dos fatores que podem modificar a crosta terrestre.

A **erosão** é o transporte de partículas do solo provocado pela ação dos ventos, da água líquida e do gelo. Esse processo pode causar problemas principalmente para os agricultores, pois degrada o solo retirando sua camada superficial, que é a mais fértil.

▲ Solo degradado pela erosão em São Gonçalo do Gurgueia (PI). Foto de 2022.

O **intemperismo** é um processo que afeta as rochas que estão expostas na superfície, provocando seu desgaste e sua fragmentação. Há três tipos de intemperismo: o físico, o químico e o biológico.

O **intemperismo físico** ocorre quando a rocha sofre fraturas e pode ser fragmentada, liberando pequenas porções. Esse tipo de intemperismo, que não altera a composição química das rochas, é causado por variações na temperatura ou pela infiltração de água na rocha, principalmente se a água sofrer congelamento. Como a água se expande ao congelar, essa expansão provoca uma tensão que acaba por fraturar a rocha.

No **intemperismo químico**, as rochas sofrem alteração em sua composição química. Esse processo acontece quando as substâncias presentes nas rochas se transformam em outras substâncias ou quando as substâncias que compõem as rochas se dissolvem. A água das chuvas e o gás carbônico do ar são exemplos de substâncias que reagem com os materiais que formam as rochas, causando o intemperismo.

▲ A ação do intemperismo pode provocar fraturas nas rochas, como é visível nas linhas formadas na rocha dessa foto.

A ação de seres vivos, como bactérias, é responsável pelo **intemperismo biológico**. Nesse caso, a ação desses microrganismos provoca alteração na composição das rochas.

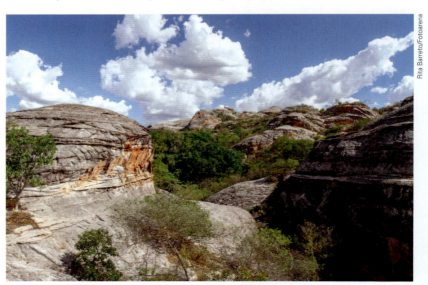

▲ Paisagem na serra das Confusões (PI) moldada ao longo de milhares de anos pelo intemperismo. Note o formato arredondado das extremidades, que indica o desgaste sofrido pelas rochas. Foto de 2021.

ATIVIDADES

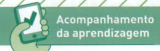

Retomar e compreender

1. Os cientistas que estudam a geosfera reconhecem a existência de camadas entre a superfície terrestre e o ponto mais interno do planeta.
   a) Quais são essas camadas?
   b) De que modo a temperatura varia nessas camadas?

2. Copie no caderno as frases a seguir, completando-as com as palavras do quadro.

   > transformação   clima   oceânica   crosta
   > atividades humanas   água   continental
   > manto   núcleo   inferior   superior

   a) A crosta terrestre pode ser dividida em duas partes: a ▪ e a ▪.
   b) As ações dos elementos naturais, como o ▪ e a ▪, e as resultantes das ▪ são os principais fatores externos que atuam na ▪ do relevo terrestre.
   c) As camadas rochosas que formam o planeta são ▪, ▪ e ▪. O manto pode ainda ser subdividido em ▪ e ▪.

3. Leia o texto a seguir e responda ao que se pede.

   > Metade dos solos agricultáveis do mundo está degradada, segundo informações da Organização das Nações Unidas para a Alimentação e a Agricultura (FAO). A entidade estima que o gasto global com fertilizantes para repor os nutrientes perdidos com processos erosivos dos solos é de US$ 110 a US$ 200 bilhões, anualmente. [...]
   >
   > A erosão, além de danificar o meio ambiente, retira uma camada superficial do solo que é rica em nutrientes, o que reduz o potencial produtivo das terras e pode gerar prejuízo na lavoura. Uma outra estimativa da FAO aponta que o fenômeno atinge cerca de 80% da terra agricultável do planeta e se tornou a principal ameaça ao solo saudável para a agricultura.
   >
   > [...]
   >
   > O que é erosão e quais são as consequências para o solo? *O Estado de S. Paulo*, 16 jun. 2021. Canal Agro. Disponível em: https://summitagro.estadao.com.br/noticias-do-campo/o-que-e-erosao-e-quais-sao-as-consequencias-para-o-solo/. Acesso em: 17 mar. 2023.

   a) O que é erosão?
   b) Além da erosão, que outros fatores podem afetar a crosta terrestre?

Aplicar

4. Observe as fotos a seguir e faça o que se pede.

   ▲ Solo em Manuel Viana (RS), 2021.

   ▲ Solo em Seabra (BA), 2022.

   a) Identifique o solo que sofreu erosão.
   b) Converse com os colegas e proponha uma ação que poderia evitar o desgaste do solo.

5. Como a ação do intemperismo pode ser relacionada à formação dos solos?

6. Na construção de rodovias é comum o plantio de grama nos barrancos laterais.

   ▲ Barranco sendo coberto com placas de grama.

   - Faça uma pesquisa sobre o assunto, em materiais impressos e digitais, e responda: Por que essa medida é tomada pelas empresas responsáveis pela construção de rodovias?

ATIVIDADES INTEGRADAS

Retomar e compreender

1. A atmosfera é formada por uma combinação de gases. Observe, na tabela a seguir, a composição de gases da atmosfera de alguns planetas.

	Terra	Marte	Mercúrio	Vênus	Júpiter
gás oxigênio	20,95%	0,13%	5,6%	0	0
gás carbônico	0,039%	95,32%	3,6%	96,5%	0
gás nitrogênio	78,09%	2,7%	5,2%	3,5%	0
hidrogênio	0	0	3,2%	0	73,46%
hélio	0	0	5,9%	0	24,85%
outros gases	0,921%	1,85%	76,5%	0	1,69%

Qual destes gráficos de setor expressa melhor a proporção dos gases da atmosfera terrestre?

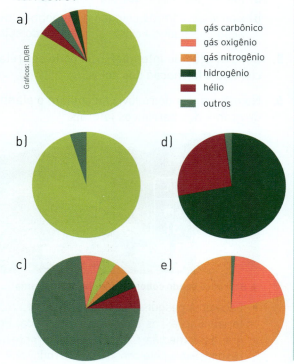

2. Leia a notícia a seguir, que divulga um avanço na proteção da camada de ozônio. Depois, responda às questões.

Como o mundo se uniu para reconstruir a camada de ozônio

[...]

Em meados dos anos [19]70, cientistas advertiram que produtos químicos fabricados pelo ser humano em produtos do cotidiano como aerossóis, espumas, refrigeradores e aparelhos de ar condicionado estavam danificando a camada de ozônio. Naquela época, a escala do problema ainda não era conhecida. Porém, em 1985, foi confirmado um buraco na camada de ozônio sobre a Antártica. [...]

[...]

Em 1985, os governos adotaram a Convenção de Viena para a Proteção da Camada de Ozônio, que forneceu o quadro-base para o Protocolo de Montreal, com a finalidade de eliminar gradualmente as substâncias que danificam a camada de ozônio, incluindo os clorofluorcarbonos (CFC). O Protocolo entrou em vigor em 1989 e, em 2008, foi o primeiro e único acordo ambiental da ONU a ser ratificado por todos os países do mundo.

[...]

Os resultados têm sido impressionantes. Cerca de 99% das substâncias que destroem a camada de ozônio foram gradualmente eliminadas e a camada protetora sobre a Terra está sendo restaurada. Espera-se que o buraco da camada de ozônio na Antártida feche até 2060, enquanto outras regiões retornarão aos valores anteriores aos anos [19]80 ainda mais cedo. A cada ano, estima-se que dois milhões de pessoas são salvas do câncer de pele e há ainda benefícios mais amplos, já que muitos dos gases que danificam a camada de ozônio também aumentam a temperatura global.

[...]

Como o mundo se uniu para reconstruir a camada de ozônio. Programa das Nações Unidas para o Meio Ambiente, 15 set. 2021. Disponível em: https://www.unep.org/pt-br/noticias-e-reportagens/reportagem/como-o-mundo-se-uniu-para-reconstruir-camada-de-ozonio. Acesso em: 28 fev. 2023.

a) Em que camada da atmosfera se encontra a camada de gás ozônio?

b) Além de barrar boa parte da radiação ultravioleta, que outros aspectos a presença da atmosfera representa para a existência de vida na Terra?

Aplicar

3. Faça no caderno um esquema para representar as camadas da Terra estudadas nesta unidade, utilizando camadas concêntricas semelhantes às do esquema a seguir. Nesse esquema, indique a natureza dos materiais que compõem cada camada e o estado físico em que a maior parte se encontra.

Analisar e verificar

4. Em seu livro *Viagem ao centro da Terra*, o escritor francês Júlio Verne (1828-1905) descreve uma fantástica expedição pelo interior de nosso planeta. Na história, o professor Lidenbrock encontra um documento que supostamente explica como realizar essa viagem e mostra-o ao sobrinho Axel.

[Axel] Admito que o documento seja autêntico e a indicação precisa. [...] Mas em seu tempo, ciência e imaginação andavam juntas. Seu texto deve ser ficção. Não reproduz realidade. É duvidoso que tenha feito a viagem ao centro da Terra.

[Lidenbrock] Por que motivo? – inquiriu meu tio, até bem-humorado.

[Axel] A ciência já demonstrou que tal viagem é impraticável!

[Lidenbrock] Existem teorias em excesso! Uma mais confusa que a outra! – retrucou meu tio. – Mas eu não me prendo a teorias!

[...]

[Axel] Todo o mundo sabe que o calor aumenta cerca de um grau a cada vinte e dois metros de profundidade, abaixo da superfície terrestre. Vamos admitir que tal proporção seja constante. O raio terrestre é de seis mil, trezentos e setenta e oito quilômetros. No centro, a temperatura ultrapassará os duzentos mil graus. [...]

[...]

[Lidenbrock] Há dúvidas sobre a temperatura no centro da Terra. Também há quem acredite que o núcleo seja líquido, embora eu duvide dessa tese. O estado do núcleo central foi objeto de hipóteses variadas. Acredito que o sábio Arne Saknussemm fez tal viagem e que teremos o mesmo êxito.

Júlio Verne. *Viagem ao centro da Terra.* São Paulo: FTD, 2007. p. 35-36.

- Com um colega, reflita sobre as opiniões de Axel e Lidenbrock. Considerando o que se sabe atualmente sobre a estrutura interna da Terra, vocês defenderiam a opinião de qual das duas personagens? Expliquem.

Criar

5. Você vai mostrar seus conhecimentos sobre o ciclo da água criando uma história. Para isso, obedeça aos passos a seguir.

- A personagem principal de sua história será uma gota de água.
- Imagine onde a gota está: dentro de um aquário; em uma nuvem; na atmosfera, suspensa como vapor de água; entre outros locais. Esse será o ponto inicial do ciclo.
- A gota participará de várias situações que representam as etapas do ciclo da água. Use sua criatividade. Ao final da história, a gota deve retornar ao ponto inicial, fechando o ciclo.
- Organize suas ideias montando um esquema para representar todas as situações das quais a gota de água participará.

6. No dia 7 de janeiro de 2023, um meteoro cruzou os céus do Paraná, causando um grande clarão que iluminou a noite, mas não caiu em lugar nenhum.

a) Por que o meteoro que cruzou os céus do Paraná não chegou a cair no solo?

b) Pesquise a diferença entre os termos meteoro e meteorito.

53

CIDADANIA GLOBAL
UNIDADE 2

Retomando o tema

Desde cedo, aprendemos que a água é essencial para a vida. Nesta unidade, você estudou o ciclo da água, os mananciais e as fontes de água, como as nascentes.

Agora, verifique o que você aprendeu com o estudo desses temas, respondendo às questões a seguir.

1. Por que é importante cuidar dos mananciais e das nascentes de água?
2. De que modo a poluição do solo afeta os mananciais de água subterrânea?
3. Qual é a importância de políticas públicas, como o investimento em saneamento básico, para a proteção e a preservação das nascentes?
4. Em sua opinião, a preservação dos mananciais é responsabilidade apenas do governo ou de toda a população? Explique.
5. Quais medidas podem ser tomadas pela população para ajudar na preservação de nascentes de água e na recuperação daquelas já degradadas?

Geração da mudança

- Reúnam-se em grupos e busquem informações sobre as nascentes que existem na região onde vocês vivem.
- Façam um breve levantamento para verificar se essas nascentes estão correndo riscos e identifiquem esses riscos, se houver.
- Por fim, elaborem cartazes a fim de conscientizar a comunidade escolar local da importância da preservação das nascentes e das possíveis formas de reduzir os riscos que as ameaçam.

Autoavaliação

ROCHAS, MINERAIS E SOLO

UNIDADE 3

PRIMEIRAS IDEIAS

1. Como as rochas são formadas?
2. O que você imagina que pode ser encontrado em uma amostra de solo?
3. Qual é a relação entre as rochas e a formação de fósseis?
4. Quais são as características dos minerais?

Conhecimentos prévios

Nesta unidade, eu vou...

CAPÍTULO 1 — Minerais e rochas

- Identificar os principais tipos de mineral e comparar suas propriedades.
- Listar fatores que interferem no processo de formação das rochas e conhecer os principais tipos de rocha.
- Relacionar a formação de fósseis a rochas sedimentares.
- Compreender o que é tempo geológico e como ele é organizado.
- Definir o que são minérios e reconhecer o papel da mineração e de seus impactos socioambientais.
- Visitar um museu geológico e realizar uma pesquisa de campo.
- Conhecer aspectos históricos da idade da Terra e os princípios básicos de datação.

CAPÍTULO 2 — Formação do solo

- Compreender os mecanismos de formação do solo e a importância dele para a vida no planeta.
- Associar as rochas à formação do solo.
- Identificar características que ajudam a diferenciar os tipos de solo.
- Compreender que os solos podem apresentar uma estratificação horizontal.
- Reconhecer a diversidade de seres vivos existente nos solos e a importância deles para esses ambientes.
- Explicar a importância da decomposição para o solo e os seres vivos.

CIDADANIA GLOBAL

- Avaliar as implicações socioeconômicas e ambientais da mineração em áreas urbanas.
- Discutir aspectos que promovam a sustentabilidade da atividade mineradora.

LEITURA DA IMAGEM

1. Observe a foto e responda: Que elementos nela retratados mais chamaram sua atenção? Por quê?
2. Qual é a sua opinião sobre o cuidado e a preservação do ambiente no local retratado?
3. Converse com os colegas sobre os impactos econômicos, sociais e ambientais causados pela mineração em áreas urbanas, como a da foto.

CIDADANIA GLOBAL

11 CIDADES E COMUNIDADES SUSTENTÁVEIS

A atividade mineradora produz matérias-primas importantes para o desenvolvimento de outras atividades econômicas. Podemos citar como exemplos a areia e a brita, utilizadas na construção civil, e a argila, empregada na fabricação de cerâmica. No entanto, a mineração traz impactos ambientais e sociais às comunidades vizinhas.

- Que medidas podem ser adotadas para conciliar essa atividade e o desenvolvimento sustentável de cidades e comunidades?

Assista a **impactos da mineração** e cite os impactos ambientais causados pelo rompimento da barragem em Brumadinho (MG).

Além da extração de matérias-primas para a construção civil e a produção de cerâmica, a atividade mineradora no Brasil envolve principalmente a exploração de metais preciosos, como o ouro e a prata, e de minérios que estão entre os mais exportados pelo país, como o ferro e o alumínio. Vista aérea de área de mineração de ouro em Poconé (MT). Foto de 2018.

Cesar Diniz/Pulsar Imagens

57

CAPÍTULO 1
MINERAIS E ROCHAS

PARA COMEÇAR
No Brasil, existem milhões de *smartphones*. Para a produção de um desses aparelhos, são utilizados minerais como o lítio, o tântalo e o cobalto. Você sabe de onde vêm esses minerais?

MINERAIS

Os **minerais** são substâncias presentes principalmente nas rochas. Eles apresentam composição química definida, são encontrados no estado sólido e podem ser diferenciados com base em suas características físicas. As rochas podem ser formadas por um ou mais tipos de mineral.

Os grupos mais comuns de minerais são os feldspatos, os quartzos, as micas e a calcita.

Os **feldspatos** são os minerais mais abundantes na crosta terrestre. Eles fazem parte da constituição de diversas rochas e têm coloração clara e leitosa. São utilizados na fabricação de pisos, revestimentos, vidros, sabões e próteses dentárias, entre outras aplicações.

A **calcita** pode ser incolor, opaca ou ter coloração branca, amarelada ou cinza-clara. Ela faz parte da constituição dos mármores e é largamente utilizada na produção de cimento e de cal.

As **micas** são minerais que se apresentam em camadas facilmente separáveis. Elas são brilhantes e apresentam diversas tonalidades, que variam do branco ao preto. Bem mais frágeis que os feldspatos e os quartzos, as micas são empregadas como isolantes elétricos.

Os **quartzos** geralmente são transparentes ou brancos, mas suas cores podem variar com a presença de impurezas. São utilizados como matéria-prima na produção de vidros, abrasivos (pedras de amolar e lixas) e refratários (isolantes de calor).

▲ Fotos sem proporção de tamanho.

PROPRIEDADES DOS MINERAIS

Os minerais apresentam algumas propriedades que permitem diferenciá-los uns dos outros. Além disso, essas propriedades determinam de que forma cada mineral pode ser utilizado pelo ser humano. Veja, a seguir, as principais propriedades observadas nos minerais.

- **Dureza** – indica a facilidade com que um mineral pode ser riscado. A escala de Mohs classifica os minerais de 1 a 10, de acordo com sua dureza. Segundo essa escala, o talco tem dureza 1, pois não risca nenhum outro mineral. Já o diamante tem dureza 10, pois risca todos os outros minerais.
- **Cor** – corresponde à coloração externa do mineral e pode variar devido a impurezas existentes nos minerais.
- **Transparência** – os minerais podem ser classificados em transparentes, translúcidos ou opacos.
- **Brilho** – é determinado pela forma como o mineral reflete a luz. Há vários tipos de brilho, como o metálico, o vítreo – em que o mineral apresenta aspecto semelhante ao vidro – e o sedoso, típico de minerais fibrosos.
- **Composição** – depende das proporções das substâncias que formam o mineral.

O **gálio** é um mineral com brilho metálico. A **gipsita** apresenta brilho sedoso.

A **calcedônia** é um mineral que pode apresentar várias colorações. A variedade verde é chamada de **crisoprásio**. Já a vermelha é conhecida como **sárdio**.

59

ROCHAS

As **rochas** são estruturas sólidas formadas por um ou mais tipos de mineral. Os fragmentos de rochas são conhecidos como pedras.

A composição de algumas rochas corresponde a praticamente um único tipo de mineral, como é o caso do quartzito, composto de quartzo, e do calcário, composto de calcita.

Entretanto, a maioria das rochas é formada pela associação de dois ou mais tipos de mineral. Os três principais componentes do granito, por exemplo, são o quartzo (branco), o feldspato (amarelado) e a mica (preta).

▲ Fragmento de calcário, rocha formada pelo mineral calcita.

FORMAÇÃO DAS ROCHAS

As rochas podem ser ígneas, sedimentares ou metamórficas, de acordo com seu processo de formação.

Rochas ígneas

As rochas **ígneas** (do latim *igneus* = formado no fogo) originam-se do resfriamento do magma; por isso, também são conhecidas como rochas **magmáticas**.

Tipos de rocha ígnea

As rochas ígneas são classificadas em dois tipos: vulcânicas e plutônicas.

As rochas **vulcânicas** (ou **extrusivas**) são formadas quando a lava é expelida para a superfície da crosta terrestre e esfria rapidamente. Nesse caso, não há formação de cristais visíveis, e a rocha apresenta aspecto uniforme. Um exemplo é o basalto, muito usado em calçamentos.

▲ O aspecto granulado e as cores diferentes do granito indicam que ele é composto de vários minerais.

◀ **(A)** Lava do vulcão Fagradallsfjall esfriando na superfície da crosta terrestre, na Islândia. **(B)** O basalto reveste as áreas escuras desta calçada na praça da República, em Recife (PE). Fotos de 2022.

As rochas **plutônicas** (ou **intrusivas**) são formadas quando o magma permanece no interior da crosta e esfria lentamente, formando cristais bem visíveis. Um exemplo é o granito, muito utilizado em calçamentos, construções e revestimentos decorativos. No Brasil, a serra da Mantiqueira e os planaltos que fazem fronteira com as Guianas, ao norte, são constituídos principalmente desse tipo de rocha.

Rochas sedimentares

As rochas **sedimentares** são formadas pelo acúmulo de pequenas partículas, chamadas de **sedimentos**.

Os sedimentos originam-se de materiais bem diversos, como restos de organismos e fragmentos resultantes do desgaste de outras rochas, causado pelo intemperismo.

Como o ambiente na superfície terrestre sofre mudanças constantes, as camadas que compõem muitas das rochas sedimentares existentes apresentam cores e espessuras variadas.

Tipos de rocha sedimentar

Há diferentes tipos de rocha sedimentar, de acordo com o material de origem e o modo como se formam.

Algumas resultam da deposição de sedimentos de rochas preexistentes. A compactação da areia, por exemplo, forma o arenito.

Há também rochas sedimentares formadas pelo acúmulo de restos orgânicos. Um exemplo é o carvão mineral, originado pela deposição e pela compressão de restos vegetais muito antigos.

▲ A "onda", formação geológica localizada entre os estados do Arizona e de Utah, nos Estados Unidos. Foto de 2020.

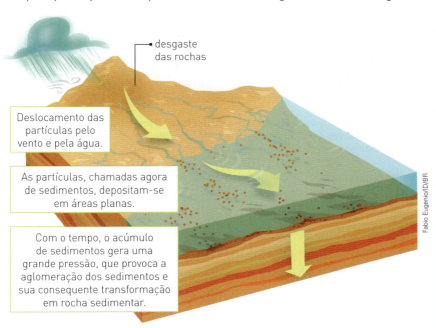

▲ As rochas sedimentares são formadas pelo acúmulo e pela compactação de sedimentos. (Representação sem proporção de tamanho e distância entre os elementos e em cores-fantasia.)

Fonte de pesquisa: João Oliveira. As rochas sedimentares e os fósseis. Em: *Iniciação à paleontologia e à história da Terra*. Coimbra: Universidade de Coimbra, 2000-2002. Disponível em: http://fossil.uc.pt/pags/sedime.dwt. Acesso em: 8 mar. 2023.

Existem ainda rochas sedimentares que resultam da cristalização de minerais dissolvidos na água. É o caso da halita, o sal de cozinha. Os sedimentos que compõem essas rochas formam-se naturalmente em locais em que uma porção de água do mar fica isolada. Quando essa água evapora, ocorre a concentração dos minerais dissolvidos nela, e, em seguida, a cristalização.

CIDADANIA GLOBAL

EXTRAÇÃO DE ARGILA

A argila é um mineral de rochas sedimentares composto de grãos muito finos. Existem vários tipos de argila. Por isso, ela é usada como matéria-prima de vários produtos, como telhas, tijolos, pisos, azulejos, louças sanitárias, utensílios domésticos e de decoração, bem como em tratamentos estéticos e medicinais.

A argila é retirada do solo por um método chamado lavra, em que escavadeiras removem camadas do solo argiloso. A extração ocorre nos meses menos chuvosos, para facilitar o acesso aos locais de exploração. No entanto, o terreno seco provoca a emissão de partículas poluentes no transporte desse material até as fábricas, prejudicando os moradores das regiões próximas à mina ou ao trajeto até as fábricas de cerâmica.

Além da poluição do ar, outros impactos ambientais resultantes da extração de argila são as erosões nas margens dos rios causadas pela retirada da mata ciliar e a contaminação dos lençóis freáticos devido à grande profundidade das escavações. Esses problemas também prejudicam a fauna local e as populações ribeirinhas.

- O texto cita impactos sobre o ar, o solo e a água causados pela extração de argila. Como esses problemas podem ser minimizados?

Fósseis

Os **fósseis** são formados por restos de organismos ou por vestígios preservados por milhares ou até milhões de anos. Para que ocorra a preservação, o organismo ou o vestígio precisam ser cobertos por sedimentos, que, posteriormente, serão transformados em rocha.

A forma mais comum de fossilização é a **petrificação**. Ela ocorre quando um animal morre e seu corpo, ou parte dele, afunda em um corpo d'água. Em seguida, os sedimentos trazidos pela água se depositam rapidamente e enterram esse corpo.

vestígio: sinal ou resto deixado por algo ou por alguém. No caso dos fósseis, pode corresponder à parte de um corpo, a pegadas, rastros, fezes, etc.

PARA EXPLORAR

Museu de Paleontologia Irajá Damiani Pinto

O *site* do museu oferece um *tour* virtual no qual é possível conhecer diversos fósseis de seu acervo.
Disponível em: https://www.ufrgs.br/museupaleonto/?page_id=688. Acesso em: 10 mar. 2023.

▲ Esquema simplificado da formação de um fóssil. Note que, com o tempo, várias camadas de sedimentos se sobrepõem. (Representação sem proporção de tamanho e em cores-fantasia.)

O fluxo contínuo de água transportando minerais dissolvidos vai, aos poucos, substituindo por minerais a matéria orgânica que formava o organismo. Assim, o corpo se torna mineralizado, com aspecto petrificado. Depois de milhares de anos, com o desgaste das camadas sedimentares, o fóssil pode aflorar à superfície.

Os fósseis podem ser datados em relação a outros fósseis, por meio da observação de sua posição nas camadas rochosas, conhecidas como **estratos**. Geralmente, os fósseis dos estratos mais baixos são mais antigos, pois foram depositados antes dos fósseis dos estratos mais altos. Em alguns tipos de relevo formados por dobramentos, essas camadas podem ser invertidas e o processo de datação se torna mais complexo.

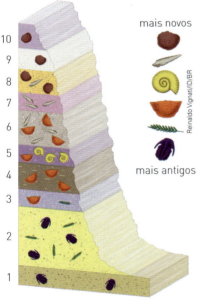

▲ Os fósseis encontrados nos estratos **1** e **2** são mais antigos que os fósseis dos estratos **7** e **8**.

(A) Fóssil de planta pertencente ao acervo do Museu de Paleontologia da Universidade Regional do Cariri (Urca), em Santana do Cariri (CE). **(B)** Fóssil de peixe encontrado no Geopark Araripe, em Crato (CE). (Fotos sem proporção de tamanho.)

Fósseis como indicadores de tempo

A escala de tempo em que ocorrem as mudanças na crosta terrestre está na casa dos milhões ou até bilhões de anos. Em função disso, os cientistas dividiram o tempo geológico em intervalos de tempo menores, chamados de **unidades cronoestratigráficas**: éons, eras, períodos, épocas e idades.

O **tempo geológico** é o tempo decorrido entre a formação da Terra e os dias atuais – algo em torno de 4,5 bilhões de anos. Os **períodos geológicos** são as unidades fundamentais do tempo geológico e marcam fases da história da Terra.

A transição entre os períodos geológicos, geralmente, é determinada pelos registros fósseis e pelas mudanças no padrão de rochas.

A idade das rochas

A determinação da idade de uma rocha pode ser feita de duas maneiras: pelo método relativo e pelo método absoluto.

Pelo **método relativo**, não é possível especificar a idade de uma rocha; pode-se apenas saber se ela é mais antiga ou mais jovem que outra. Para as rochas sedimentares, geralmente quanto mais profundo o sedimento, mais antigo ele é.

Os fósseis também são muito importantes para a datação relativa de rochas. A presença do mesmo conteúdo fossilífero em diferentes estratos indica que, provavelmente, esses estratos têm a mesma idade.

O **método absoluto** permite identificar com precisão a idade das rochas. As rochas são analisadas para verificar a presença e a quantidade de certos compostos radioativos e, com base nessas medidas, determina-se a idade das rochas.

ESCALA DO TEMPO GEOLÓGICO

Eras	Períodos	Idade (em milhões de anos)
Cenozoico	Quaternário	2,6-presente
Cenozoico	Neogeno	23-2,6
Cenozoico	Paleogeno	66-23
Mesozoico	Cretáceo	145-66
Mesozoico	Jurássico	201,3-145
Mesozoico	Triássico	251,9-201,3
Paleozoico	Permiano	298,9-251,9
Paleozoico	Carbonífero	358,9-298,9
Paleozoico	Devoniano	419,2-358,9
Paleozoico	Siluriano	443,8-419,2
Paleozoico	Ordoviciano	485,4-443,8
Paleozoico	Cambriano	541-485,4
Neoproterozoico	Ediacarano	635-541
Neoproterozoico	Criogeniano	720-635
Neoproterozoico	Toniano	1000-720
Mesoproterozoico	Esteniano	1200-1000
Mesoproterozoico	Ectasiano	1400-1200
Mesoproterozoico	Calimiano	1600-1400
Paleoproterozoico	Estateriano	1800-1600
Paleoproterozoico	Orosiriano	2050-1800
Paleoproterozoico	Rhyaciano	2300-2050
Paleoproterozoico	Sideriano	2500-2300
Neoarqueano	–	2800-2500
Mesoarqueano	–	3200-2800
Paleoarqueano	–	3600-3200
Eoarqueano	–	4000-3600

Fonte de pesquisa: International chronostratigraphic chart. International Comission on Stratigraphy (tradução nossa: Gráfico cronoestratigráfico internacional. Comissão Internacional de Estratigrafia). Disponível em: http://www.stratigraphy.org/ICSchart/ChronostratChart2017-02.pdf. Acesso em: 9 mar. 2023.

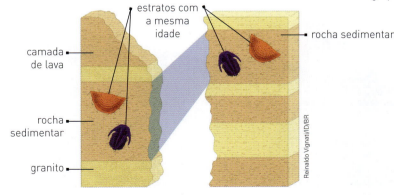

▲ No método de datação relativa, os fósseis são utilizados para estimar a idade das rochas. (Representação sem proporção de tamanho e em cores-fantasia.)

Interaja com **tempo geológico**. Quais evidências os cientistas usam para estimar o início e o fim de uma era geológica?

63

▲ Por ser fácil de limpar, a ardósia (um tipo de rocha metamórfica) costuma ser utilizada na fabricação de pisos.

Rochas metamórficas

A palavra **metamorfose** significa transformação. As rochas **metamórficas** resultam de um processo de transformação das propriedades originais de rochas magmáticas ou sedimentares. Por isso, os minerais das rochas metamórficas apresentam propriedades diferentes das observadas na rocha que lhes deu origem.

A modificação na estrutura das rochas originais ocorre pela ação de fatores como pressão e temperatura, que são muito intensas no interior da Terra.

No processo de formação de regiões de grandes altitudes, como as cordilheiras, pode ocorrer a compressão de uma rocha a ponto de os minerais que a compõem transformarem-se, adquirindo novas propriedades.

Os tipos mais comuns de rocha metamórfica são a ardósia, o gnaisse, o mármore e o quartzito.

A ardósia é resultado da transformação da argila, uma rocha sedimentar. Por esse motivo, as placas de ardósia tendem a soltar lâminas ou camadas com o tempo. Essa rocha é utilizada com frequência como revestimento de pisos.

O gnaisse é formado a partir do granito, uma rocha magmática. A maior parte das rochas da serra do Mar, no Sudeste do Brasil, é constituída de gnaisse. Essa rocha é bastante utilizada como pavimento.

O quartzito tem origem na transformação do arenito, uma rocha sedimentar. Como é um material muito resistente, o quartzito é empregado, por exemplo, na produção de concreto.

O mármore resulta da transformação do calcário, outra rocha sedimentar. Além de ser muito utilizado em peças e revestimentos de decoração, o mármore sempre foi apreciado por escultores, pois apresenta aspecto leitoso e é fácil de ser trabalhado.

MESTRE ESCULTOR

Um dos grandes escultores brasileiros – Antônio Francisco Lisboa, o Aleijadinho – teve sua obra reconhecida por trabalhar um tipo de rocha metamórfica, a pedra-sabão.

Ele ficou conhecido como Aleijadinho devido a deformações causadas por uma doença reumatológica autoimune.

As esculturas de Aleijadinho retratam anjos, santos e profetas e podem ser vistas em algumas cidades mineiras, como Ouro Preto e Congonhas. Essas obras são reconhecidas como patrimônio histórico, artístico e cultural, mas, atualmente, encontram-se em risco, devido ao intenso intemperismo que vêm sofrendo.

▲ Detalhe de obra de Aleijadinho, esculpida em pedra-sabão. Congonhas (MG). Foto de 2022.

▲ O Pão de Açúcar, um dos pontos turísticos mais famosos do Rio de Janeiro (RJ), é constituído de gnaisse. Foto de 2021.

CICLO DAS ROCHAS

Os diferentes tipos de rocha têm suas características constantemente alteradas, podendo mudar de um tipo para outro. Além de constante, esse processo de transformação, conhecido como **ciclo das rochas**, é lento e chega a durar milhões de anos.

Há dois fatores fundamentais que influenciam esse ciclo: o intemperismo e o movimento das rochas através das camadas da Terra.

O **intemperismo** provoca o desgaste na superfície das rochas. Os sedimentos gerados por esse desgaste podem se acumular e gerar rochas sedimentares.

As rochas presentes na crosta podem afundar ao longo de milhares de anos, atingindo camadas nas quais a pressão e a temperatura são muito mais elevadas. Nessas condições, rochas sedimentares e ígneas podem sofrer mudanças, tornando-se rochas metamórficas, ou se fundir, tornando-se magma. Ao atingir camadas menos profundas, o magma pode tornar-se rocha ígnea.

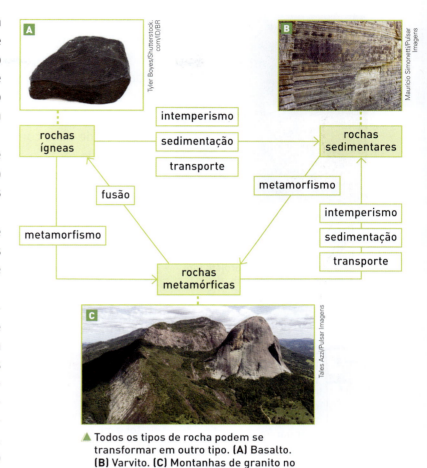

▲ Todos os tipos de rocha podem se transformar em outro tipo. **(A)** Basalto. **(B)** Varvito. **(C)** Montanhas de granito no Parque Estadual de Pedra Azul, em Domingos Martins (ES). Foto de 2021.

MINÉRIOS

As rochas e os minerais utilizados em indústrias ou comércios são chamados de **minérios**. Alguns exemplos são o minério de alumínio, o minério de ferro, o cobre e o manganês.

- O **alumínio** é empregado, por exemplo, na fabricação de panelas, na produção de latas para envasar bebidas, na fabricação de janelas e nas indústrias automobilística e de eletrônicos.
- O **ferro** é a principal matéria-prima para a produção de aço. Ele é um dos componentes do concreto armado, estrutura em que hastes de ferro são envolvidas por concreto, proporcionando maior sustentação e resistência.
- O **cobre** é o principal constituinte dos fios condutores de eletricidade. Por ter ação bactericida, também é utilizado em hospitais e na produção de encanamentos.
- O **manganês** é empregado em associação com outros metais. O aço manganês, por exemplo, é uma liga metálica composta de ferro, carbono e manganês, muito utilizada na construção civil.

MINERAÇÃO

Mineração é o conjunto de processos utilizados para extrair minérios do ambiente e disponibilizá-los para uso.

O Brasil é um grande produtor de minérios e tem diversas jazidas, com destaque para o **Quadrilátero Ferrífero**, no estado de Minas Gerais, e a **Província Mineral de Carajás**, no estado do Pará.

A atividade mineradora é, em geral, prejudicial ao ambiente. Algumas de suas consequências são o deslocamento de grandes volumes de terra, a alteração do traçado de rios e relevos, a poluição de cursos de água, o esgotamento de recursos naturais e a ameaça à existência de plantas, animais e populações humanas.

Outra grave questão que envolve a atividade mineradora no Brasil é a invasão de Terras Indígenas por garimpeiros ilegais, que ameaçam o modo de vida desses povos e causam grande devastação onde eles vivem. É fundamental que o poder público adote medidas para combater a ilegalidade na atividade de mineração, como melhorias na fiscalização e o rastreio da origem dos minérios extraídos.

▲ Iniciado em 1979, o Projeto Grande Carajás visa à exploração da riqueza de minérios da serra dos Carajás, no Pará. Devido à sua extensão territorial, o projeto tem causado grande impacto ambiental. Foto de 2015.

Interaja com **áreas de mineração no Brasil** e identifique os locais de exploração do ferro, alumínio, cobre e manganês.

CIDADANIA GLOBAL

SUSTENTABILIDADE NA MINERAÇÃO

[...] a atividade mineradora [...] é conhecida por seus intensos impactos ambientais que vão desde a remoção da vegetação em áreas de extração até a poluição de recursos hídricos. Muitos destes impactos são resultantes de acidentes e da falta de eficiência no gerenciamento de riscos. Após os rompimentos das barragens em Mariana e Brumadinho, ficou bastante evidente a real necessidade de elaboração e implantação de instrumentos de gestão em empresas mineradoras, pois somente assim seria possível diminuir a soma dos danos causados à natureza e elevar a introdução e autenticação de sistemas e políticas de gestão, controle e sustentabilidade ambiental.

Para mudar essa situação e caminhar para um cenário [...] [em que] a produtividade e a consciência ambiental andem juntas, diversas empresas do setor vêm adotando os princípios da mineração sustentável. Este novo conceito é baseado no respeito aos aspectos ambientais, sociais e econômicos. Uma das características deste tipo de mineração é o reaproveitamento de rejeitos para a fabricação de tijolos, confecção de asfalto e pavimentação de vias.

No entanto, as empresas interessadas em aderir a essa nova visão devem ir muito além disso. É preciso também que elas se atentem [...] aos reflexos de suas atividades na vida da população próxima aos arredores dos locais de extração. Ainda é essencial que invistam na capacitação de seus funcionários e se comprometam com a segurança e a saúde dos mesmos e de comunidades vizinhas.

Jerri Alves. Mineração sustentável: sonho ou possível realidade? *Diário do Comércio*, 24 set. 2020. Disponível em: https://diariodocomercio.com.br/opiniao/mineracao-sustentavel-sonho-ou-possivel-realidade/. Acesso em: 9 mar. 2023.

- Busque, em materiais impressos ou digitais, informações sobre iniciativas de empresas mineradoras, no Brasil e no exterior, que visam tornar essa atividade mais sustentável e menos danosa ao ambiente e às pessoas.

PRÁTICAS DE CIÊNCIAS

Visita a um museu geológico

Quais informações podem ser obtidas em um museu geológico? É possível conhecer mais as rochas, os minerais e os fósseis ao visitar um museu? Nesta atividade, você vai fazer uma **pesquisa de campo** para responder a perguntas como essas.

Como fazer

Elaborando o roteiro

O roteiro de visitação é um guia para aproveitar melhor a visita a um museu, seja físico, seja virtual. O roteiro pode facilitar a localização do material que você quer analisar e a escolha do tempo dedicado à visitação. Para a elaboração do roteiro desta atividade, o professor vai definir o museu a ser visitado.

1. Forme dupla com um colega. Juntos, façam uma pesquisa sobre o museu, como o nome, a estrutura que oferece, se aborda um tema específico, quais coleções e exposições apresenta (metais preciosos, fósseis, entre outras). Se for realizada uma excursão, indiquem o endereço e o horário de visitação do museu.

2. O professor vai orientá-los sobre os itens do acervo que devem ser analisados. Anotem no caderno quais são esses itens, que informações apresentam e em qual local do museu estão expostos.

3. No dia da visita ao museu, usem esse roteiro.

Visitando o museu

Em museus físicos, é importante seguir as regras da instituição escolhida. Há museus, por exemplo, que permitem fotografar algumas peças (sem o uso de *flash*) e outros que não permitem tirar fotos.

1. Explorem as diversas áreas do museu, seguindo as orientações do professor.

2. Quando chegarem à área em que estão os itens que serão analisados, coletem as informações definidas no roteiro.

3. Escrevam um texto sobre a experiência de vocês no museu. Em um parágrafo, descrevam as informações gerais sobre o museu; depois, em outro, escrevam sobre a exposição e os itens que vocês analisaram. Concluam com um parágrafo mencionando do que mais gostaram na visita.

Para concluir

1. Na opinião de vocês, consultar previamente informações sobre o museu foi útil para a realização da visita? Por quê?

2. Descreva como vocês utilizaram o roteiro durante a visitação. Como teria sido a visita ao museu sem um roteiro disponível?

3. Como vocês avaliam a experiência de visitar um museu geológico? Na opinião de vocês, eles são bons locais para obter informações sobre fósseis?

ATIVIDADES

Retomar e compreender

1. Copie a tabela a seguir no caderno. Depois, pesquise qual é o principal mineral que pode ser extraído de cada minério indicado na tabela.

Minério	Mineral extraído
bauxita	
pirolusita	
hematita	
columbita	
cassiterita	

2. Os revestimentos cerâmicos de muitas construções, o cimento e a cal usados no preparo de argamassa, os isolantes dos componentes eletrônicos e o material utilizado na fabricação de fibras ópticas são exemplos da aplicação industrial e comercial de quais minerais, respectivamente?

3. Observe, na figura a seguir, a escala de Mohs.

1 – talco
2 – gesso
3 – calcita
4 – fluorita
5 – apatita
6 – ortoclásio
7 – quartzo
8 – topázio
9 – corindo
10 – diamante

a) Qual propriedade dos minerais pode ser avaliada por essa escala?
b) Cite três propriedades dos minerais que são importantes para a produção de joias.

4. Que fatores ambientais transformam rochas sedimentares e ígneas em rochas metamórficas?

5. O aspecto visual das duas amostras de rochas reproduzidas a seguir revelam uma diferença importante quanto à sua composição.

▲ Quartzito.   ▲ Granito.

- Que diferença é essa?

6. Por que não é possível a formação de fósseis em granito?

Aplicar

7. Leia, a seguir, o trecho de uma reportagem e faça o que se pede.

> [...]
> Após quase dois anos desde o rompimento da barragem de Brumadinho e mais de cinco anos do rompimento da barragem de Mariana, [Carlos Barreira] Martinez [engenheiro civil e professor do Instituto de Engenharia Mecânica da Universidade Federal de Itajubá] considera que a maior perda dos desastres foi a de vidas humanas. "Tanto [em] Mariana como [em] Brumadinho, para mim, o mais marcante é o número de mortes. A morte de um semelhante nosso não tem absolutamente nenhuma maneira de ser reparada." Em Mariana, a catástrofe ocasionou 19 mortes e, em Brumadinho, a perspectiva é de aproximadamente 270 mortos [...].
>
> Martinez avalia o rompimento das barragens em dois grandes momentos. "Primeiro, o grande impacto sobre as populações, as pessoas que morreram; e, o segundo impacto, quando você lança uma quantidade enorme de resíduos, tem todas as consequências subsequentes ao processo. Primeiro, para a mina, segundo, destrói, no rastro da descida do minério, toda aquela estrutura social e econômica que existia e impacta a biota de uma forma muito forte." O professor explica que os impactos sobre a biota são complicados para serem medidos, "a gente vai saber disso daqui a 50 anos".
>
> "[...] Os processos e métodos construtivos que foram usados nessas barragens, no mínimo, têm três ou quatro décadas que a universidade vem dizendo que não deveriam ser usados." O professor classifica os acidentes das barragens como um "sintoma de uma doença social", pois a sociedade aceita que tragédias como essas aconteçam "passivamente e sequencialmente, sem se posicionar".
>
> Maior perda em Mariana e Brumadinho foi de vidas humanas, diz especialista. *Jornal da USP*, 11 maio 2021. Disponível em: https://jornal.usp.br/atualidades/maior-perda-em-mariana-e-brumadinho-foi-de-vidas-humanas-diz-especialista/. Acesso em: 9 mar. 2023.

Acompanhamento da aprendizagem

a) De acordo com o texto, a lama da barragem continha rejeitos da mineração. Como o minério de ferro é utilizado na construção civil?

b) Utilizando as informações da reportagem e seus conhecimentos sobre o assunto, cite os riscos que a atividade de mineração pode trazer ao ambiente.

8. O Vale dos Dinossauros, no município de Sousa, no estado da Paraíba, é um dos sítios paleontológicos do Brasil. Nele, podem ser vistos vestígios de dinossauro como o da foto a seguir.

▲ Pegada fossilizada de dinossauro em Sousa (PB). Foto de 2020.

- Elabore uma hipótese que explique de que forma essas pegadas se preservaram.

9. Observe a foto a seguir e responda às questões propostas.

▲ Área de mineração em Itabira (MG). Foto de 2014.

a) Quais problemas ambientais podem existir nessa área?

b) Muitas vezes a atividade mineradora é feita próxima a plantações. Quais problemas os agricultores podem enfrentar devido a essa proximidade?

c) **SABER SER** Você acha possível promover o desenvolvimento econômico e a geração de empregos garantindo a preservação do meio ambiente? Justifique sua resposta.

10. Leia o texto a seguir e faça o que se pede.

A crosta terrestre é essencialmente composta de rochas. Esses agregados naturais de minerais têm influência decisiva na vida existente na superfície da Terra. O petróleo e a hulha são encontrados, por exemplo, apenas em certo tipo de rocha cuja origem está ligada à ação contínua dos agentes erosivos e dos processos químicos e orgânicos. No Brasil, boa parte da produção de petróleo vem da Bacia de Campos, que se estende do Rio de Janeiro ao Espírito Santo.

- Copie no caderno o trecho que descreve o processo de formação das rochas sedimentares.

11. O esquema a seguir apresenta, à esquerda, três amostras de fósseis colhidas em diversas camadas de uma rocha sedimentar, cuja idade é aproximadamente conhecida e está indicada à direita, em milhões de anos (m. a.), na escala de tempo geológico.

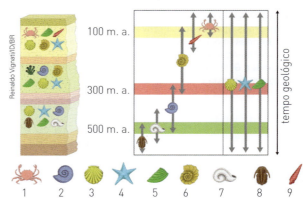

▲ Representação sem proporção de tamanho e em cores-fantasia.

Sabendo como se formam as rochas sedimentares, responda às questões.

a) De acordo com as amostras, quais são as espécies existentes ainda hoje?

b) Quais são as espécies mais recentes? Por quê?

c) Qual terá sido, aproximadamente, o tempo de existência da espécie **2**? Ela ainda existe? Justifique sua resposta.

69

CIÊNCIA DINÂMICA

Quantos anos a Terra tem?

A idade da Terra é calculada pelos cientistas por métodos que estimam a idade das rochas. Porém nem sempre houve consenso sobre a forma de calcular a idade do nosso planeta.

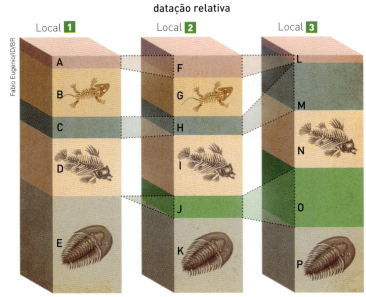

Esquema do método da datação relativa. As camadas com os mesmos tipos de fóssil provavelmente têm a mesma idade. As camadas inferiores são mais antigas que as superiores. Assim, as camadas mais antigas com fósseis são **E**, **K** e **P**, e as mais novas são **B** e **G**. (Representação sem proporção de tamanho e em cores-fantasia.)

Os estudos com fósseis mudaram a visão dos cientistas sobre a idade da Terra. As análises indicavam que rochas sedimentares de lugares diferentes, mas que apresentavam os mesmos tipos de fóssil, deveriam ter a mesma idade. Fósseis em camadas diferentes indicavam espécies que viveram em épocas diferentes.

Em 1830, o geólogo britânico Charles Lyell (1797-1875) publicou o livro *Princípios de geologia*, no qual apresentava uma visão rica e cientificamente detalhada de como a estrutura da Terra seria moldada lentamente. Ele mostrava evidências de que erupções vulcânicas criavam ilhas, e terremotos erguiam terras, formando montanhas. Além disso, explicava como a erosão modificava gradualmente essas ilhas e montanhas. Na visão de Lyell, o planeta não passava por ciclos de criação e destruição, mas sofria lentas modificações ao longo de uma escala de tempo inimaginável.

A obra de Lyell influenciou profundamente o trabalho do naturalista britânico Charles Darwin (1809-1882), que, em seu livro *A origem das espécies*, estimou que a idade do planeta Terra fosse da ordem de bilhões de anos. Darwin fundamentava sua proposta na análise de fósseis: para ele, as transformações sofridas pelos seres vivos só poderiam acontecer em um intervalo de tempo muito grande.

Nem todos os cientistas do século XIX, porém, concordavam com essas ideias. O britânico Lorde Kelvin (1824-1907), um dos físicos mais renomados da época, imaginava que poderia estimar a idade do planeta estudando seu calor.

Muito quente para ser velha

Kelvin sabia que os mineiros tinham descoberto que, quanto mais fundo cavavam, mais quentes se tornavam as rochas. Para explicar esse calor, Kelvin especulou que a Terra tinha se formado da colisão de planetas em miniatura, e a energia de seus impactos criara uma bolha derretida (uma especulação que mais tarde provou ser verdadeira). Kelvin presumia que, uma vez terminados os impactos, não haveria meios de o planeta receber novo calor. Assim, gradualmente, ele esfriaria como uma brasa mortiça. [...]

Kelvin e outros físicos tinham desenvolvido equações para prever com precisão como os objetos esfriam, e ele as aplicou ao planeta inteiro. Medindo com que rapidez o calor escapa das rochas e qual a temperatura dos mais profundos poços de minas, ele chegou a uma estimativa da idade do planeta. Em 1862 ele concluiu que a Terra estava esfriando [...] [há] não mais do que 100 milhões de anos.

Carl Zimmer. *O livro de ouro da evolução*: o triunfo de uma ideia. Rio de Janeiro: Ediouro, 2003. p. 107-108.

De acordo com essa proposta, a idade do planeta seria 100 milhões de anos, contrariando o que boa parte dos biólogos e dos geólogos defendia na época, ou seja, que a Terra teria bilhões de anos de idade.

A descoberta da radioatividade e a datação das rochas

O embate entre físicos, biólogos e geólogos só começaria a ter fim com a descoberta da radioatividade, em 1896, por Antoine Becquerel (1852-1908). Essa descoberta atraiu o interesse da comunidade científica da época, incluindo Ernest Rutherford (1871-1937).

Rutherford, trabalhando com os fenômenos radioativos, constatou que esses processos envolviam a emissão de partículas ou radiações eletromagnéticas e a formação de átomos de outros elementos químicos. Além disso, percebeu que os átomos radioativos desintegravam em uma razão constante e que, portanto, poderiam ser utilizados como relógios naturais para calcular a idade absoluta de rochas ou minerais.

Em 1905, Rutherford revolucionou a datação do tempo geológico com a utilização da radioatividade para medir a idade de amostras de rochas.

[...]

A datação radiométrica por ele proposta permitiu tratar numericamente o tempo. Assim, fundou-se uma nova ciência, a geocronologia. [...]

Daniel Ferreira Araújo; Gerson de Souza Mól. A radioquímica e a idade da Terra. *Química Nova Escola*, v. 37, n. 3, p. 164-171, ago. 2015. Disponível em: http://qnesc.sbq.org.br/online/qnesc37_3/03-QS-07-13.pdf. Acesso em: 9 mar. 2023.

Em 1956, o cientista estadunidense Clair Cameron Patterson (1922-1995) utilizou dados de compostos radioativos presentes em meteoritos e em rochas terrestres e estimou a idade do planeta em 4,55 bilhões de anos, valor até hoje aceito pela maioria dos cientistas.

Em discussão

1. Por que a descoberta de fósseis em diferentes camadas sedimentares influenciou na discussão sobre a idade da Terra?

2. De acordo com Lyell e Darwin, a Terra é muito antiga. Em que eles se basearam para ter essa opinião?

3. Faça uma pesquisa e elabore um parágrafo explicando como as ideias evolutivas e o contexto histórico da época favoreceram a aceitação da ideia de que a Terra era muito mais antiga do que se supunha.

4. A descoberta da radioatividade foi fundamental para que a idade da Terra fosse estabelecida. Quais características desse método possibilitaram que ele fosse amplamente aceito pela comunidade científica?

CAPÍTULO 2
FORMAÇÃO DO SOLO

PARA COMEÇAR

O processo de desgaste das rochas dá origem ao solo, no qual encontramos restos vegetais, partículas minerais, além de alguns animais. Que características o solo deve ter para ser considerado fértil?

A DEGRADAÇÃO DAS ROCHAS E A ORIGEM DO SOLO

O **solo** cobre grande parte da superfície da crosta terrestre. Ele é uma mistura de componentes inorgânicos, como água, ar e partículas de minerais originados das rochas, e de componentes orgânicos, como os seres vivos, os organismos mortos e a matéria orgânica em decomposição.

A presença desses materiais no solo está relacionada à transformação e à degradação das rochas na superfície da Terra, processo chamado **intemperismo**. O solo se origina do intemperismo de uma rocha, chamada **rocha-matriz** ou rocha-mãe. Os fragmentos de rocha gerados nesse processo se acumulam na superfície e dão origem à parte mineral do solo.

O solo também é formado por materiais orgânicos compostos de restos de seres vivos, como folhas caídas e fezes de animais, que se misturam ao material de origem rochosa. A parte orgânica do solo sofre decomposição e dá origem ao húmus, material presente em certos tipos de solo.

▼ O intemperismo faz com que a rocha se torne frágil e se quebre com o tempo. Parque Nacional do Vale do Catimbau, em Buíque (PE). Foto de 2022.

FORMAÇÃO DO SOLO

A formação do solo é um processo muito lento, podendo demorar milhares de anos. Mesmo depois de formados, os solos estão em constante transformação, devido à ação dos organismos que neles vivem e às condições do clima. Solos mais antigos costumam ser mais profundos e apresentar camadas diferenciadas.

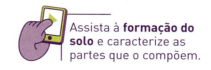

Assista à **formação do solo** e caracterize as partes que o compõem.

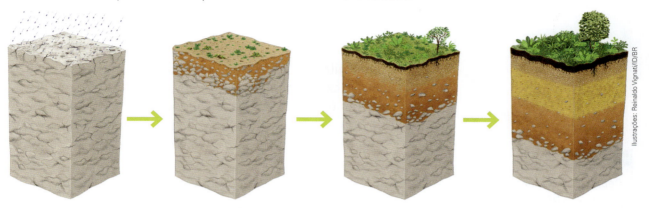

▲ Esquema das etapas da formação do solo. (Representações sem proporção de tamanho e em cores-fantasia.)

Fonte de pesquisa: Rosicler Martins Rodrigues. *O solo e a vida*. São Paulo: Moderna, 2001. p. 21.

CARACTERÍSTICAS DO SOLO

Se compararmos uma porção de terra de um jardim a uma porção de terra de outra área, é possível que essas porções apresentem características diferentes. Isso ocorre porque os solos variam em relação à composição e às propriedades, e essa variação resulta do processo de formação e dos aspectos da rocha-matriz. Conheça, a seguir, algumas propriedades do solo.

- A **permeabilidade** é a facilidade com que a água penetra no solo. Nos solos mais permeáveis, a água se infiltra mais facilmente e, nos menos permeáveis, a água é retida.
- A **porosidade** tem relação com os poros (espaços) que se formam entre os grãos do solo. Esses poros podem variar em tamanho e em número. É através deles que a água e os gases se infiltram no solo.
- A **textura** do solo é determinada pela proporção entre as partículas minerais que o compõem. Essas partículas são nomeadas de acordo com seu tamanho: areia, silte e argila, sendo a areia a maior dessas partículas, e a argila, a menor.
- Os solos podem apresentar diferentes **colorações**, determinadas por vários fatores, entre eles, a natureza da rocha-matriz e a presença de matéria orgânica, comumente abundante em solos mais escuros.

As propriedades do solo determinam, em grande parte, quais atividades podem ser desenvolvidas nele. Solos ricos em matéria orgânica são geralmente utilizados na agricultura.

TIPOS DE SOLO

Há diversas possibilidades de classificação dos solos, dependendo das características que são consideradas. Em relação à textura, ou seja, à proporção entre as partículas de diferentes tamanhos, os solos podem ser, de maneira geral, classificados em três tipos:

- **Solo arenoso** – seu componente predominante é a areia. É um solo mais permeável, que permite o rápido escoamento da água.
- **Solo argiloso** – apresenta predominância de argila em sua composição. É menos permeável, por isso, retém a água e se mantém úmido com mais facilidade.
- **Solo siltoso** – apresenta maior quantidade de silte em sua composição. Tem permeabilidade intermediária, retendo parte da água.

Considerando sua composição, os solos podem ser classificados em **orgânicos** (ou **humosos**), predominantemente compostos de matéria orgânica, e **minerais**, compostos sobretudo de partículas minerais. Os solos minerais são mais comuns no Brasil; solos orgânicos são mais raros e costumam ser encontrados apenas em áreas de várzea, constantemente alagadas.

Veja, a seguir, um diagrama com essas classificações.

> **PARA EXPLORAR**
>
> Déborah de Oliveira. *O solo sob nossos pés*. São Paulo: Atual, 2010 (Coleção Projeto Ciência).
>
> Esse livro apresenta a formação, a composição e o perfil do solo. Traz, ainda, ilustrações e fotos, sugestões de *sites* e esquemas científicos.

No Brasil, há grande variedade de solos, resultante do clima predominantemente tropical do país. Em razão dessa variedade, foi criado o Sistema Brasileiro de Classificação de Solos (SiBCS), que classifica os solos brasileiros em 13 tipos, considerando suas diversas características.

O principal tipo de solo brasileiro, tanto por sua ampla distribuição geográfica quanto por sua importância econômica, é o **latossolo**. Esse solo mineral, profundo, poroso e rico em óxidos de ferro, apresenta alta permeabilidade e coloração que varia do vermelho-escuro ao amarelo. Também pode apresentar grande variação com relação à textura, mas geralmente é argiloso.

Como compõe grande parte do território nacional e geralmente está localizado em relevos planos, o latossolo é muito utilizado na agricultura, na pecuária e como suporte na construção de casas e rodovias, entre outras atividades. No entanto, no caso da agricultura, por conter pequena reserva de nutrientes orgânicos, esse tipo de solo exige a utilização de fertilizantes e de outras técnicas de manejo.

▲ Corte vertical de um latossolo. Note a extensa profundidade e a coloração vermelho-escura, características desse tipo de solo. Grão Mogol (MG).

PERFIL DO SOLO

O esquema a seguir mostra um corte vertical de um solo, representando desde a superfície até a camada mais profunda, na qual está a rocha que lhe deu origem, a rocha-matriz. A seção vertical de um solo denomina-se **perfil do solo**.

Cada uma das camadas que compõem o solo é chamada de **horizonte**. A quantidade e a espessura das camadas podem variar de acordo com o tipo de solo. Por exemplo, solos menos desenvolvidos costumam apresentar menos camadas. De maneira geral, as camadas seguem um padrão de organização comum, conforme é mostrado a seguir.

Mais fino que os demais, o horizonte mais superficial é formado principalmente por restos de seres vivos.

Esse horizonte corresponde à camada mineral mais próxima da superfície. Nele ocorre intensa atividade de microrganismos e há bastante húmus; por isso, costuma apresentar coloração mais escura.

Esse horizonte pode estar ausente em solos pouco desenvolvidos e corresponde a camadas minerais com menor quantidade de matéria orgânica; sua coloração varia do amarelo ao vermelho.

Esse horizonte é formado por rocha ainda pouco modificada pelos processos de formação do solo.

Na base das camadas, encontra-se a rocha-matriz.

▲ Representação sem proporção de tamanho e em cores-fantasia.

Fonte de pesquisa: Frank Press e outros. *Para entender a Terra*. 4. ed. Porto Alegre: Bookman, 2006. p. 186.

▲ Perfil de solo mostrando suas diversas camadas. Capela do Alto (SP).

O termo solo, em alguns casos, é usado para se referir apenas às duas camadas mais superficiais, que constituem a parte arável (que pode ser cultivada), de maior interesse para a agricultura. As camadas mais profundas costumam ser chamadas de **subsolo**.

OS SERES VIVOS E O SOLO

Observando uma porção de terra a olho nu, é difícil ter ideia da quantidade de seres vivos que vivem ali. Isso ocorre porque a maioria dos seres vivos presentes no solo são microrganismos – como bactérias, fungos e animais minúsculos – que, de tão pequenos, só podem ser vistos com o auxílio de microscópio.

Esses microrganismos desempenham diversas atividades essenciais ao solo e aos ecossistemas, como a decomposição da matéria orgânica, processo que será apresentado mais adiante.

Além dos microrganismos, animais e plantas são importantes componentes do solo. De maneira geral, as plantas terrestres fixam-se ao solo pelas raízes e retiram dele a água e os nutrientes minerais de que necessitam para se desenvolver e sobreviver.

Muitos animais, como formigas e minhocas, também vivem no solo. A movimentação desses seres, bem como a troca de materiais entre eles, aumenta a oxigenação do solo, sua permeabilidade e, consequentemente, sua fertilidade.

A manutenção da fertilidade do solo é importante para o meio ambiente, para a preservação da cobertura vegetal das florestas e para os seres humanos, que dependem do solo para o cultivo de alimentos.

Veja os **seres vivos do solo** e explique de que forma esses organismos alteram a estrutura do solo.

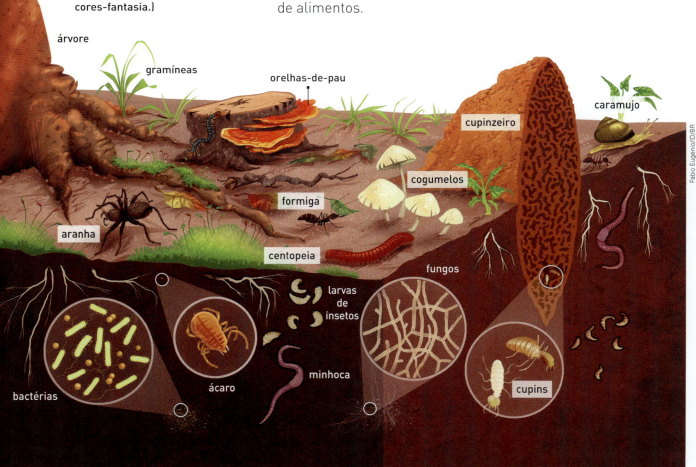

▼ Esquema de solo em corte, com exemplos de seres vivos que são encontrados nele. (Representação sem proporção de tamanho e em cores-fantasia.)

76

DECOMPOSIÇÃO

Fungos e bactérias que vivem no solo realizam a **decomposição** da matéria orgânica e, assim, obtêm os nutrientes necessários para se manter vivos. Nesse processo, a matéria orgânica dos organismos mortos e dos restos de seres vivos é transformada em substâncias mais simples, que ficam livres no ambiente e podem ser incorporadas pelos organismos decompositores.

Além de nutrir fungos e bactérias, essas substâncias podem ser captadas por plantas e outros seres vivos, que as utilizam para produzir nova matéria orgânica e suprir as próprias necessidades. Por disponibilizar nutrientes essenciais ao crescimento das plantas, a decomposição está fortemente relacionada à fertilidade dos solos e é um dos processos que garantem a manutenção da vida no planeta.

No entanto, a decomposição da matéria orgânica não deve ser confundida com a degradação das rochas pelo fenômeno do intemperismo, que também pode envolver a participação de seres vivos. Veja o organizador gráfico a seguir.

PARA EXPLORAR

Aprenda a fazer uma composteira caseira

Na página do Instituto Akatu, você aprende o passo a passo para construir uma composteira caseira.

Disponível em: https://akatu.org.br/aprenda-a-fazer-uma-composteira-caseira/. Acesso em: 10 mar. 2023.

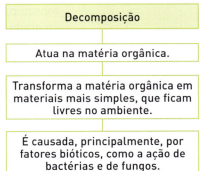

Além dos decompositores, outros seres vivos atuam na transformação de organismos mortos e restos de matéria orgânica, alimentando-se deles. São os chamados **detritívoros** ou **necrófagos**, os quais têm um importante papel na reciclagem dos nutrientes. Minhocas, alguns besouros, hienas e algumas aves, como o urubu e o carcará, são exemplos de detritívoros.

As minhocas são animais detritívoros que ingerem grande quantidade de solo e digerem a matéria orgânica, liberando fezes que fertilizam o solo. É comum a criação desses animais em minhocários para a produção de húmus, utilizado como adubo.

ATIVIDADES

Retomar e compreender

1. Quais são os componentes do solo?

2. Qual das definições a seguir melhor corresponde ao conceito de intemperismo?
   a) É o processo que carrega os pequenos fragmentos de rocha das partes mais altas do relevo para as partes mais baixas.
   b) É a ação dos seres vivos sobre a rocha, fazendo com que ela se torne frágil.
   c) É o processo de degradação das rochas causado por fatores físicos, químicos e biológicos. Por causa do intemperismo, as rochas se tornam frágeis e se fragmentam com o tempo.

3. Associe cada imagem a seguir a uma das texturas de solo: argiloso, siltoso ou arenoso.

   A

   B

   C
   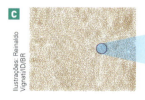

   Ilustrações: Reinaldo Vignati/ID/BR

4. Copie a tabela a seguir no caderno e preencha-a com o nome da propriedade do solo correspondente a cada característica.

Características	Nome da propriedade
Facilidade com que a água penetra	
Quantidade de matéria orgânica	
Tamanho dos espaços entre os grãos	

5. Sobre o perfil do solo, responda:
   a) O que é horizonte do solo?
   b) Por que a camada superficial é mais rica em matéria orgânica?
   c) Qual nome costumam receber as camadas mais profundas de um perfil de solo?

6. Os agricultores, em geral, sabem que os solos muito arenosos não são adequados para o bom desenvolvimento das plantas.
   - Que característica ou propriedade desse tipo de solo explica esse fato?

7. Um experimento simples foi realizado para determinar o tipo de solo em três amostras de origem desconhecida. Cada amostra foi colocada em um funil. Depois, adicionou-se o mesmo volume de água a cada funil. Em seguida, foram medidos o tempo que a água demorou para escoar e o volume final de líquido coletado depois de passar pela amostra de solo. Os resultados estão na tabela a seguir.

Amostra de solo	Tempo de percolação (passagem da água)	Volume de água adicionada	Volume de água coletada após a percolação
1	5 min 33 s	150 mL	125 mL
2	18 min 20 s	150 mL	100 mL
3	10 min 9 s	150 mL	109 mL

   a) Considerando o tempo que a água levou para atravessar cada uma das amostras, classifique-as quanto ao tipo de solo.
   b) Qual amostra de solo é a mais permeável e qual delas reteve mais água?

8. Durante a construção de uma estrada, foi feito um corte em um barranco, que revelou o perfil de solo retratado na foto a seguir.

   Fabio Colombini/Acervo do fotógrafo

Acompanhamento da aprendizagem

a) Como são denominadas essas camadas do solo, com cores e texturas diferentes?

b) Em qual delas se encontra matéria orgânica já bastante decomposta? Justifique.

c) Onde, provavelmente, se localiza a rocha-matriz?

9. Identifique qual descrição a seguir corresponde à de um ser vivo decompositor e qual corresponde à de um detritívoro.

a) Animal que se alimenta de restos de matéria orgânica ou de organismos mortos.

b) Bactéria que transforma a matéria orgânica em materiais mais simples.

10. Explique a importância da decomposição para o uso agrícola do solo.

Aplicar

11. Marina retirou três amostras de solo de diferentes locais de sua escola. Ao observar as amostras com auxílio de uma lupa, não encontrou nenhuma diferença entre elas.

- Que teste Marina poderia fazer para verificar se as amostras são realmente iguais?

12. Em 1881, Charles Darwin publicou um livro em que abordava o efeito das minhocas no solo. Leia o trecho a seguir.

O arado é uma das invenções humanas mais antigas e valiosas, mas, muito antes de o ser humano existir, a terra já era regularmente arada e ainda continua a ser pelas minhocas. Pode haver dúvidas quanto à existência de muitos outros animais que têm desempenhado uma parte tão importante na história do mundo, como essas criaturas pouco organizadas.

Charles Darwin. *The formation of vegetable mould through the action of worms* (tradução nossa: A formação do mofo vegetal pela ação das minhocas). London: John Murray, 1904. p. 280.

- Explique a relação feita por Darwin entre a minhoca e o arado e comente a importância desses organismos para o ambiente.

13. Elabore um esquema explicando como a ação dos seres vivos pode interferir nas características dos solos.

14. Leia o texto a seguir e faça o que se pede.

[...]

Os cupins trabalham incansavelmente sobre e sob o solo das florestas tropicais de todo [o] mundo. [...] Enquanto cavam túneis abaixo do solo e consomem a serrapilheira – camada formada pela deposição de restos de plantas, como folhas e galhos –, as comunidades de cupins se unem.

Assim, elas mantêm e regulam as propriedades do solo, como nutrientes e umidade – ingredientes indispensáveis para a manutenção de uma floresta tropical. Além disso, os cupins transformam os restos de plantas e de madeira em partículas menores e, assim, fornecem o material para que outros organismos se alimentem, como fungos e bactérias [...].

Nem todo cupim se alimenta, necessariamente, de madeira ou [de] material de origem vegetal. Por exemplo, os cupins humívoros, conforme explica Gazal [Vinicius Siqueira Gazal, professor da Universidade Federal Rural do Rio de Janeiro (UFRRJ)], decompõem as fezes de outros animais e, assim, disponibilizam uma parte da matéria orgânica e água para o solo. Já os rizófagos alimentam-se das raízes de plantas, enquanto os cupins de serrapilheira decompõem as folhas secas sobre o chão da floresta.

Toda essa dinâmica de decomposição produz um aumento na mistura de nutrientes do solo e na umidade, aumentando também as chances de pequenas mudas de plantas sobreviveram nessas áreas durante os períodos de seca.

Wyllian Torres. Como os cupins salvam as florestas tropicais em tempos de seca? *Canaltech*, 26 set. 2021. Disponível em: https://canaltech.com.br/meio-ambiente/como-os-cupins-salvam-as-florestas-tropicais-em-tempos-de-seca-196756/. Acesso em: 10 mar. 2023.

a) Liste os efeitos positivos, citados no texto, das atividades dos cupins para a saúde do solo.

b) Além dos cupins, que outros seres presentes no solo são benéficos? Por quê?

79

ATIVIDADES INTEGRADAS

Retomar e compreender

1. O diagrama a seguir representa o processo de formação do solo. Copie-o no caderno e complete as lacunas com os termos do quadro.

| fragmentos minerais | matéria orgânica | intemperismo |

[Diagrama: variações de temperatura, água, seres vivos → rocha-matriz → _____ → solo]

2. O mármore é muito utilizado como revestimento de pisos e em móveis, além de ser matéria-prima de esculturas. Ele é um tipo de rocha metamórfica originado da transformação do calcário, uma rocha sedimentar.

a) Qual é o processo de formação das rochas sedimentares?

b) Além das rochas sedimentares e das rochas metamórficas, que outro tipo de rocha você conhece? Cite dois exemplos.

Aplicar

3. Em 2004, o pesquisador estadunidense Neil Shubin (1960-) descobriu, no Canadá, um fóssil do peixe *Tiktaalik roseae*. Esse animal do período Devoniano apresenta nadadeiras com musculatura, que são ligadas a uma estrutura semelhante a um ombro. Por isso, o *Tiktaalik* é considerado uma espécie intermediária entre os peixes e os anfíbios, os primeiros vertebrados terrestres.

a) Em que tipo de rocha o fóssil de *Tiktaalik* foi encontrado?

b) Consulte a "Escala do tempo geológico" da página 63 e responda em que intervalo de tempo (em anos) provavelmente esse animal viveu.

Analisar e verificar

4. Leia o texto a seguir e responda às questões.

Em 2009, o Ministério do Meio Ambiente (MMA) lançou o Programa Nacional de Redução e Substituição do Fogo nas Áreas Rurais e Florestais (Pronafogo), com o objetivo de prevenir os incêndios nessas regiões. Além de causar inúmeros prejuízos à biodiversidade e à qualidade do ar, as queimadas podem danificar o solo.

a) Nas queimadas, qual horizonte do solo é mais atingido pelo fogo? Quais são as características dessa camada do solo?

b) Que danos o fogo pode causar ao solo?

Acompanhamento da aprendizagem

5. Leia, a seguir, o trecho de uma notícia e faça o que se pede.

O que é a minhocultura?

A minhocultura ou vermicompostagem é o processo que envolve a **criação de minhocas em minhocários** para transformação dos resíduos orgânicos em húmus, um excelente fertilizante orgânico.

[...]

Benefícios do húmus

O **húmus** é um ótimo substrato [...] porque esse adubo natural é rico em cálcio, nitrogênio, fósforo, magnésio, potássio, além de uma extensa flora bacteriana, que aumenta a vida biológica no solo.

Além disso, o húmus melhora a capacidade de retenção de água, assim como a porosidade e a aeração do solo [...]. Ele também equilibra o pH, diminuindo, assim, a acidez do solo.

Por fim, o húmus da minhocultura auxilia na germinação e ajuda a evitar doenças nas plantas. Ainda proporciona o crescimento das plantas através do desenvolvimento das raízes, auxiliando na produtividade final da cultura.

[...]

Minhocultura: saiba seus benefícios e dicas para começar essa prática. *Tecnologia do campo*, 28 abr. 2021. Disponível em: https://tecnologianocampo.com.br/minhocultura/. Acesso em: 10 mar. 2023.

a) Indique os pontos positivos do uso de minhocas para gerar adubo orgânico.

b) Essa técnica também pode ser útil em áreas urbanas?

c) A composteira é um método simples de produzir húmus e pode ser construída também em espaços pequenos. Quais são as vantagens de ter uma composteira em casa?

6. Leia, a seguir, o trecho de uma reportagem e responda às questões.

O chão do que hoje é o sul do Canadá tremeu há cerca de 1,85 bilhão de anos, quando um cometa gigante com 10 quilômetros de diâmetro atingiu a região. O choque deu origem à segunda maior cratera de impacto do mundo e, se tivesse ocorrido hoje, talvez até nos exterminasse. Mas, no fim das contas, os humanos se beneficiaram e muito desta colisão: o objeto trouxe de brinde uma imensa quantidade de minérios do espaço. Os elementos se espalharam por toda a região da chamada bacia de Sudbury, que fica na província de Ontário. Durante a construção de uma ferrovia no final do século 19, a mina foi descoberta e, desde então, tornou-se um dos mais importantes núcleos mineradores do mundo.

Dali se extraem todos os anos milhões de toneladas de cobre e níquel, além de quantidades consideráveis de metais raros do grupo da platina. [...]

A Bacia de Sudbury é um caso curioso, mas não isolado: uma parcela importante dos minérios mais acessíveis na crosta terrestre foram trazidos para cá justamente por meio destes impactos. "Durante a formação da Terra, conforme ela esfriava, substâncias pesadas como os metais afundaram para dentro do planeta", explica o *site* da empresa Deep Space Industries (DSI). É por isso que estes elementos são tão escassos aqui, mas abundantes em corpos celestes com atividade geológica menos intensa. [...]

André Jorge de Oliveira. Mineração de asteroides pode deixar o mundo ainda mais desigual. *Galileu*, 24 jun. 2016. Disponível em: http://revistagalileu.globo.com/Ciencia/Espaco/noticia/2016/06/mineracao-de-asteroides-pode-deixar-o-mundo-ainda-mais-desigual.html. Acesso em: 10 mar. 2023.

a) Por meio de qual método, provavelmente, os pesquisadores puderam determinar que a queda do cometa ocorreu há 1,85 bilhão de anos?

b) Explique como ocorrem os processos de transformação das rochas.

c) Pesquise e cite aplicações industriais do cobre, do níquel e da platina.

Criar

7. Imagine que um agricultor queira saber qual é a capacidade de retenção de dois solos diferentes.

- Proponha um experimento que possibilite levantar dados para resolver essa questão. Indique quais materiais seriam necessários para realizar o experimento, quais seriam os procedimentos para executá-lo e como seria feita a análise dos resultados.

CIDADANIA GLOBAL

UNIDADE 3

11 CIDADES E COMUNIDADES SUSTENTÁVEIS

Retomando o tema

Nesta unidade, você estudou o tema da mineração em áreas urbanas. Agora, verifique o que você aprendeu sobre esse tema respondendo às questões a seguir.

1. Qual é a importância da atividade mineradora para o progresso social?
2. Quais práticas as empresas mineradoras devem adotar para explorar minérios minimizando os impactos ambientais?
3. Tomando como referência os desastres ambientais ocorridos nas cidades mineiras de Mariana e Brumadinho, por que podemos afirmar que é necessário um controle rigoroso das atividades mineradoras?
4. Que medidas podem ser adotadas para conciliar a mineração, o desenvolvimento econômico e social e a preservação ambiental de cidades e comunidades?

Geração da mudança

Com base nas respostas que deram às atividades anteriores, debatam um dos temas sugeridos a seguir em uma roda de conversa. Gravem esse debate e depois compartilhem o material editado na forma de um *podcast*. Estas são as sugestões de temas:

- A situação atual das áreas atingidas pelo rompimento de barragens de mineração em Mariana (MG) e em Brumadinho (MG).
- Os impactos ambientais e sociais da atividade mineradora nas comunidades localizadas próximas às minas.
- As novas tecnologias para o reaproveitamento de rejeitos de mineração e para a minimização dos impactos ambientais causados pela atividade mineradora.
- A importância econômica e social da mineração – partindo do exemplo de que essa atividade é necessária à extração de diversas matérias-primas utilizadas em diferentes setores.

Autoavaliação

ÁREA DE RECUPERAÇÃO AMBIENTAL

MATERIAIS

UNIDADE 4

PRIMEIRAS IDEIAS

1. Como você descreveria a matéria?
2. O que é um material puro? E o que é uma mistura? Indique exemplos presentes em seu dia a dia.
3. Leia a seguinte afirmação:
   "A cozinha é um laboratório".
   Você concorda com essa afirmação? Justifique.

Conhecimentos prévios

Nesta unidade, eu vou...

CAPÍTULO 1 — Propriedades dos materiais

- Compreender o que é matéria e quais são suas propriedades.
- Classificar e distinguir diferentes materiais por meio de suas propriedades.
- Identificar e comparar os estados físicos da matéria e algumas características desses estados.

CAPÍTULO 2 — Misturas e substâncias

- Classificar as misturas em homogêneas ou heterogêneas.
- Conhecer métodos de separação de misturas.
- Construir um filtro e testar a separação de algumas misturas.

CAPÍTULO 3 — Transformações de materiais

- Classificar as transformações de materiais em físicas ou químicas.
- Identificar algumas evidências que caracterizam as transformações químicas.
- Compreender o significado dos termos natural e sintético.
- Avaliar aspectos do processo de produção de uma camiseta.
- Perceber a importância da criatividade na solução de problemas.

CIDADANIA GLOBAL

- Compreender os problemas causados pelo descarte inadequado de retalhos de tecido.
- Descobrir formas de reciclar e de reutilizar restos de tecido.
- Repensar atitudes individuais para evitar o desperdício de tecidos.

LEITURA DA IMAGEM

1. Observe a imagem. Descreva as roupas usadas pelas modelos que estão desfilando.
2. Como você acha que as roupas são produzidas?
3. O que você faz com suas roupas quando elas ficam pequenas para você, mas ainda estão em bom estado para serem usadas?

CIDADANIA GLOBAL

Quando um tecido é cortado para fabricar uma peça de roupa, sobram retalhos, que, geralmente, são descartados e enviados para aterros sanitários. Além disso, muitas pessoas costumam jogar no lixo as roupas que não querem mais usar.

- Que ações individuais e coletivas podemos adotar para diminuir a quantidade de retalhos e de roupas usadas que são descartados?

Interaja com **transformações dos materiais na produção de roupas** e cite os insumos necessários para a produção de tecidos.

A indústria da moda envolve vários aspectos, além da criação e da confecção de roupas. Questões sociais e ambientais também fazem parte do dia a dia dessa indústria.

85

CAPÍTULO 1
PROPRIEDADES DOS MATERIAIS

PARA COMEÇAR

Imagine que você precisa escolher um material para fazer uma mesa. Quais características deve ter esse material? O material escolhido poderia ser utilizado para fabricar que outros tipos de objeto?

O ESTUDO DA MATÉRIA

A **matéria** é definida como tudo que tem massa e ocupa lugar no espaço. A água que bebemos, os alimentos que comemos e o ar que respiramos são exemplos de matéria.

A Química é a ciência que estuda a matéria e suas propriedades, estruturas e transformações.

É importante considerar que qualquer desenvolvimento de novos materiais requer um intenso trabalho de pesquisa sobre a estrutura, as propriedades e a reatividade (tendência de um material a sofrer determinado tipo de transformação) tanto do produto final quanto das matérias-primas utilizadas em sua produção.

O pensamento computacional é uma das estratégias utilizadas para resolver problemas que podem surgir, por exemplo, em um trabalho de pesquisa. Esse tipo de estratégia envolve fundamentos da computação para resolver problemas nas diversas áreas do conhecimento e se baseia em quatro etapas: decomposição do problema em partes menores; reconhecimento de padrões semelhantes aos de outros processos; abstração, que é a identificação das partes relevantes do problema, e a elaboração de um conjunto de regras, ou algoritmo, que possa ser replicado.

▼ Os *smartphones* são constituídos de inúmeros componentes, que são produzidos com matérias-primas específicas.

PROPRIEDADES DA MATÉRIA

Utilizamos as **propriedades da matéria** para descrever, classificar e reconhecer os diferentes materiais. Essas propriedades podem ser classificadas em gerais e específicas.

Propriedades gerais

As **propriedades gerais** se referem a propriedades comuns a todos os corpos, portanto não são adequadas para identificar os materiais. Massa e volume são propriedades gerais da matéria. Dois materiais distintos, como leite e água, podem apresentar mesmo volume.

corpo: nesse caso, porção limitada da matéria.

◀ Materiais distintos podem apresentar as mesmas propriedades gerais, ou seja, mesma massa ou mesmo volume.

Massa

A **massa** é uma grandeza física, determinada com o auxílio de uma balança, que indica a quantidade de matéria de um corpo e a resistência dele em ter seu movimento acelerado.

A unidade-padrão de medida de massa estabelecida pelo Sistema Internacional de Unidades (SI) é o quilograma (kg). No entanto, no dia a dia, utilizam-se outras unidades de medida, como o grama (g), o miligrama (mg) e a tonelada (t).

Volume

O **volume** é a medida do espaço ocupado por um material.

Para determinar o volume de sólidos regulares, como o volume de uma caixa, multiplicamos suas medidas de altura, largura e profundidade, como indica a expressão matemática a seguir.

$$V = a \cdot b \cdot c$$

O cálculo do volume de um corpo depende da forma que esse corpo tem. Segundo o SI, a unidade de medida do volume é o metro cúbico (m^3), mas, assim como ocorre com a massa, é comum no dia a dia a utilização de outras unidades de medida, como o centímetro cúbico (cm^3), o litro (L) e o mililitro (mL).

▲ Quanto maior a massa de um corpo, maior sua resistência ao movimento.

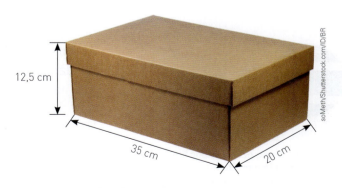

$V = 12,5 \cdot 35 \cdot 20 = 8\,750$
Portanto, o volume é $8\,750\ cm^3$.

87

Propriedades específicas

Propriedades como temperaturas de fusão e de ebulição, solubilidade em água (ou em outro solvente) e densidade, que permitem descrever e identificar materiais, são denominadas **propriedades específicas** da matéria.

A seguir, são apresentadas duas propriedades específicas da matéria: a solubilidade e a densidade.

Solubilidade

Solubilidade é a quantidade máxima de um material, o **soluto**, que pode ser dissolvido em certa quantidade de outro material, o **solvente**, a dada temperatura.

Em geral, a solubilidade é expressa em gramas de soluto por 100 g de solvente a determinada temperatura.

A 25 °C, a solubilidade do cloreto de sódio, principal constituinte do sal de cozinha, é de 36 g por 100 g de água.

Quando o soluto é completamente dissolvido no solvente, o conjunto soluto-solvente é chamado de **solução**.

Soluções que apresentam a quantidade máxima possível de soluto dissolvida são chamadas soluções **saturadas**. Já as que contêm uma quantidade de soluto inferior à máxima que pode ser dissolvida em determinado volume de solvente e a dada temperatura são classificadas como soluções **insaturadas**.

▲ Quando misturamos uma colher de sal de cozinha em um copo com água, o sal pode dissolver completamente. Nesse caso, o sal de cozinha é o soluto, e a água, o solvente.

Densidade

A **densidade** de um material é determinada pela relação entre sua massa e seu volume. Podemos representar matematicamente essa relação por esta expressão matemática:

$$d = \frac{m}{V}$$

Nessa expressão, d = densidade, m = massa e V = volume.

A expressão matemática indica a massa de determinado volume de material. Assim, considerando um mesmo volume de material, quanto maior a massa, maior sua densidade.

A densidade permite entender, por exemplo, por que 500 g de algodão apresenta volume muito maior que essa mesma massa de chumbo. Contudo, ao considerar igual volume de ambos os materiais, observa-se que o chumbo tem maior massa, pois sua densidade é maior que a do algodão.

Pelo conhecimento da densidade da matéria, é possível prever se um objeto vai afundar ou flutuar na água. Objetos mais densos que a água afundam, enquanto os menos densos flutuam sobre ela.

▲ O volume ocupado por 500 g de algodão é muito maior que o ocupado pela mesma massa de chumbo, pois a densidade do chumbo é maior que a do algodão.

OS ESTADOS FÍSICOS DA MATÉRIA

Um material pode se apresentar no estado sólido, líquido ou gasoso. Esses são chamados **estados físicos da matéria**.

O estado gasoso

No **estado gasoso**, a matéria não apresenta forma nem volume definidos, ou seja, os gases podem adquirir diferentes formatos.

A **compressibilidade** é a propriedade relacionada à tendência de um corpo a ter seu volume reduzido quando submetido à pressão. Os gases são compressíveis e se expandem com o aumento da temperatura.

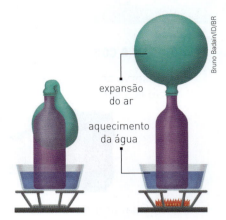

▲ O ar, uma mistura de substâncias no estado gasoso, se expande quando aquecido.

O estado líquido

Os materiais no **estado líquido** não têm forma definida: são fluidos e adquirem a forma do recipiente em que estão contidos.

◀ Os líquidos não têm forma definida; eles assumem diferentes formatos de acordo com o recipiente em que são colocados.

Os líquidos, em geral, apresentam baixa compressibilidade e sofrem uma pequena dilatação quando aquecidos. O funcionamento dos termômetros clínicos de mercúrio, cuja produção e comercialização está proibida, ou de álcool está baseado na dilatação térmica dos líquidos.

Quando o termômetro é colocado em contato com nosso corpo, o líquido armazenado em seu bulbo se aquece e sofre dilatação, expandindo-se no interior do tubo do termômetro.

O estado sólido

Materiais **sólidos** apresentam forma definida e baixa compressibilidade. Quando aquecidos, os sólidos podem sofrer um aumento de volume, chamado **dilatação**.

89

ATIVIDADES

Retomar e compreender

1. Observe as embalagens de produtos reproduzidas a seguir.

   a) Qual propriedade da matéria está destacada nessas embalagens?

   b) Essa é uma propriedade geral ou específica? Explique.

2. Para comparar as densidades da prata e do ouro, um estudante selecionou dois cubos de mesmo volume, um de prata e outro de ouro, e os colocou sobre os pratos de uma balança, conforme ilustrado a seguir.

   ▲ Representação sem proporção de tamanho e em cores-fantasia.

   - Qual dos materiais apresenta maior densidade: a prata ou o ouro? Explique.

3. Observe a charge e responda às questões.

   Arionauro. Água. *Blog* Arionauro Cartuns. Disponível em: http://www.arionaurocartuns.com.br/2021/01/charge-agua.html. Acesso em: 6 abr. 2023.

   a) Cite pelo menos um material sólido e um material líquido ilustrados na charge.

   b) Existe algum material gasoso presente nesse desenho?

   c) Se você tivesse de dar um título à charge, qual seria? Explique.

Aplicar

4. As fotos a seguir foram registradas em uma atividade experimental de Ciências.

   a) Explique por que o volume do balão varia quando a garrafa é transferida da vasilha com água e gelo para a vasilha com água quente.

   b) O que acontecerá com o balão se a garrafa for transferida novamente para a vasilha com água gelada? Comente.

5. A foto a seguir mostra misturas obtidas após a adição da mesma massa de sólidos distintos – sulfato de cobre (II), à esquerda, e carbonato de cobre (II), à direita – a béqueres que contêm o mesmo volume de água e são mantidos à mesma temperatura.

   - Qual dos sólidos apresenta maior solubilidade em água na temperatura em que o experimento foi realizado? Explique como você chegou a essa conclusão.

CAPÍTULO 2
MISTURAS E SUBSTÂNCIAS

PARA COMEÇAR

Você já deve ter ouvido as expressões "água pura da fonte" ou "ar puro da montanha". Essas expressões são comuns no cotidiano, e nelas o termo **puro** indica a qualidade de um material. Para você, o que significa dizer que determinado material é puro?

▼ As joias são geralmente confeccionadas com uma mistura de metais. O ouro 18 quilates, por exemplo, contém 75% de massa de ouro e 25% de outros metais, principalmente prata e cobre. Já o ouro 24 quilates é constituído de 99,9% desse metal, ou seja, tem apenas 0,1% de impureza.

DE QUE OS MATERIAIS SÃO FORMADOS

No capítulo anterior, você estudou as propriedades específicas da matéria, que permitem caracterizar as substâncias.

Um material caracterizado por um conjunto de propriedades específicas, como temperaturas de fusão e de ebulição, solubilidade, densidade, entre outras, é denominado **substância**.

A água, por exemplo, pode ser definida como um líquido incolor que apresenta densidade de 1,0 g/mL a 20 °C e, sob pressão de 1 atm, temperatura de fusão de 0 °C e temperatura de ebulição de 100 °C.

Os materiais constituídos de uma única substância são considerados **puros**. No entanto, a maioria dos materiais presentes na natureza é composta de **misturas** de substâncias.

São exemplos de misturas a água potável, obtida de fontes hidrominerais, que contém em sua composição diversos sais minerais, e o ar atmosférico, que é constituído de uma mistura de gases, entre eles o nitrogênio, o oxigênio e o dióxido de carbono (gás carbônico).

> **PARA EXPLORAR**
>
> **PhET Simulações interativas para Ciência e Matemática**
>
> O *site* traz simulações de diversos temas de Ciências da Natureza, como densidade e estados físicos da matéria.
>
> Disponível em: https://phet.colorado.edu/pt_BR/. Acesso em: 7 mar. 2023.

MISTURAS HOMOGÊNEAS E MISTURAS HETEROGÊNEAS

São inúmeros os exemplos de misturas de substâncias no cotidiano: os metais utilizados na construção civil, a água que bebemos, o ar que respiramos e até mesmo o sangue em nosso corpo.

As misturas podem ser classificadas em homogêneas ou heterogêneas, de acordo com seu aspecto.

Misturas homogêneas

A água potável e o ar atmosférico são exemplos de **misturas homogêneas**, pois apresentam aspecto uniforme, mesmo se observados em um microscópio comum, e suas propriedades físicas são constantes em qualquer porção da amostra observada.

▲ Nesse exemplo, a adição de sal à água forma uma mistura homogênea.

Dizemos, então, que tais misturas apresentam uma única fase. Em um sistema, uma **fase** corresponde a uma porção da mistura que tem aspecto homogêneo e uniforme.

As misturas homogêneas podem apresentar-se nos estados líquido, sólido ou gasoso. As ligas metálicas são uma mistura homogênea sólida. O ar atmosférico, isento de material particulado, é uma mistura homogênea gasosa. A água mineral, por sua vez, é uma mistura homogênea líquida.

▲ Óleo e água formam uma mistura heterogênea, que apresenta duas fases.

Misturas heterogêneas

Algumas misturas, como a formada por água e óleo, apresentam duas ou mais fases, com propriedades distintas e aspectos visuais diferentes. Tais misturas são classificadas como **heterogêneas**.

Embora a avaliação visual permita classificar um sistema como homogêneo ou heterogêneo, há misturas que parecem homogêneas quando observadas a olho nu, mas que se revelam heterogêneas ao serem analisadas em um microscópio comum. É o que ocorre, por exemplo, com o leite e o sangue.

No leite, partículas de gordura encontram-se dispersas na fase aquosa. A formação da nata do leite ocorre quando essas partículas se separam da fase aquosa, produzindo uma fase de gordura.

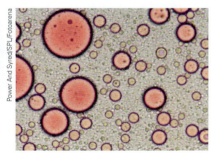

▲ Amostra de leite, uma mistura heterogênea. Em rosa, glóbulos de gordura. Foto ao microscópio de luz (uso de corantes, aumento de cerca de 500 vezes).

aquoso: que contém água; no texto desta página, refere-se a uma solução em que o solvente é a água.

PRÁTICAS DE CIÊNCIAS

Construindo um filtro

Você já aprendeu que deve sempre beber água filtrada, mas sabe como funciona um filtro? Para descobrir, você vai construir um **modelo** e verificar o que acontece.

Material

- 1 garrafa PET transparente de 2 L
- tesoura com pontas arredondadas
- gaze e barbante
- chumaços de algodão
- 1 copo de carvão vegetal em pó
- 1 copo de areia
- 1 copo de pedras pequenas
- 1 garrafa de 500 mL de água
- 1 copo de plástico
- 1 pacote de refresco em pó colorido
- folhas ou pedaços de papel picado

ATENÇÃO! Cuidado para não se ferirem com a borda da garrafa.

Como fazer

O professor vai organizar a turma em grupos de quatro estudantes. Antes de começar o experimento, leiam as instruções a seguir e, em grupo, decidam o que cada integrante vai fazer.

1. Com a ajuda do professor, dividam a garrafa plástica em duas partes (**A** e **B**), cortando-a um pouco acima da metade.
2. Na abertura do gargalo, na parte **A**, amarrem com o barbante uma gaze dobrada várias vezes.
3. Com o gargalo virado para baixo, coloquem, na parte **A**, uma camada de algodão, uma camada de carvão vegetal em pó, uma camada de areia e, por último, uma camada de pedras.
4. Para finalizar o filtro, encaixem a parte **A** na parte **B** como se a parte **A** fosse um funil.
5. Com o filtro pronto, cada grupo deve definir quais misturas vai testar com esse sistema. Algumas sugestões de mistura: água e refresco em pó colorido, água e areia, água e folhas, água e pedras pequenas, etc.
6. Testem diferentes misturas, observando e anotando o aspecto da água antes e depois de ela passar pelo filtro.
7. Comparem, com os outros grupos, as misturas e os resultados obtidos.

ATENÇÃO! A água que foi filtrada nesta atividade não pode ser ingerida, pois não é potável.

Para concluir

1. Quais misturas foram testadas? Eram todas misturas heterogêneas?
2. O que aconteceu com a água ao passar pelo filtro em cada uma das misturas testadas?
3. Pense em outras maneiras possíveis de separar as misturas testadas.

93

FILTRAÇÃO EM LABORATÓRIO

Em laboratórios, a filtração simples requer um recipiente para armazenamento da mistura, um funil com um filtro de papel e um recipiente chamado erlenmeyer.

O líquido obtido é denominado **filtrado**, e o material sólido retido no funil é chamado **resíduo de filtração**.

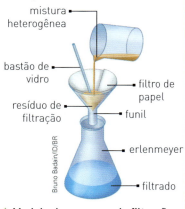

▲ Modelo do processo de filtração simples em laboratório. (Representação sem proporção de tamanho e em cores-fantasia.)

▲ Na preparação do café, é realizada a filtração simples.

▲ Ao preparar um bolo, costuma-se peneirar a farinha de trigo.

SEPARAÇÃO DE MISTURAS

Para separar os componentes de uma mistura são utilizados métodos específicos de separação.

Muitos desses métodos estão presentes em processos industriais de extrema importância para a sociedade, como o tratamento de água, a produção de sal de cozinha e a obtenção dos derivados do petróleo, como o óleo *diesel* e a gasolina.

Para selecionar o método mais adequado a determinado processo, é necessário considerar o aspecto da mistura, ou seja, se o sistema é heterogêneo ou homogêneo, o estado físico de suas fases e as propriedades específicas de cada substância presente na mistura.

Sistemas heterogêneos

Um **sistema heterogêneo** pode ser constituído de misturas de sólidos e líquidos (água e areia), apenas de sólidos (grãos de feijão e de arroz), de dois ou mais líquidos (água e óleo) ou de líquido e gás que não se misturam (refrigerante ou água com gás).

Veja alguns dos métodos que podem ser usados para separar substâncias de sistemas heterogêneos.

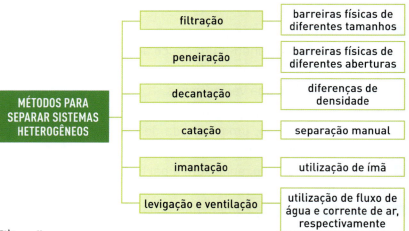

Filtração

A **filtração** é o método utilizado, por exemplo, na preparação do café. Nesse processo, a mistura é colocada sobre uma superfície porosa, como um filtro de papel, que permite apenas a passagem do líquido.

Peneiração

As peneiras são muito utilizadas na cozinha para diversos fins. Um deles é separar os grãos mais finos da farinha de trigo daqueles mais grossos, que ficam retidos na malha da peneira. Já na construção civil, a peneira é utilizada para separar o cascalho da areia. Esse método, chamado **peneiração**, é utilizado em geral para separar misturas sólidas que contêm partículas de tamanhos distintos, como areia e cascalho.

Decantação

A **decantação** é um método de separação em que a mistura heterogênea é deixada em repouso para que uma das fases decante.

Ao misturarmos areia e água, a areia não se dissolve na água, ficando em suspensão. Se deixarmos a mistura em repouso por algum tempo, a areia se deposita no fundo do recipiente, ou seja, sofre decantação.

> **CENTRIFUGAÇÃO**
>
> A centrifugação é um método de aceleração da decantação muito utilizado em laboratórios de análises clínicas para retirar do plasma sanguíneo (constituído de água, sais e glicose) os componentes do sangue que são insolúveis em água (plaquetas, hemácias e glóbulos brancos).

▲ A areia não se dissolve em água, ficando em suspensão e decantando-se após algum tempo.

Esse método se baseia nas diferentes densidades dos componentes da mistura. A areia sofre decantação porque é mais densa que a água. Um sólido menos denso que a água flutuaria.

Catação

O método de **catação** se baseia na separação manual dos componentes de uma mistura de sólidos. Esse método é bastante utilizado no processo de separação de materiais recicláveis (borracha, papel, vidro, plástico).

Imantação

No método de **imantação**, um dos componentes da mistura é atraído por um ímã. Esse processo é bastante usado por pessoas que trabalham com costura e utilizam um ímã para atrair agulhas ou alfinetes em meio a retalhos, e também por depósitos de sucata, para separar objetos metálicos dos demais.

▲ O ímã atrai objetos compostos de ferro durante a separação dos materiais recicláveis.

Levigação e ventilação

Esses dois métodos são utilizados para a separação de componentes sólidos com densidades diferentes. Enquanto na **levigação** o componente menos denso é carregado por um fluxo de água, na **ventilação**, utiliza-se uma corrente de ar.

A levigação é utilizada nos garimpos para separar o ouro do cascalho. Quando a água passa pela mistura, o cascalho, menos denso que os outros materiais, é levado pela correnteza do rio, e o ouro fica depositado na bateia, um recipiente de fundo cônico.

A ventilação é utilizada no beneficiamento de cereais. Nesse caso, uma corrente de ar carrega as cascas, separando-as dos grãos.

▲ Garimpeiro utilizando a levigação para separar a areia do ouro.

```
TÉCNICAS PARA
SEPARAR SISTEMAS ─── evaporação
HOMOGÊNEOS     ─── destilação simples
               ─── destilação fracionada
```

Sistemas homogêneos

Ao contrário dos sistemas heterogêneos, nos quais, na maioria das vezes, as fases da mistura podem ser facilmente observadas, nos sistemas homogêneos isso não é possível. Veja a seguir os métodos mais utilizados para separar os componentes dos sistemas homogêneos.

Evaporação

A **evaporação** é um método de separação de misturas utilizado para recuperar o componente sólido de uma mistura de sólido e líquido por meio da evaporação do solvente.

Nas salinas, utiliza-se a evaporação para produzir sal de cozinha, que é extraído da água do mar. Para isso, a água do mar, que é uma mistura heterogênea de areia, barro, sais solúveis e insolúveis, é colocada em tanques rasos, para que parte da água evapore. As impurezas insolúveis são separadas por decantação. A fase líquida é transferida para outros tanques, nos quais ocorre a cristalização do sal, à medida que a água evapora.

> **EVAPORAÇÃO X EBULIÇÃO**
>
> O processo de evaporação acontece em qualquer temperatura, com maior ou menor intensidade, dependendo da temperatura externa e dos ventos.
>
> A ebulição ocorre aquecendo-se uma substância até que atinja uma temperatura em que há a transição do estado líquido para o estado gasoso.

▲ Salina da lagoa Vermelha, no município de Araruama (RJ). Foto de 2013.

A evaporação também pode ser acelerada aquecendo-se a mistura para que o solvente evapore rapidamente.

Destilação simples

A **destilação simples** é empregada para separar uma mistura de sólido e líquido e, diferentemente do processo de evaporação, recuperar o líquido.

Em laboratórios, a mistura pode ser colocada em um balão de fundo redondo, denominado balão de destilação, que é aquecido até que a temperatura de ebulição do solvente seja atingida.

Os vapores formados se expandem, atingem o condensador – um tubo de vidro destinado ao resfriamento do vapor – e passam do estado gasoso para o estado líquido, processo chamado **condensação**.

 Veja **o segredo das cores das canetinhas**. Qual é o processo de separação apresentado no vídeo? Como esse processo funciona?

A superfície do condensador, que é resfriada com a passagem de água pela parte externa do tubo, causa a condensação do vapor. O líquido condensado é então recolhido em um frasco apropriado, e o resíduo sólido permanece no balão.

A água utilizada em laboratório, em geral, é livre de sais minerais e obtida pelo processo de destilação. Por isso, é denominada **água destilada**.

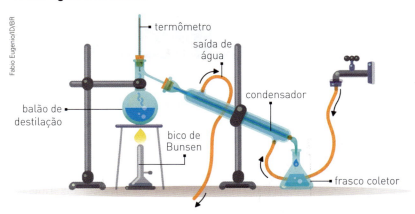

◀ Representação esquemática da aparelhagem utilizada no processo de destilação simples.

Destilação fracionada

A **destilação fracionada** é utilizada para separar uma mistura de dois ou mais líquidos com temperaturas de ebulição diferentes.

O processo é semelhante ao da destilação simples, porém a coluna de destilação usada, chamada **coluna de fracionamento**, é preenchida com esferas, cacos de vidro, metal ou porcelana, que atuam como obstáculos. Ao se aquecer a mistura, o líquido de menor temperatura de ebulição passa pelos obstáculos da coluna com maior facilidade, atinge o condensador antes dos demais e é recolhido no coletor. A temperatura registrada no termômetro no topo da coluna corresponde à temperatura de ebulição do material destilado. Após a coleta do componente da mistura de menor temperatura de ebulição, os demais componentes entram sucessivamente em ebulição e atingem o topo da coluna.

CIDADANIA GLOBAL

O PETRÓLEO

O petróleo é uma mistura de grande número de substâncias, com diferentes temperaturas de ebulição, o que torna muito difícil separar cada uma dessas substâncias. Por isso, a separação dessa mistura é feita pela destilação em frações, por faixas de temperatura de ebulição.

As substâncias extraídas do petróleo servem de matérias-primas de diversos materiais, como combustíveis, plásticos, asfalto, produtos de limpeza e alguns tipos de tecido.

Os tecidos cujas matérias-primas se originam do petróleo são chamados de sintéticos. O náilon e o poliéster estão entre os exemplos desse tipo de tecido cujas principais características são a resistência e a durabilidade.

- O poliéster também pode ser empregado na fabricação de garrafas PET. Pesquise, em meios impressos ou digitais, como as garrafas PET podem ser recicladas para produzir tecidos.

▲ Representação esquemática da aparelhagem utilizada no processo de destilação fracionada.

97

ATIVIDADES

Retomar e compreender

1. Muitas vezes, no dia a dia, deparamos com estas expressões:

   "A água mineral é saudável, pois ela é pura, não tem nada misturado."

   "Vamos respirar o ar puro da montanha!"

   "Esta joia é de ouro puro."

   - Considerando os conceitos estudados de substâncias e misturas, podemos afirmar que essas expressões estão corretas? Justifique.

2. Quais características de uma mistura devem ser consideradas ao selecionar um método adequado para separar seus componentes?

3. Indique o(s) método(s) adequado(s) para separar os componentes de cada uma das misturas.

   Atenção! Muitas vezes é necessário utilizar mais de um método para separar os componentes de uma mistura.

   a) Mistura homogênea (solução) de água e sal de cozinha.
   b) Água, areia e ferro.
   c) Mistura homogênea de água líquida ($T_e = 100\ °C$) e acetona líquida ($T_e = 56\ °C$).
   d) Limalha de ferro e palha.
   e) Grãos de arroz e grãos de milho.

4. Identifique os métodos de separação de misturas retratados nas fotos a seguir.

   a)

   b)

   c)

Aplicar

5. Leia o texto a seguir e faça o que se pede.

   O petróleo é formado por uma mistura complexa de componentes, porém não existe um método capaz de separar cada um desses componentes. Por isso, essa separação ocorre em frações, ou seja, uma mistura complexa é separada em misturas mais simples, formadas por menos componentes.

   Na imagem a seguir, está representado o processo de separação do petróleo em misturas com menor número de componentes.

   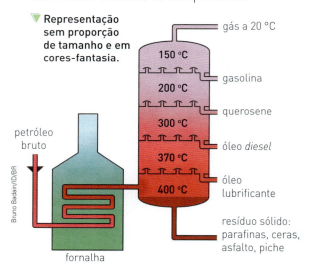

   a) Dê o nome do processo de separação de misturas pelo qual são obtidas as frações do petróleo e o nome da propriedade específica das substâncias na qual se baseia esse processo.

   b) O petróleo, ao ser extraído, está repleto de impurezas, como água salgada, areia, argila e pedaços de rochas. Sabendo que a água salgada é mais densa que o petróleo, proponha métodos para separá-lo de suas impurezas.

CAPÍTULO 3
TRANSFORMAÇÕES DE MATERIAIS

PARA COMEÇAR
Em nosso cotidiano, podemos observar fenômenos como a fusão do gelo, o cozimento de alimentos, e o amadurecimento de frutas e verduras. Esses e outros tantos fenômenos são exemplos de transformação dos materiais. Cite outras transformações que você conhece.

AS TRANSFORMAÇÕES NOS CERCAM

A matéria sofre transformações a todo momento. Chamamos de **transformação** qualquer processo ou conjunto de processos que altere as características dos materiais. Quando o gelo sofre fusão, ocorre uma mudança no estado físico da água, que passa do estado sólido para o líquido. Frutas verdes, ao amadurecerem, sofrem alteração na cor, na textura e no sabor, que se torna mais agradável. Os ingredientes utilizados na preparação de um bolo passam por alterações quando misturados e levados ao forno.

Nem todas as transformações são observáveis a olho nu. Vacinas e medicamentos, por exemplo, têm prazo de validade porque, com o passar do tempo, as substâncias presentes em sua composição podem se transformar em outras, sem que essas mudanças sejam observadas. As novas substâncias formadas muito provavelmente não apresentam efeito terapêutico e podem até mesmo comprometer nossa saúde.

Para investigar as transformações – como as ocorridas em medicamentos, vacinas e outros materiais que consumimos –, pesquisadores planejam e executam experimentos, analisando o fenômeno e estudando as características dos materiais e suas propriedades antes e depois das alterações.

▼ As cavernas se formam principalmente por transformações nas rochas calcárias. A interação da água levemente ácida com as rochas dissolve lentamente os minerais, abrindo as cavidades que chamamos de cavernas, como esta em São Domingos (GO). Foto de 2021.

Andre Dib/Pulsar Imagens

TRANSFORMAÇÕES FÍSICAS E QUÍMICAS

Na preparação de alimentos em uma cozinha, ocorrem diversas transformações da matéria, cujo resultado – ou seja, os alimentos produzidos –, depende de inúmeros fatores, entre os quais podemos citar os ingredientes, a temperatura, o tempo de cozimento, o método de preparo e a sequência de etapas.

Em algumas situações, é possível observar que as propriedades específicas da substância ou da mistura não são alteradas na transformação da matéria. Em outras palavras, não são formadas novas substâncias no processo. Isso pode ser percebido, por exemplo, ao ferver água. A água quente ou em forma de vapor continua sendo água, pois suas propriedades específicas não são alteradas.

As transformações que alteram apenas a forma ou o estado físico da matéria são chamadas de **transformações físicas**.

Outras transformações, no entanto, podem originar novas substâncias. Por exemplo, o aquecimento de açúcar em uma panela após determinado tempo produz um novo material, o caramelo, com propriedades e aparência diferentes das do açúcar antes do aquecimento.

As transformações que alteram a composição da matéria, resultando em novas substâncias, são chamadas de **transformações químicas** ou **reações químicas**.

Para descrever a transformação da matéria, utilizamos as expressões **estado inicial do sistema** e **estado final do sistema**, que indicam, respectivamente, o conjunto de características dos materiais antes e depois da transformação.

▲ Na fusão do gelo, a composição do material permanece inalterada, pois o gelo e a água líquida, apesar de estarem em estados físicos distintos, são constituídos da mesma substância.

CIDADANIA GLOBAL

TIPOS DE RECICLAGEM

A reciclagem de materiais pode ser mecânica ou química. Na reciclagem mecânica, o material passa apenas por transformações físicas. É o que acontece na reciclagem do vidro, dos metais e de alguns tipos de plástico. Os plásticos reciclados mecanicamente são utilizados na produção de novos produtos, como sacos de lixo, pisos, mangueiras, embalagens não alimentícias, peças de automóveis, entre outros.

Na reciclagem química, usada com plásticos que não podem ser reciclados mecanicamente, ocorrem transformações que dão origem a matérias-primas para a fabricação de produtos.

- A reciclagem química altera a composição dos materiais, ampliando as possibilidades da reciclagem, mas é um processo mais caro que o da reciclagem mecânica. Busque informações, em materiais impressos ou digitais, sobre os processos de reciclagem química e reciclagem mecânica de roupas e tecidos. Quais são os materiais e produtos obtidos nesses dois processos?

▲ Ao assar um bolo, várias transformações ocorrem ao mesmo tempo na massa.

100

EVIDÊNCIAS DE TRANSFORMAÇÕES QUÍMICAS

Para identificar se uma transformação é física ou química, podemos analisar as características dos materiais antes e depois da transformação. Algumas evidências percebidas pelos nossos sentidos podem indicar que determinada transformação é química.

Veja algumas dessas evidências a seguir.

Formação de gás

Dois materiais são muito comuns na maioria das cozinhas: o bicarbonato de sódio, presente no fermento químico, e o vinagre. Quando esses dois materiais são colocados em contato, observa-se a formação de bolhas de gás, o que evidencia a ocorrência de transformação química. O fenômeno é muito semelhante ao observado quando um comprimido efervescente é adicionado a um copo com água.

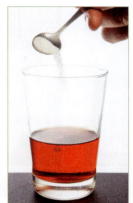

(A) O vinagre é uma mistura homogênea que contém diversas substâncias, entre elas o ácido acético, que é capaz de reagir com o bicarbonato de sódio, levando à formação de gás. **(B)** As bolhas liberadas evidenciam a formação de substâncias que não estavam presentes antes.

Formação de produto insolúvel

Quando duas soluções contendo solutos distintos são colocadas em contato, pode haver a formação de um material sólido e insolúvel no solvente utilizado. O material insolúvel formado é chamado de **precipitado**. Observe a sequência de fotos a seguir, que mostra a reação entre duas soluções aquosas incolores: o iodeto de potássio e o nitrato de chumbo (II).

(A) Sistema inicial: um dos recipientes contém iodeto de potássio, e o outro, nitrato de chumbo (II), ambos incolores. **(B)** A reação entre soluções aquosas de iodeto de potássio e nitrato de chumbo (II) forma um material amarelo, insolúvel em água. **(C)** Sistema final: com o passar do tempo, o precipitado amarelo se deposita no fundo do recipiente.

Variação da temperatura

Na construção civil, para a limpeza pesada, muitas vezes recorre-se ao uso de uma solução aquosa de ácido clorídrico, que é comercializada com o nome de ácido muriático.

A soda cáustica, material que tem em sua composição o hidróxido de sódio, também é encontrada no mercado e é utilizada para a limpeza e o desentupimento de ralos e esgotos.

A mistura da solução aquosa de ácido clorídrico com a solução aquosa de hidróxido de sódio, ambas incolores, produz uma terceira solução, também incolor. Apesar de não haver evidências aparentes de ocorrência de transformação química, se, durante a mistura de soluções, for introduzido um termômetro no sistema, será observado o aumento da temperatura. Veja a sequência de fotos a seguir.

> **ATENÇÃO**
> O ácido clorídrico e o hidróxido de sódio são corrosivos, portanto devem ser manuseados apenas por adultos, com o uso de equipamentos de proteção.

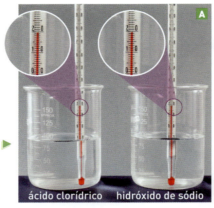
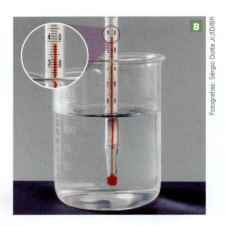

A elevação da temperatura, na imagem (B), pode ser indicativo de transformação química. Ao término da reação, o sistema volta à temperatura ambiente.

Assim como essa reação química, outras reações podem ocorrer sem que haja qualquer mudança aparente. Nesse caso, a variação de temperatura pode ser um indício de transformação química, mas, para ter a certeza de que ela ocorreu, é importante isolar as substâncias que reagem das substâncias que se formam e, então, comparar suas propriedades específicas.

Mudanças de cor

Em algumas transformações químicas, as substâncias formadas podem apresentar cores diferentes da cor das substâncias que reagiram. Esse tipo de evidência é comum em transformações que ocorrem no dia a dia. O cozimento da carne, o amadurecimento de uma fruta e a formação de ferrugem em um metal são exemplos de transformações químicas que envolvem mudanças de cor.

Durante a fritura de um ovo, ocorre alteração na cor da clara.

MATERIAIS SINTÉTICOS E MATERIAIS NATURAIS

Muitos dos materiais presentes em nosso dia a dia, como o plástico e o isopor, não existem na natureza. Eles foram desenvolvidos pelos seres humanos em processos de transformação controlada. Esses materiais são chamados não naturais ou simplesmente **sintéticos**.

Já os materiais **naturais** são aqueles extraídos da natureza. Os materiais naturais podem ter origem vegetal, animal ou mineral.

Assista a **celulares: de onde vêm, para onde vão** e discuta com os colegas ações individuais para reduzir o impacto gerado pelo consumo.

MATERIAIS SINTÉTICOS

O náilon, desenvolvido em 1935, foi a primeira fibra têxtil sintética produzida.

O vidro tem como principal matéria-prima a areia.

O plástico é empregado na fabricação dos mais diversos objetos e é obtido do petróleo.

O isopor é um bom isolante térmico utilizado em copos, caixas e garrafas térmicas.

MATERIAIS NATURAIS

A madeira é utilizada na fabricação de móveis, objetos de decoração e utensílios domésticos.

A argila é usada na produção de cerâmica.

A partir das fibras do algodão, produz-se o tecido que será usado na confecção de roupas.

A pele dos animais, antes de se tornar couro, passa por um processo chamado curtimento.

Muitos materiais naturais precisam passar por processos industriais antes de serem utilizados. As fibras de algodão e de lã utilizadas na indústria têxtil são exemplos desses materiais. Veja o infográfico das páginas a seguir.

◀ As roupas podem ser confeccionadas com fibras naturais, como o algodão, o linho, a lã e a seda, ou com fibras sintéticas, como o poliéster, a poliamida e o acrílico. Muitas roupas são feitas de tecidos constituídos de diferentes tipos de fibra.

103

A vida de uma camiseta

Até acabar em trapos, o ciclo de vida de uma camiseta envolve transformações que requerem o consumo de energia e de diversos materiais, entre eles a água.

A camiseta de algodão é uma das peças de roupa mais populares e vendidas no mundo. Anualmente, cerca de 2 bilhões de camisetas de algodão são produzidas no planeta, em longos e complexos processos de transformações físicas e químicas.

Veja, neste infográfico, alguns materiais e a estimativa do consumo de energia necessário para produzir apenas uma camiseta.

- solo
- água
- inseticidas, fertilizantes e pesticidas
- energia

- água
- corantes, pigmentos e alvejantes
- energia

Para obter **275 gramas de malha**, são usados **250 gramas de corantes, pigmentos e alvejantes**, **594 litros de água** e o equivalente a **0,7 litro de gasolina**.

O algodão ocupa **2,5% dos solos** cultivados no mundo, mas é responsável por **24% dos inseticidas** e **11% dos pesticidas** lançados todos os anos no planeta.

fibras

malha

Indústria têxtil

Plantio

sementes

As fibras são unidas e torcidas para formar fios com os quais se tece a malha, que recebe alvejantes, corantes, amaciantes e outros produtos químicos até ficar com a finalização desejada, em processos que utilizam água quente. Máquinas e aquecimento consomem o equivalente a **0,7 litro de gasolina**.

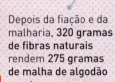

Na média mundial, a produção da matéria-prima de uma camiseta requer cerca de **15 algodoeiros**, **2,5 m² de solo**, **2 126 litros de água**, **125 gramas de fertilizantes e venenos** e o equivalente a **0,5 litro de gasolina**.

Depois da fiação e da malharia, **320 gramas de fibras naturais** rendem **275 gramas de malha de algodão** pronta para as confecções.

- resíduos vegetais
- resíduos têxteis
- resíduos químicos
- água

- resíduos vegetais
- resíduos químicos
- água

Uma camiseta com **250 gramas de algodão** requer a colheita de cerca de **850 gramas de algodão** em caroço, dos quais se extraem **320 gramas de fibras**, que são pelos que recobrem as sementes da planta.

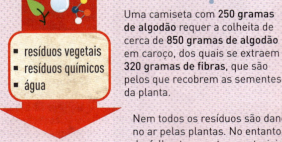

Nem todos os resíduos são danosos – há, por exemplo, o gás oxigênio liberado no ar pelas plantas. No entanto, fertilizantes, pesticidas, herbicidas, fungicidas, desfolhantes e outros materiais tóxicos utilizados no plantio podem contaminar o ambiente e causar doenças graves.

- energia

O consumo é a etapa que mais utiliza recursos naturais e gera resíduos, mas é também a que mais pode ser alterada por atitudes como não comprar roupas em excesso, não sujar, lavar e passar roupas à toa e usar água fria e detergentes adequados na lavagem, assim como usar o varal no lugar da secadora.

- água
- sabão, amaciante e alvejante
- energia

Confecção

camiseta

Consumo

Ao cortar uma camiseta, costurá-la e dar acabamento a ela, as máquinas elétricas das confecções consomem apenas um décimo da energia usada para fiar, tecer e beneficiar a malha. É a etapa que requer menos matérias-primas, produz menos resíduos e gera mais empregos.

trapos

Se uma camiseta for lavada com água quente, secada em máquina elétrica e passada a ferro uma vez por semana, em um ano ela será responsável pelo uso de 250 gramas de detergente e o equivalente a 2,5 vezes a energia usada em todas as etapas anteriores.

- resíduos têxteis

Resíduos têxteis não costumam passar de 10% do peso final da camiseta. Mas, se forem gerados 25 gramas de resíduos a cada camiseta confeccionada, isso significa que essa etapa será responsável por 50 mil toneladas de resíduos têxteis por ano.

- resíduos têxteis
- resíduos químicos
- água

Destino dos resíduos têxteis

- 10% reciclagem
- 90% aterro sanitário

175 mil toneladas de resíduos têxteis por ano.

Veja **moda e sustentabilidade** e responda: Qual das estratégias da moda sustentável vistas nas imagens você acha fácil de pôr em prática?

Fontes de pesquisa: Napoleão Esberard de Macêdo Beltrão; Alderi Emídio de Araújo. *Algodão*: o produtor pergunta, a Embrapa responde. Brasília: Embrapa Informação Tecnológica, 2004; Julian M. Allwood e outros. *Well dressed? The present and future sustainability of clothing and textiles in the United Kingdom* (tradução nossa: Bem vestido? A sustentabilidade presente e futura das roupas e têxteis no Reino Unido). Cambridge: Institute for Manufacturing/University of Cambridge, 2006; Sindicato das Indústrias de Fiação e Tecelagem do Estado de São Paulo (Sinditêxtil-SP), 2012.

PRODUÇÃO DO PAPEL

Assim como uma camiseta de algodão, o papel é produzido a partir de uma matéria-prima extraída da natureza.

A principal matéria-prima para a produção do papel é a madeira, da qual se obtém a celulose. Veja o esquema a seguir.

1 A madeira é descascada e picada, formando lascas chamadas cavacos.

2 Os cavacos são misturados à água e a outras substâncias. Quando aquecidos, formam uma polpa marrom.

3 A polpa é lavada para separar as impurezas, e a celulose obtida é separada das outras substâncias.

4 A celulose é transformada em uma folha contínua e lisa. Depois, passa por processos de prensagem e secagem para eliminar a água.

5 As folhas de papel são enroladas e estão prontas para serem cortadas e comercializadas.

Os principais impactos ambientais do processo de produção de papel são: o desmatamento para a plantação de espécies de plantas, como eucaliptos e pínus, e o alto consumo de água e de energia elétrica.

▲ Representação sem proporção de tamanho e em cores-fantasia.

PARA EXPLORAR

Papel
Essa animação é um dos episódios da série Consciente Coletivo, do Instituto Akatu, e mostra a cadeia produtiva do papel.
Disponível em: https://www.youtube.com/watch?v=_NteU6uYAOI&ab_channel=institutoakatu. Acesso em: 13 mar. 2023.

PRODUÇÃO DE MEDICAMENTOS

O domínio dos processos de síntese, transformação e purificação de substâncias permitiu o desenvolvimento de materiais com funções terapêuticas: os medicamentos sintéticos.

Medicamentos sintéticos são aqueles cujas substâncias não são extraídas diretamente da natureza, mas, sim, produzidas por meio de transformações da matéria.

O ácido acetilsalicílico, um dos medicamentos mais utilizados no mundo atualmente, é um produto sintético. A matéria-prima utilizada na síntese do ácido acetilsalicílico é extraída da casca de uma árvore chamada salgueiro.

A penicilina, antibiótico natural descoberto acidentalmente em 1928, foi obtida durante muito tempo do cultivo de fungos. Em 1957, ela foi sintetizada pela primeira vez em laboratório, mas o processo não era economicamente viável para a produção em larga escala. Somente em 1976 foi desenvolvido um método de produção em larga escala do medicamento, que permitiu sua ampla comercialização, salvando milhares de vidas.

Atualmente, a busca de novos medicamentos se concentra em encontrar materiais que tenham ação específica contra um agente infeccioso ou uma doença.

ATIVIDADES

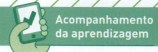

Retomar e compreender

1. Márcio resolveu fazer um bolo com cobertura de chocolate. Para fazer essa cobertura, ele derreteu uma barra de chocolate.
   - Essa transformação é química ou física? Justifique sua resposta.

2. Leia a tira a seguir, com as personagens Cascão e Jeremias, e responda às questões.

Mauricio de Sousa. Aprendendo com tirinhas. Disponível em: https://site.sabesp.com.br/site/interna/default.aspx?secaoid=770. Acesso em: 6 abr. 2023.

   a) A transformação de sucata em brinquedo, realizada por Cascão, é classificada em física ou química?
   b) Converse com os colegas sobre esta questão: De que modo ações como a praticada por Cascão contribuem para a preservação do meio ambiente?

3. As fotos retratam o resultado de um experimento simples, que pode ser realizado com bicarbonato de sódio e vinagre.

   a) Que tipo de transformação ocorreu no experimento?
   b) Cite as evidências observadas no experimento que justifiquem a resposta anterior.

Aplicar

4. Leia o texto a seguir e responda às questões.

> A areia está em nossos celulares, computadores, casas, nas peças de nossos carros, nas estradas por onde justamente passam os carros e nas taças e copos em que bebemos. Um punhado na mão e ela nos parece infinita. Mas ela corre o risco de desaparecer, se não diminuirmos o ritmo.
>
> [...]
>
> Além do risco de esgotamento do recurso, este consumo desenfreado pode ainda desequilibrar o meio ambiente. A ONU usa como exemplo a retirada de areia em regiões ambientadas por caranguejos – o que pode tirar o sustento de vilas inteiras no Camboja, um dos principais polos de extração mineral no mundo. A extração reduz também a sedimentação de rios, o que pode levar à erosão de praias.
>
> [...]
>
> O que é reciclado ainda é tímido perto de uma indústria com números bilionários. A falta de fiscalização e a possibilidade de lucro fazem com que a extração ilegal acelere o consumo no Brasil e no mundo.
>
> [...]
>
> Marcos Candido. Mercado bilionário, areia tem extração ilegal e risco de acabar; há saídas. *Ecoa*, 20 maio 2020. Disponível em: https://www.uol.com.br/ecoa/ultimas-noticias/2020/05/20/mercado-bilionario-areia-tem-extracao-ilegal-e-risco-de-acabar-ha-saidas.htm. Acesso em: 13 mar. 2023.

   a) De qual matéria-prima o texto trata?
   b) Quais objetos produzidos com essa matéria-prima são citados no texto?
   c) Ainda de acordo com o texto, a extração dessa matéria-prima gera quais impactos ambientais?

CONTEXTO

CIÊNCIA, TECNOLOGIA E SOCIEDADE

Criatividade na solução de problemas

Muitos processos de transformação de materiais empregados na fabricação de produtos diversos geram grande quantidade de resíduos, que são depositados no ambiente. Os produtos, por sua vez, depois de comercializados e usados, também são descartados. Reaproveitar esses materiais pode trazer ganhos ambientais e econômicos, como a redução da quantidade de resíduos poluentes e a geração de renda com o reaproveitamento e a comercialização de novos produtos.

Como os recursos naturais são finitos e o acúmulo de resíduos gera impactos ambientais, é necessário buscar soluções inovadoras para que materiais sejam reciclados ou reutilizados. Conheça, nos textos a seguir, duas iniciativas envolvendo o conhecimento, a criatividade e a experiência para promover mudanças.

Estudantes criam filtro de água com isopor reciclado

O isopor utilizado para manter a temperatura de bebidas e alimentos é considerado um vilão do meio ambiente. Proveniente do petróleo, o poliestireno é um tipo de plástico que leva até 150 anos para se decompor. Estudantes norte-americanos, contudo, encontraram uma forma viável para reciclar esse resíduo: utilizá-lo em filtros de água.

Liderados [pelo pesquisador] Ashton Cofer, os jovens do ensino médio criaram carbono ativado a partir do carbono de restos de isopor que encontraram em casa. A descoberta ocorreu após vários testes malsucedidos feitos pelos próprios cientistas mirins.

[...]

Com a temperatura ideal e os produtos certos, os estudantes conseguiram criar carbono ativado e reutilizar o isopor nos filtros de água. [...]

De acordo com pesquisa realizada pela UFRGS (Universidade Federal do Rio Grande do Sul), anualmente são consumidas cerca de 2,5 milhões de toneladas de isopor em todo o mundo. No Brasil, o gasto é de 36,6 mil toneladas, cerca de 1,5% do total.

"Fomos capazes não só de criar carbono ativado para purificar a água, mas também de reduzir o desperdício de isopor. Resolvemos dois problemas globais de uma só vez", orgulha-se Cofer, que está aprimorando o projeto com seus colegas.

Estudantes criam filtro de água com isopor reciclado. *Catraca Livre*, 11 jun. 2018. Disponível em: https://catracalivre.com.br/as-melhores-solucoes-sustentaveis/estudantes-criam-filtro-de-agua-com-isopor-reciclado/. Acesso em: 13 mar. 2023.

Estudantes criam filtro compostável de água usando restos de alimentos

Uma linha de filtro compostável de água foi desenvolvida por uma dupla do Instituto Pratt em Nova York, nos Estados Unidos. Alternativa econômica ao carvão ativado, o material que ajuda a purificar a água é feito com resíduos agrícolas e alimentares.

As estudantes de pós-graduação Charlotte Böhning e Mary Lempres são responsáveis pelo produto. A dupla queimou cascas de banana, ossos de ovelha e outros resíduos da cozinha, de fazendas locais e restaurantes em um forno. Este processo de "pirólise" (reação de decomposição por meio do calor) evita que o carbono na biomassa forme dióxido de carbono durante a combustão. Em vez disso, ele o transforma em um carvão absorvente poroso que

armazena o carbono dos alimentos[,] em vez de liberá-lo na atmosfera.

A ideia é que mesmo no aterro – quando o filtro chegar ao fim de sua vida útil – o utensílio continuará armazenando carbono e não produzindo gás metano, como acontece com o descarte de restos de alimentos.

Tal processo de fabricação dá forma ao carvão vegetal (biochar) que, misturado a própolis de abelha e resinas de árvores, possibilita a criação de formas flexíveis que podem ser fundidas, injetadas ou moldadas para transformar em filtros.

[...] Segundo a dupla, o biochar é magnetizado em um banho de sal ferroso para extrair metais

pesados da água, enquanto [...] os ossos de animais no carvão filtram o flúor. Já o própolis e a resina da árvore evitam o acúmulo de sujeira, crescimento bacteriano, além de atuarem como aglutinantes.
[...]

O principal objetivo do novo filtro é justamente substituir filtros de plástico (que demoram centenas de anos para se decompor) [...]. [...] cartuchos [de plástico] têm uma vida útil recomendada de 2 a 6 meses, enquanto os filtros compostáveis se decompõem no solo em cerca de um mês.

Marcia Sousa. Estudantes criam filtro compostável de água usando restos de alimentos. *Ciclovivo*, 10 maio 2022. Disponível em: https://ciclovivo.com.br/arq-urb/design/estudantes-filtro-agua-compostavel-usando-restos-de-alimentos/. Acesso em: 13 mar. 2023.

Para compreender

1. A criatividade é uma capacidade que geralmente está relacionada à resolução de problemas. Considerando os dois projetos abordados nos textos, responda às questões a seguir.
   a) Que produto os estudantes de ambos os projetos desenvolveram?
   b) Que problema os estudantes buscaram solucionar em cada um dos projetos?
   c) Identifique os materiais envolvidos em cada projeto.

2. O carvão ativado é um material muito poroso, com excelentes propriedades de filtração e remoção de substâncias tóxicas. Em geral, é obtido da queima controlada de certos tipos de madeira, mas é possível usar outros materiais para produzi-lo.
   a) O processo de obtenção de carvão ativado a partir do isopor pode ser classificado como uma transformação física ou química? Justifique sua resposta.
   b) Identifique um exemplo de transformação e um de separação citados no processo de obtenção do carvão ativado por meio de resíduos.

3. A criatividade pode ser entendida também como a capacidade de elaborar ideias surpreendentes, relevantes e úteis em dado contexto. Leia a tira, com a personagem Armandinho e seu pai, e responda às questões a seguir.

Alexandre Beck. *Armandinho um*. Caxias do Sul: Belas Letras, 2018. p. 76.

   a) Você considera que Armandinho foi criativo ao brincar com o carrinho que ganhou? Comente.
   b) Você identificou a capacidade de elaborar ideias surpreendentes, relevantes e úteis nos textos? Comente.
   c) Em sua opinião, seria possível encontrar outras soluções para o aproveitamento de materiais como o isopor e o plástico, assim como Armandinho fez com os materiais que seu pai pretendia reciclar?

ATIVIDADES INTEGRADAS

Retomar e compreender

1. A foto a seguir mostra uma peça de um brinquedo mergulhada em água (**A**) e outra peça idêntica mergulhada em solução aquosa de açúcar comum (**B**).

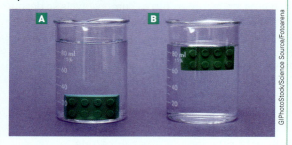

- Explique o fenômeno observado.

2. Complete o organizador gráfico com as informações sobre as transformações físicas e químicas da matéria.

```
              TRANSFORMAÇÕES
              /            \
          Físicas          Químicas
         modificam         modificam
        [        ]        [        ]
         exemplos          exemplos
        [        ]        [        ]
```

3. Leia o texto e responda às questões.

O óleo de cozinha pode ser reciclado

O óleo de cozinha é um produto muito usado no dia a dia. [...]

Descartado de maneira irregular, o óleo de cozinha pode contaminar o solo e a água. Por ter uma densidade menor que [a da] água, [...] o óleo fica parado na superfície da água e impossibilita a entrada de [gás] oxigênio e [de] luz nos rios, mares e oceanos, prejudicando a vida aquática. [...] Apenas 1 litro de óleo é capaz de contaminar cerca de 20 mil litros de água.

A reciclagem do óleo de cozinha usado pode produzir sabão, biodiesel, tintas e outros produtos, além de diminuir a poluição ao meio ambiente. Para reciclar, você pode separar o óleo usado em uma garrafa PET e depois levar em algum ponto de coleta, mas tem que esperar ele esfriar para poder colocar no recipiente.

Aline Bersa. O óleo de cozinha pode ser reciclado. TV Liberal, 20 out. 2021. Disponível em: https://redeglobo.globo.com/pa/tvliberal/noticia/o-oleo-de-cozinha-pode-ser-reciclado.ghtml. Acesso em: 27 fev. 2023.

a) Quais são os problemas causados pelo descarte inadequado do óleo de cozinha, na pia ou no ralo, por exemplo?

b) A transformação do óleo em sabão é classificada como química ou física?

c) O óleo de cozinha e a água são imiscíveis, ou seja, esses líquidos não se misturam. Descreva o aspecto de um sistema formado por água e óleo e classifique-o em homogêneo ou heterogêneo.

Analisar e verificar

4. Leia o texto e responda às questões.

Veja como preparar o soro caseiro em caso de diarreia

Quando prolongada por muito tempo, evacuação excessiva pode provocar desidratação. Saiba como preparar o soro caseiro em caso de diarreia.

[...]

Modo de preparo de soro caseiro

Em 1 litro de água mineral, filtrada ou fervida (mas já fria), misture 1 colher de sopa de açúcar (20 g) e 1 colher de café de sal (3,5 g). Mexa bem e ofereça ao doente em colheradas ao longo do dia.

Você também pode verificar se a Unidade Básica de Saúde (UBS) [...] [próxima] de sua casa fornece uma colher-padrão para preparação de soro caseiro. Essa colher tem 2 lados, um grande e um pequeno. Para preparar o soro, basta

Acompanhamento da aprendizagem

adicionar a 200 mL de água (1 copo americano) 2 medidas do lado grande de açúcar e 1 medida do lado pequeno de sal.

> Juliana Conte. Veja como preparar o soro caseiro em caso de diarreia. Portal Drauzio Varella, 21 out. 2021. Disponível em: https://drauziovarella.uol.com.br/alimentacao/veja-como-preparar-soro-caseiro-em-caso-de-diarreia/. Acesso em: 28 fev. 2023.

a) Indique os estados físicos dos materiais representados na imagem.
b) Que propriedades gerais da matéria são citadas na receita do soro caseiro?
c) O soro caseiro é uma mistura homogênea ou heterogênea? Explique.
d) Seria possível separar a água, presente no soro caseiro, realizando uma filtração?

Criar

5. A tabela a seguir mostra a solubilidade de alguns materiais sólidos a 20 °C em dois solventes distintos: água e etanol.

	Solubilidade (g de soluto em 100 g de solvente)	
	água	etanol
Açúcar	203,8	insolúvel
Cloreto de sódio	36,0	insolúvel
Iodo	0,029	21,38
Ácido ascórbico	33,0	aprox. 3,0

Fonte de pesquisa: *CRC handbook of Chemistry and Physics* (tradução nossa: Manual de Química e Física CRC). 87. ed. Boca Raton: CRC Press, 2007.

a) Qual soluto apresenta maior solubilidade em água? E em etanol?
b) O ácido ascórbico é mais solúvel em água ou em etanol?
c) Um aluno adicionou 250 g de açúcar a 100 g de água, agitou essa mistura por algum tempo e registrou a aparência dela no caderno. A mistura obtida foi classificada por ele como homogênea ou heterogênea? Explique.

6. **SABER SER** Cozinhar, além de ser uma atividade prazerosa, é uma oportunidade para observar as transformações da matéria. Reúna-se com alguns colegas para propor a elaboração de uma receita da preferência de vocês. Encarem a atividade como um projeto de Ciências.

a) Listem os ingredientes utilizados e descrevam o modo de preparar, incluindo a temperatura adequada para o preparo da comida e o resultado esperado.
b) Indiquem quais transformações devem ocorrer enquanto a receita é preparada.
c) Identifiquem os estados inicial e final das transformações observadas.

7. Observe as fotos e responda às questões.

▲ Copo com suco de melancia recém-preparado, sem adição de água, açúcar ou qualquer outra substância.

▲ Copo com suco de melancia mantido em repouso durante aproximadamente quatro horas após seu preparo.

a) O suco de melancia é classificado como sistema homogêneo ou heterogêneo? Explique.
b) Depois de manter o suco em repouso, ocorre um acúmulo de sementes e de pedaços de fruta na parte superior do copo. Qual é o nome dado a esse processo? Explique por que ele ocorre.
c) Proponha um método para separar a parte líquida do suco das sementes e dos pedaços de fruta.

CIDADANIA GLOBAL
UNIDADE 4

12 CONSUMO E PRODUÇÃO RESPONSÁVEIS

Retomando o tema

Nesta unidade, você explorou o tema da reciclagem de roupas e tecidos, analisando os impactos sociais e ambientais e sua relação com o consumo responsável.

Agora, verifique o que você aprendeu acerca desse tema respondendo às questões a seguir.

1. Como a reciclagem de roupas e de retalhos de tecidos pode contribuir para diminuir o consumo de petróleo?

2. O Brasil é o nono país do mundo em consumo de roupas e acessórios. Converse com os colegas sobre seus hábitos de consumo desses produtos, abordando as formas de compra, a motivação para adquirir roupas e acessórios novos e as preocupações com o consumo responsável.

3. Uma das técnicas que costumam ser empregadas na indústria da moda – embora não seja exclusiva dessa indústria – é o *upcycling*. Essa técnica consiste no reaproveitamento de materiais já existentes, transformando peças que seriam descartadas em aterros sanitários e dando-lhes novas funções. Em outras palavras, consiste em usar as sobras para produzir algo novo. Como você poderia realizar essa técnica com peças de roupa que não utiliza mais?

4. Que ações individuais e coletivas podemos adotar para diminuir a quantidade de retalhos e de roupas usadas que são descartados?

Geração da mudança

- Com base nas informações obtidas e na discussão fomentada pelas questões, você e os colegas podem organizar, com a supervisão do professor, um dia de troca de roupas.

- Cada um de vocês trará à escola pelo menos uma peça de roupa que não usa mais. Essa peça de roupa deve estar limpa e em bom estado. Ao final do dia de troca, as roupas que não foram escolhidas em nenhuma troca podem ser doadas.

Autoavaliação

Feira de Troca de Roupas

UNIDADE 5

ORGANISMOS

PRIMEIRAS IDEIAS

1. O que é vida? Quais características diferenciam um ser vivo da matéria inanimada, ou seja, que não tem vida?
2. Em sua opinião, por que os seres vivos são agrupados em categorias de classificação?
3. Com quais grupos de seres vivos você tem mais contato? Qual é sua relação com eles?

Conhecimentos prévios

Nesta unidade, eu vou...

 CAPÍTULO 1 Características dos seres vivos

- Identificar as características que diferenciam um ser vivo de um ser não vivo.
- Reconhecer a célula como a unidade fundamental de um ser vivo.
- Identificar as estruturas que compõem a célula.
- Diferenciar células procarióticas de eucarióticas.
- Construir e analisar modelos de célula, com base em informações obtidas em diferentes fontes de pesquisa.
- Descrever as características das células animais e vegetais.
- Diferenciar seres autótrofos de heterótrofos.
- Reconhecer os museus como espaços de educação e cultura.

CAPÍTULO 2 Grupos de seres vivos

- Relacionar as características dos seres vivos com os critérios de classificação.
- Aplicar o sistema binário de nomeação científica dos seres vivos.
- Compreender que, no sistema de classificação de Lineu, os seres vivos são agrupados em categorias ou níveis de classificação.
- Reconhecer que cada categoria de classificação corresponde a um agrupamento de organismos que apresentam uma ou mais características em comum.
- Classificar os organismos com base nos critérios de classificação de Robert H. Whittaker.
- Reconhecer que a ciência da classificação dos organismos está em constante desenvolvimento, em função dos novos conhecimentos sobre as características dos seres vivos.
- Identificar os museus como espaços de produção de conhecimento.

CIDADANIA GLOBAL

- Compreender a relevância das coleções dos museus de ciência e o conhecimento científico produzido nos laboratórios dos museus.
- Discutir o papel educativo desses museus.
- Reconhecer os museus de ciência como importantes locais para despertar o interesse pela ciência e para ampliar o acesso à educação de qualidade.

LEITURA DA IMAGEM

1. Descreva os objetos e os organismos retratados na foto.

2. Os museus são espaços nos quais se preservam e armazenam coleções e se organizam exposições. Em sua opinião, como os organismos retratados na foto foram organizados?

3. Em sua opinião, para que serve armazenar organismos como os da foto? Se necessário, faça uma pesquisa para responder a essa pergunta.

CIDADANIA GLOBAL

4 EDUCAÇÃO DE QUALIDADE

No Brasil, há 268 museus de ciência e mais da metade deles está localizada na Região Sudeste. Além dessa distribuição geográfica desigual, esses espaços não costumam ser muito valorizados no país. No entanto, eles são fundamentais para a pesquisa científica e para despertar o interesse pela ciência, tornando-a mais acessível à população.

- Como escolas e museus de ciência podem ficar mais próximos?

 Assista a **museu de ciência** e explique a importância desses espaços e da preservação de suas coleções.

Coleção zoológica do Museu de História Natural de Berlim, na Alemanha. A coleção do museu é formada por cerca de 30 milhões de espécies, a maior parte armazenada em vidros com uma mistura de álcool e água, o que permite que esses exemplares sejam preservados e continuem sendo estudados.

115

CAPÍTULO 1
CARACTERÍSTICAS DOS SERES VIVOS

PARA COMEÇAR

Os seres vivos apresentam uma série de características que os diferenciam dos componentes não vivos do ambiente. Você consegue listar algumas delas?

▼ Corte longitudinal de célula humana. Foto ao microscópio eletrônico (imagem colorizada, aumento de cerca de 7 000 vezes).

A CÉLULA

A **célula** é a unidade estrutural do ser vivo, responsável por sua forma e pelo modo como ele funciona.

De acordo com a **teoria celular**, proposta no século XIX, todos os seres vivos são formados por células, e são elas as responsáveis pelos processos que permitem a sobrevivência dos seres vivos. Ainda de acordo com essa teoria, cada célula é formada a partir de outra preexistente. Isso significa que elas têm capacidade de reprodução.

As diversas observações de células ao longo do tempo revelaram que todas as células apresentam uma estrutura básica formada por três componentes: a membrana plasmática, o citoplasma e a cromatina.

A **membrana plasmática** é uma película muito fina que envolve a célula, separando o interior da célula do ambiente externo. Ela controla a entrada e a saída de substâncias da célula.

O **citoplasma** é o espaço ocupado pelo citosol, uma substância viscosa onde estão diversas estruturas. Entre elas, destacam-se as organelas, que desempenham funções bem definidas na atividade da célula.

A **cromatina** é um material, composto de DNA e proteínas, que controla o funcionamento da célula. Ela contém informações que são passadas para os descendentes do organismo durante a reprodução. Nas células da maioria dos seres vivos, a cromatina é separada do citoplasma pela membrana nuclear.

Dr. Gopal Murti/SPL/Fotoarena

TIPOS DE CÉLULA

As células foram descobertas graças ao desenvolvimento do **microscópio**, um instrumento que amplia imagens.

Existem atualmente diversos tipos de microscópios, que continuam sendo fundamentais para o estudo das células. As observações feitas pelos cientistas os levaram a classificar as células em dois grupos principais: células procarióticas e células eucarióticas.

Na célula **procariótica** (do latim *pro* = primeiro e *cario* = núcleo), a cromatina está em contato direto com o citosol, pois não existe uma membrana delimitando o núcleo celular. Geralmente, há um envoltório externo à membrana plasmática chamado parede celular.

Os dois grupos de organismos atualmente conhecidos que apresentam células procarióticas são as bactérias e as arqueas. Os biólogos acreditam que os primeiros seres vivos eram formados por células procarióticas e que algumas delas sofreram modificações que deram origem às células eucarióticas.

Na célula **eucariótica** (do latim *eu* = verdadeiro), existe uma membrana – a membrana nuclear – que separa a cromatina do citosol, delimitando o **núcleo celular**. Animais, plantas, fungos, algas e protozoários são exemplos de seres formados por células eucarióticas.

As células eucarióticas apresentam estruturas chamadas organelas celulares, nas quais acontece grande parte das atividades celulares.

Existem algumas diferenças estruturais entre as células eucarióticas animais e as vegetais. As células animais, por exemplo, não apresentam parede celular, cloroplastos e grandes vacúolos.

Acesse a **observação de células ao microscópio** e descreva a que grupo pertencem.

MICROSCÓPIO ELETRÔNICO

O microscópio eletrônico permite ampliar a estrutura observada em 300 mil vezes ou mais. Estruturas extremamente pequenas, como os vírus e certas partes da célula, como as membranas plasmática e nuclear, só podem ser vistas pelo microscópio eletrônico.

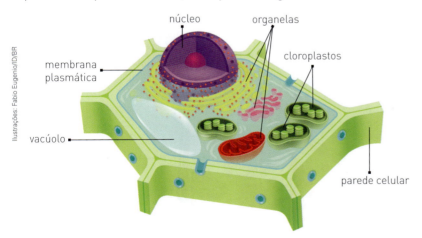

▲ Esquema simplificado de uma célula vegetal. Todas as plantas são organismos eucariontes, ou seja, são formadas por células eucarióticas. (Representação sem proporção de tamanho entre os elementos e em cores-fantasia.)

Fonte de pesquisa das imagens desta página: Jane B. Reece e outros. *Biologia de Campbell*. 10. ed. Porto Alegre: Artmed, 2015. p. 97 e 101.

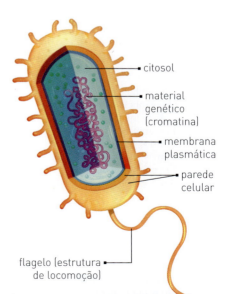

▲ Esquema simplificado de uma célula de bactéria. (Representação sem proporção de tamanho entre os elementos e em cores-fantasia.)

117

PRÁTICAS DE CIÊNCIAS

Construindo um modelo de célula

Para começar

Com raras exceções, as células não podem ser vistas a olho nu. Como podemos entender as relações entre as partes de uma célula sem o uso de um microscópio? Você e os colegas vão responder a essa pergunta construindo um **modelo** de célula.

Material

- massa de modelar
- materiais recicláveis: papelão, embalagens plásticas, isopor, entre outros
- arame liso
- fita adesiva e cola
- tesoura com pontas arredondadas
- palitos de churrasco

Como fazer

Esta atividade tem duas etapas: elaboração do projeto e a construção do modelo de estrutura celular.

Etapa I – Projetando o modelo

1. Elaborem um projeto com o objetivo de construir um modelo de célula eucariótica vegetal.

2. Planejem o projeto de modo que, na etapa II da atividade, cada grupo fique responsável pela construção de uma organela ou estrutura. A ideia é que a união das organelas componha um único modelo de célula.

3. Conversem entre si e estabeleçam informações importantes, como o tamanho e a forma de cada organela. Vejam, na figura a seguir, as dimensões aproximadas de algumas das estruturas e organelas celulares.

µm: símbolo de micrômetro
nm: símbolo de nanômetro
1 µm = milésima parte de 1 milímetro, ou seja,
1 mm = 1 000 µm
1 nm = milésima parte de 1 micrômetro, ou seja,
1 µm = 1 000 nm

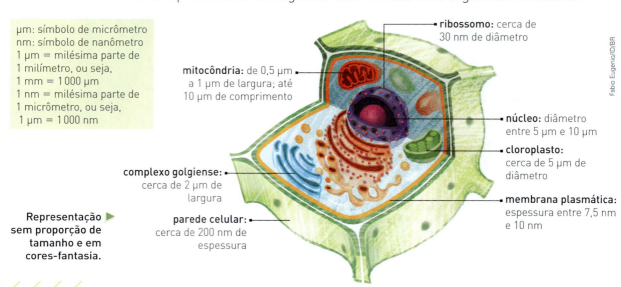

▶ Representação sem proporção de tamanho e em cores-fantasia.

- **ribossomo:** cerca de 30 nm de diâmetro
- **mitocôndria:** de 0,5 µm a 1 µm de largura; até 10 µm de comprimento
- **núcleo:** diâmetro entre 5 µm e 10 µm
- **cloroplasto:** cerca de 5 µm de diâmetro
- **complexo golgiense:** cerca de 2 µm de largura
- **membrana plasmática:** espessura entre 7,5 nm e 10 nm
- **parede celular:** cerca de 200 nm de espessura

Fabio Eugenio/ID/BR

118

4 Desenhem a célula respeitando as proporções entre as estruturas e as organelas representadas. Por exemplo, as mitocôndrias devem ser menores que o núcleo da célula, porque a largura dessa organela é cerca de dez vezes menor que o diâmetro do núcleo.

5 Atenção para o formato de cada organela, pois é muito importante que, ao final do projeto, as organelas possam ser identificadas por todos.

Etapa II – A construção do modelo

1 O professor vai organizar a turma em oito grupos.

2 Vocês devem utilizar, de preferência, materiais recicláveis – por exemplo, uma estrutura de arame ou de papelão envolta em plásticos pode ser a base para a construção da membrana plasmática ou da parede celular.

ATENÇÃO
Cuidado ao manusear o arame e os palitos de churrasco.

3 Cada grupo ficará responsável pela construção de uma das seguintes estruturas:
- parede celular;
- membrana plasmática;
- núcleo;
- ribossomos;
- cloroplastos;
- mitocôndria;
- complexo golgiense;
- retículo endoplasmático.

4 Quando todas as estruturas e organelas estiverem prontas, seu grupo e os demais devem se juntar para montar a célula.

5 Lembrem-se de que as organelas devem ficar distribuídas dentro do envoltório da célula como se estivessem mergulhadas no citoplasma, e não concentradas em uma única região. Vocês podem utilizar materiais como fitas adesivas, palitos de churrasco e arame para prender cada organela em uma posição definida do citoplasma da célula. Usem a criatividade!

▲ Exemplo de modelo de célula construído com materiais recicláveis.

Para concluir

1. **SABER SER** Qual foi a principal dificuldade do grupo durante a construção desse modelo? Como vocês superaram essa dificuldade?

2. A utilização de modelos é comum no meio científico. Por meio deles, os cientistas buscam reproduzir estruturas ou processos da natureza.
   a) O modelo construído representou adequadamente uma célula? Justifiquem.
   b) Vocês saberiam apontar alguma limitação desse modelo, ou seja, alguma parte ou característica da célula que não foi representada conforme a célula original? Expliquem.

3. Depois de confeccionar o modelo, cada grupo deve fazer uma breve apresentação sobre a estrutura ou a organela que construiu e sua função na célula.

SERES UNICELULARES E SERES PLURICELULARES

Muitos seres vivos são formados por apenas uma célula e, por isso, são chamados **unicelulares**. As bactérias, alguns tipos de fungo e de alga e os protozoários são exemplos de seres unicelulares.

A hipótese dos cientistas é de que, em algum momento da história dos seres vivos, seres unicelulares eucarióticos formaram agrupamentos de células, dando origem aos seres **pluricelulares**, que são constituídos de mais de uma célula. Os seres humanos, os demais animais, as plantas e muitos fungos e algas são seres pluricelulares.

Os tecidos celulares

A maioria dos seres pluricelulares apresenta agrupamentos de células de um mesmo tipo que desempenham funções específicas: os **tecidos**.

Os tecidos são fundamentais para que o organismo se mantenha estruturado e funcionando adequadamente.

Os animais, por exemplo, geralmente apresentam tecido muscular, que é formado por células alongadas que têm a capacidade de se contrair e relaxar, possibilitando o movimento.

As plantas também apresentam tecidos específicos. Um exemplo é o tecido de revestimento, composto de células que formam uma camada contínua, sem espaços entre elas. Esse tecido cobre a planta e a protege contra a perda excessiva de água por transpiração.

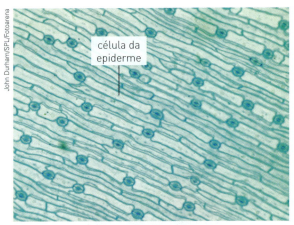

▲ A ameba é um protozoário, organismo unicelular que vive na água doce, entre outros ambientes. Foto ao microscópio de luz (aumento de cerca de 100 vezes).

▲ A epiderme é um tecido de revestimento que recobre o corpo das plantas. Na imagem, um trecho da epiderme de uma folha de tulipa. Foto ao microscópio de luz (aumento de cerca de 160 vezes).

METABOLISMO

Diversas substâncias, como água, sais minerais, proteínas e carboidratos, entram na composição dos seres vivos. Essas substâncias passam por transformações no interior de cada organismo, seja ele unicelular, seja composto de muitas células.

O conjunto dessas transformações recebe o nome de **metabolismo** e envolve tanto a produção de novas substâncias quanto a decomposição de outras. A fotossíntese, a produção de proteínas, a digestão de nutrientes e a contração muscular são exemplos de atividades metabólicas.

Vários processos metabólicos podem ser muito semelhantes em seres vivos diversos entre si. O modo de produzir proteínas, por exemplo, é praticamente o mesmo em todos os organismos eucariontes. No entanto, também existem diferenças, como nas formas de obter nutrientes.

> **PARA EXPLORAR**
>
> EIC – Espaço Interativo de Ciências
> Nesse *site*, um microscópio óptico virtual possibilita conhecer tecidos do corpo humano e entender melhor o funcionamento desse instrumento.
> Disponível em: https://eic.ifsc.usp.br/microscopio-virtual/. Acesso em: 8 mar. 2023.

NUTRIÇÃO E RESPIRAÇÃO

Os seres vivos realizam sua nutrição de maneiras diferentes. Os que produzem o próprio alimento, como os seres fotossintetizantes, são chamados **autótrofos**. São seres autótrofos as algas, as plantas e certas bactérias.

Os seres **heterótrofos** não são capazes de produzir o próprio alimento e, por isso, precisam ingerir ou absorver matéria produzida pelos autótrofos. Os animais, os fungos, os protozoários e alguns tipos de bactéria são exemplos de seres heterótrofos.

Em muitos seres vivos, a utilização da energia contida nos alimentos depende da respiração, processo em que ocorre absorção de gás oxigênio do ambiente e liberação de gás carbônico.

No processo denominado **respiração celular**, os organismos utilizam o gás oxigênio (obtido do ambiente) para extrair dos alimentos a energia de que necessitam. Esse processo gera como resíduo o gás carbônico, que precisa ser eliminado. Os seres vivos que utilizam o gás oxigênio no metabolismo são denominados **aeróbios**.

Os seres vivos que não utilizam o gás oxigênio na liberação de energia dos nutrientes são denominados **anaeróbios**. Alguns deles são incapazes de sobreviver na presença de gás oxigênio.

▲ O alimento produzido por seres autótrofos, como a grama da foto, é essencial para a sobrevivência de seres heterótrofos, como as vacas.

ALIMENTOS E NUTRIENTES

Alimento é qualquer substância que pode fornecer energia ao metabolismo ou à matéria para a constituição do corpo do ser vivo. Em geral, os alimentos precisam ser digeridos para serem utilizados. Após a digestão, os nutrientes – substâncias presentes nos alimentos – estão disponíveis para utilização pelo corpo.

CIDADANIA GLOBAL

O DESAFIO DA INCLUSÃO SOCIAL NOS MUSEUS DE CIÊNCIAS

Museus e centros de ciência têm uma posição privilegiada para transformar a relação ciência-sociedade. No mundo, estima-se que mais de 300 milhões de pessoas frequentam esses espaços a cada ano. No Brasil, temos cerca de 270 instituições desse tipo distribuídas por todas as regiões. A concentração geográfica, no entanto, ainda é uma questão: esses espaços são mais presentes nas cidades mais ricas e, dentro destas, nas áreas de alta renda ou turísticas. Mesmo quando estão fora dos bairros de elite, ainda há uma disparidade grande entre o público visitante e o perfil da população brasileira. E isso não é apenas uma percepção, muitas pesquisas apontam essa desigualdade.

No Rio de Janeiro, um consórcio de museus, o Observatório de Centros e Museus de Ciência e Tecnologia, vem realizando, desde 2005, pesquisas para estabelecer o perfil do público que visita esses estabelecimentos.

O resultado, que corrobora outras pesquisas, mostra que, apesar dos esforços dessas instituições, o público que as frequenta ainda é predominantemente branco, com renda acima da média e com formação de ensino superior.

[...]

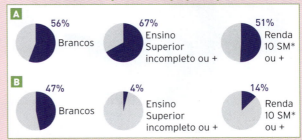

▲ Os gráficos mostram a desigualdade entre o perfil do público visitante de museus no Rio de Janeiro (RJ) **(A)** e o da população dessa cidade **(B)**.

* salários mínimos

Fontes de pesquisa: Sonia Mano e outros. *Museus de ciência e seus visitantes*: estudo longitudinal – 2005, 2009, 2013. Rio de Janeiro: Fundação Oswaldo Cruz: Casa de Oswaldo Cruz: Museu da Vida, 2017. p. 27-29; Instituto Brasileiro de Geografia e Estatística (IBGE). Censo 2010. Disponível em: https://censo2010.ibge.gov.br/resultados.html. Acesso em: 3 abr. 2023.

Débora Teixeira dos Santos e Menezes; Diego Vaz Bevilaqua; Douglas Falcão Silva. O desafio da inclusão social nos museus de ciências. *Ciência Hoje*, ed. 389, jul. 2022. Disponível em: https://cienciahoje.org.br/artigo/o-desafio-da-inclusao-social-nos-museus-de-ciencias/. Acesso em: 8 mar. 2023.

1. O texto cita um fator que pode estar relacionado à desigualdade de acesso aos museus. Que fator é esse?

2. Discuta com os colegas que outros fatores podem estar relacionados a essa desigualdade no Brasil.

SENSIBILIDADE, REAÇÃO E MOVIMENTO

Todos os seres vivos apresentam sensibilidade a estímulos do ambiente, como variação de temperatura ou de luminosidade, e são capazes de reagir a esses estímulos. Quando sentem frio, por exemplo, certos animais procuram se expor ao sol e, assim, aquecer o corpo.

Nos animais, a capacidade de movimentação, possibilitada por órgãos de locomoção, permite, por exemplo, fugir de uma situação de perigo ou buscar alimento.

Muitos seres unicelulares têm estruturas de locomoção que possibilitam a realização de movimentos em ambientes aquáticos.

As plantas também reagem a estímulos do ambiente. Algumas flores, por exemplo, abrem ou fecham de acordo com a quantidade de luz que há no ambiente. Contudo, a capacidade de movimento das plantas é reduzida quando comparada à capacidade de movimento da maioria dos animais.

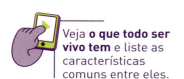

Veja **o que todo ser vivo tem** e liste as características comuns entre eles.

▲ As folhas da *Calathea ornata* se abrem durante o dia **(A)** e se fecham à noite **(B)**. Essa é uma reação ao estímulo luminoso.

ADAPTAÇÃO

As **adaptações** permitem aos organismos sobreviver, crescer e se reproduzir nas condições do ambiente que habitam. As asas das aves e as dos insetos, por exemplo, são adaptações que permitem o voo, assim como as nadadeiras dos peixes e as das baleias possibilitam a natação.

Uma vez que as adaptações aumentam as chances de sobrevivência e de reprodução, espera-se que os organismos com mais características favoráveis no ambiente em que vivem produzam mais descendentes. Parte dos descendentes herda essas adaptações e, assim, tem maior chance de sobrevivência.

Ao longo de várias gerações, os organismos com características favoráveis à sobrevivência e à reprodução tendem a predominar na natureza.

ADAPTAÇÃO E METABOLISMO

O modo de vida do ser vivo está associado às suas adaptações e ao seu metabolismo. Os animais, por exemplo, não realizam fotossíntese e precisam se movimentar para obter alimento. Já as plantas produzem o próprio alimento e apresentam estruturas para se fixar no solo, de onde absorvem água e nutrientes.

REPRODUÇÃO

A **reprodução** é uma das características mais importantes dos seres vivos. É por ela que novos seres vivos são originados. A reprodução pode ser sexuada ou assexuada.

REPRODUÇÃO SEXUADA

A **reprodução sexuada** envolve, na maioria dos casos, a participação de dois indivíduos. Ela ocorre em animais e plantas, por exemplo, e, para isso, cada um dos participantes fornece uma célula especializada, denominada **gameta**.

Os gametas dos dois indivíduos se unem em um processo chamado **fecundação**, dando origem a uma nova célula, a célula-ovo ou o zigoto, que se desenvolverá e dará origem a um novo indivíduo. A fecundação envolve também a união do material genético contido no núcleo dessas células. Dessa forma, uma combinação das características dos dois indivíduos é passada aos descendentes.

A fecundação pode ser interna, isto é, acontecer dentro do corpo do ser vivo, como nos seres humanos, ou externa, ou seja, fora do corpo do ser vivo, como ocorre com muitos peixes, que lançam seus gametas na água.

▲ As borboletas são animais com fecundação interna. Na foto, duas borboletas trocando gametas.

REPRODUÇÃO ASSEXUADA

A reprodução também pode ocorrer sem a participação de gametas. A simples divisão de uma célula ou o desenvolvimento de fragmentos do corpo podem originar novos seres. Essas formas de reprodução são chamadas **reprodução assexuada**.

Muitos seres pluricelulares, como as plantas, são capazes de se reproduzir das duas formas: sexuada e assexuada.

A **divisão binária** é um tipo de reprodução assexuada que ocorre em seres unicelulares, como bactérias, amebas e alguns tipos de alga. Nesse tipo de divisão, uma célula-mãe se divide em duas células-filhas idênticas à célula que lhes deu origem.

Outro tipo de reprodução assexuada é a **fragmentação**. Nesse caso, pedaços do corpo do organismo se desprendem, por um processo natural ou por acidente, e cada pedaço poderá se desenvolver e gerar um novo organismo completo. A fragmentação é observada em algas e esponjas, por exemplo.

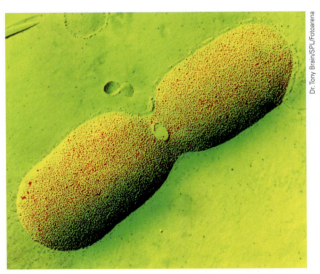

▲ A divisão da célula bacteriana gera duas novas bactérias, por isso é considerada um modo de reprodução. Foto ao microscópio eletrônico (imagem colorizada, ampliação de cerca de 37 200 vezes).

123

NÍVEIS DE ORGANIZAÇÃO

Você viu que células agrupadas que desempenham funções específicas formam tecidos.

Diferentes tecidos celulares podem estar associados e atuar em conjunto, constituindo os **órgãos**. Artérias e veias, órgãos do sistema cardiovascular de alguns animais, por exemplo, são constituídos de pelo menos dois tipos de tecido: o tecido epitelial e o tecido muscular. Os órgãos realizam funções que os tecidos não poderiam realizar de forma independente.

Por sua vez, os diferentes órgãos podem atuar em conjunto para desempenhar funções específicas, constituindo **sistemas**. Por exemplo, pâncreas, estômago e intestinos são órgãos que atuam em conjunto na digestão dos alimentos; com outros órgãos, eles constituem o sistema digestório. Rins e bexiga urinária são órgãos que atuam na eliminação de resíduos do corpo e fazem parte do sistema urinário.

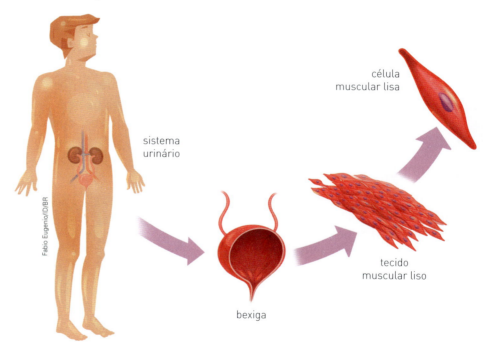

▲ Esquema dos diferentes níveis de organização estrutural do corpo humano. (Representação sem proporção de tamanho entre os elementos e em cores-fantasia.)

Fontes de pesquisa: Johannes Sobotta. *Atlas de anatomia humana*. 22. ed. Rio de Janeiro: Guanabara Koogan, 2008. v. 1. p. 14; Gerard J. Tortora; Bryan Derrickson. *Corpo humano*: fundamentos de anatomia e fisiologia. 8. ed. Porto Alegre: Artmed, 2012. p. 380.

Nem todos os seres vivos apresentam tecidos, órgãos e sistemas, pois eles são encontrados apenas nas plantas e nos animais. Os outros grupos de seres vivos são caracterizados por uma estrutura corporal mais simples. O padrão de organização corporal é um dos principais critérios utilizados nos atuais sistemas de classificação dos seres vivos, que serão estudados no próximo capítulo.

ATIVIDADES

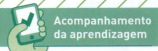
Acompanhamento da aprendizagem

Retomar e compreender

1. Cite as principais características que podem ser usadas para diferenciar um ser vivo de um componente não vivo do ambiente.

2. Qual é a relação entre nutrição e metabolismo?

3. Durante uma aula prática de Ciências, um estudante fez o desenho a seguir, que representa uma das células que ele observou ao microscópio.

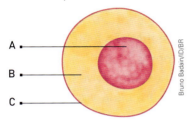

   Examine a figura e faça o que se pede.
   a) Identifique os componentes celulares indicados pelas setas.
   b) Classifique a célula em procariótica ou eucariótica. Justifique.

4. A tabela a seguir compara três tipos básicos de célula. Preencha as lacunas, de modo a relacionar cada célula com suas características.

Tipos de célula / Características	Procarionte	Eucarionte animal	Eucarionte vegetal
Membrana plasmática			
Membrana nuclear			
Parede celular			
Citoplasma e citosol			
Cromatina			
Variedade de organelas			

5. Leia a tira e, depois, responda às questões.

   a) A forma de reprodução representada na tirinha é sexuada ou assexuada? Justifique.
   b) Quantos tipos celulares são representados na tirinha? Justifique.

6. Leia a frase a seguir e responda à questão.
   Todos os seres vivos apresentam tecidos, órgãos e sistemas.
   - Você concorda com essa afirmação? Justifique.

Aplicar

7. A imagem a seguir foi obtida com o auxílio de um microscópio e mostra células do sangue humano. Entre elas, estão glóbulos brancos, dotados de núcleo, e glóbulos vermelhos, células anucleadas. Os glóbulos vermelhos são produzidos em certos ossos do corpo e perdem o núcleo durante seu processo de amadurecimento.

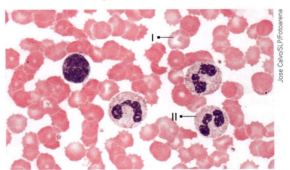

▲ Foto ao microscópio de luz (uso de corantes, ampliação de cerca de 670 vezes).

   Analise a imagem e responda:
   a) Entre as duas células indicadas, qual delas é de um glóbulo branco? E qual é de um glóbulo vermelho? Justifique.
   b) Os glóbulos vermelhos podem ser considerados células procarióticas? Justifique.

8. A classificação dos vírus é um assunto controverso. Eles apresentam capacidade de reprodução, mas ela só ocorre quando eles se encontram dentro de uma célula hospedeira. No entanto, os vírus não apresentam estrutura celular nem têm metabolismo próprio.
   - Reúna-se com três colegas para debater a seguinte questão: Os vírus são seres vivos? Registrem os argumentos que surgirem no debate e apresentem-nos à turma.

125

CAPÍTULO 2
GRUPOS DE SERES VIVOS

PARA COMEÇAR

Estima-se que existam mais de 10 milhões de espécies de seres vivos na Terra, classificados pelos cientistas em diversos grupos. Que critérios são utilizados pelos cientistas para fazer essa classificação?

A CLASSIFICAÇÃO BIOLÓGICA

O estudo das formas de vida que habitam o planeta gera uma grande quantidade de informações. Para facilitar o acesso a essas informações, os seres vivos são organizados em grupos de acordo com suas características ou padrões. Esse processo de categorização é chamado de **classificação biológica**.

Os cientistas que trabalham com a classificação biológica são os sistematas. Eles classificam os seres vivos em grupos e criam nomes científicos adequados para cada um deles.

Para organizar os seres vivos em grupos, são usados diversos critérios, como as semelhanças. Para encontrar semelhanças, compara-se não apenas o aspecto exterior, mas principalmente a estrutura corporal – células, tecidos e órgãos –, sua composição química e mesmo o material genético.

O agrupamento básico para a classificação dos seres vivos é a **espécie**. Diversas definições para espécie já foram criadas. Nesta obra, utilizamos a definição de **espécie biológica**: um grupo de seres vivos que conseguem cruzar entre si e se reproduzir, gerando descendentes férteis.

▼ Apesar das diferenças de tamanho, pelagem e aspecto, todos os cachorros domésticos pertencem à mesma espécie biológica, a *Canis lupus*. O *spitz* alemão, cachorro menor à esquerda na foto, mede cerca de 20 cm de altura.

O NOME CIENTÍFICO

Cada idioma tem uma palavra própria para se referir a um determinado ser vivo. O cavalo, por exemplo, é *horse* em inglês, *pferd* em alemão, *cheval* em francês e *caballo* em espanhol. Os nomes também podem variar de acordo com a região do país: por exemplo, no Brasil, os nomes mandioca, aipim, macaxeira e maniva são usados para se referir à mesma planta.

Entretanto, nos trabalhos científicos, é necessário se referir a uma espécie de um modo que pesquisadores de todo o mundo entendam. Por isso, os cientistas usam o **nome científico** para definir a espécie. O nome científico do cavalo, por exemplo, é *Equus caballus*, enquanto o da mandioca é *Manihot esculenta*. Assim, pesquisadores de qualquer parte do mundo que usem ou leiam esses nomes saberão a quais organismos se referem.

Veja, a seguir, as normas que devem ser usadas para criar e escrever um nome científico.

- Os nomes científicos devem ser escritos em itálico ou sublinhados, sempre em latim.
- O nome de cada espécie é composto de duas palavras, por isso essa forma de nomear as espécies é denominada **sistema binomial**.
- A primeira palavra deve indicar o **gênero**, e a segunda é chamada epíteto específico.

  epíteto: palavra que se associa a um nome para qualificá-lo.

- O nome do gênero deve iniciar com letra maiúscula, enquanto o epíteto da espécie deve ser escrito com letras minúsculas.

inicial maiúscula — inicial minúscula

Manihot esculenta

gênero — epíteto específico

NOME CIENTÍFICO

Ao escrever em sequência o nome de vários organismos que pertencem ao mesmo gênero, a primeira palavra (correspondente ao nome do gênero) pode ser abreviada a partir da segunda citação. Por exemplo: laranjeira (*Citrus sinensis*), cidreira (*C. medica*) e pé de tangerina (*C. reticulata*).

O sistema binomial foi elaborado pelo naturalista sueco Carolus Linnaeus (1707-1778) – ou simplesmente Lineu – em 1735. Na época de Lineu, o latim era a língua universal do ensino no mundo ocidental, e os trabalhos científicos eram escritos nesse idioma. Utilizando, portanto, a estrutura das palavras em latim, Lineu adotou essa língua para criar os nomes científicos.

O SISTEMA DE CLASSIFICAÇÃO DE LINEU

O sistema binomial de Lineu é usado até hoje, mas com algumas modificações.

Nesse sistema, os seres vivos são agrupados em categorias ou níveis de classificação. Cada categoria é um agrupamento de organismos que apresentam uma ou mais características em comum.

O sistema de classificação biológica atual utiliza as seguintes categorias ou níveis de classificação:

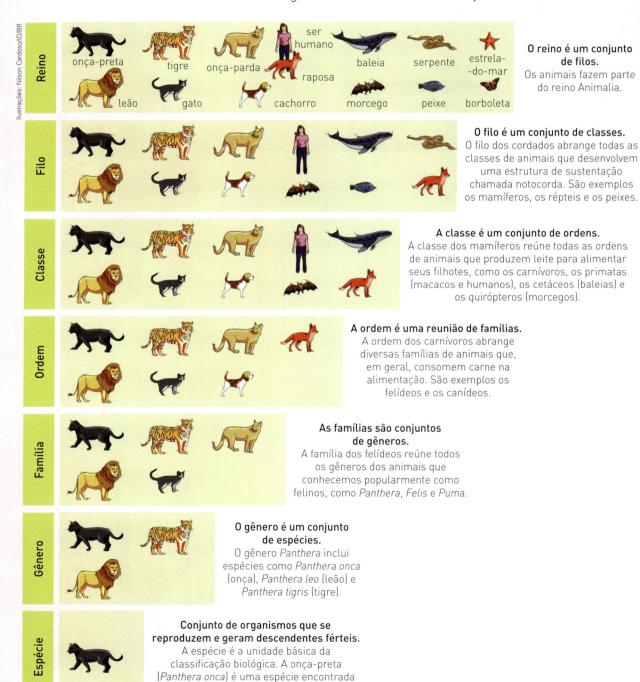

O reino é um conjunto de filos.
Os animais fazem parte do reino Animalia.

O filo é um conjunto de classes.
O filo dos cordados abrange todas as classes de animais que desenvolvem uma estrutura de sustentação chamada notocorda. São exemplos os mamíferos, os répteis e os peixes.

A classe é um conjunto de ordens.
A classe dos mamíferos reúne todas as ordens de animais que produzem leite para alimentar seus filhotes, como os carnívoros, os primatas (macacos e humanos), os cetáceos (baleias) e os quirópteros (morcegos).

A ordem é uma reunião de famílias.
A ordem dos carnívoros abrange diversas famílias de animais que, em geral, consomem carne na alimentação. São exemplos os felídeos e os canídeos.

As famílias são conjuntos de gêneros.
A família dos felídeos reúne todos os gêneros dos animais que conhecemos popularmente como felinos, como *Panthera*, *Felis* e *Puma*.

O gênero é um conjunto de espécies.
O gênero *Panthera* inclui espécies como *Panthera onca* (onça), *Panthera leo* (leão) e *Panthera tigris* (tigre).

Conjunto de organismos que se reproduzem e geram descendentes férteis.
A espécie é a unidade básica da classificação biológica. A onça-preta (*Panthera onca*) é uma espécie encontrada em vários biomas brasileiros.

REINOS E DOMÍNIOS

Diversos sistemas de classificação já foram adotados ao longo do tempo, de acordo com diferentes critérios para formar os grupos. Aristóteles, que viveu no século IV a.C., é considerado a primeira pessoa a empregar um sistema racional, usando características inerentes aos seres: os seres imóveis seriam as plantas, enquanto os animais seriam os organismos móveis.

A invenção do microscópio, no final do século XVI, possibilitou a descoberta de seres muito pequenos, que inicialmente também foram classificados como animais ou plantas. No século XIX, o reino Protista foi proposto para se referir a organismos que não se adequavam nem ao reino das plantas nem ao dos animais.

Em 1969, o biólogo estadunidense Robert H. Whittaker (1920-1980) elaborou um sistema de cinco reinos, que até hoje é muito usado. Esse sistema se baseia em critérios como organização celular e modo de obter alimento. Veja um resumo desse sistema na tabela desta página.

Na década de 1970, o pesquisador estadunidense Carl Woese (1928-2012) propôs que os seres vivos fossem organizados em três domínios: Bacteria, Archaea e Eukarya. Veja, a seguir, como os organismos são agrupados segundo esse sistema.

REINOS
Monera
Procariontes unicelulares, autótrofos ou heterótrofos, representados pelas bactérias e cianobactérias.
Protista
Eucariontes unicelulares ou pluricelulares, autótrofos ou heterótrofos, representados pelas algas e protozoários.
Fungi
Eucariontes unicelulares ou pluricelulares, heterótrofos, representados pelos cogumelos e bolores.
Plantae
Eucariontes pluricelulares, autótrofos, representados pelas plantas terrestres e algas pluricelulares.
Animalia
Eucariontes pluricelulares, heterótrofos, representados pelos animais.

BACTERIA   ARCHAEA   EUKARYA

◀ Nesse sistema, o domínio Eukarya reúne os reinos de seres eucariontes, e os moneras são divididos entre os domínios Bacteria e Archaea.

seres vivos mais antigos

🌐 CIDADANIA GLOBAL

UM DIA NO MUSEU

Chegavam aos pulos. O ônibus escolar estacionava em uma das entradas da Quinta da Boa Vista e dali saíam algumas dezenas de crianças, ansiosas, geralmente pela promessa de se deparar com um dinossauro. As origens eram das mais variadas – escolas públicas e privadas, de bairros vizinhos, zonas nobres ou cidades distantes. O Museu Nacional era onde todas essas tribos escolares se encontravam.

[...]

O Museu Nacional foi a casa da Família Real no século XIX [...]. Apesar da pompa, o prédio está localizado no subúrbio carioca, em São Cristóvão, na Zona Norte da cidade. Nele, todo mundo podia ser rei e ter o seu próprio dinossauro por um dia.

[...]

[...] Em 2017, a Seção de Assistência ao Ensino se uniu ao Departamento de Geologia e Paleontologia do museu para criar o curso "Meninas com Ciência" [...]. [...] No mesmo ano, o setor também havia retomado o projeto "Tem criança no Museu: de férias com a ciência", voltado para crianças entre 5 e 7 anos. Ambos gratuitos.

[...]

Yasmin Santos. À vista de todos, o museu esquecido. *Piauí*. 3 set. 2018. Disponível em: https://piaui.folha.uol.com.br/vista-de-todos-o-museu-esquecido/. Acesso em: 8 mar. 2023.

1. O texto descreve algumas ações educativas realizadas no Museu Nacional do Rio de Janeiro. Em sua opinião, essas ações ajudam a aproximar a população dos museus? Justifique sua resposta.

2. Em sua opinião, espaços educativos como os museus são importantes? Justifique sua resposta.

129

GRUPOS DE SERES VIVOS

A diversidade de seres vivos é muito grande e isso motivou o desenvolvimento de sistemas de classificação.

O esquema a seguir mostra os grupos que são abordados ao longo dos quatro volumes desta coleção. Existem, no entanto, outros grupos além desses.

Fungos

Foto ao microscópio eletrônico (imagem colorizada, aumento de cerca de 2 000 vezes).

Leveduras
Fungos unicelulares e fermentadores.

comprimento (morango): 6 cm

Bolores
Fungos uni ou pluricelulares que formam colônias visíveis a olho nu.

altura: 15 cm

Cogumelos e orelhas-de-pau
Fungos pluricelulares.

Associe **os grupos de seres vivos** à necessidade de classificar os seus representantes.

Plantas

altura: 2 cm

Briófitas
Sem tecidos de condução de água.

comprimento (folha): 50 cm

Pteridófitas
Com tecidos de condução, mas não formam sementes.

Bactérias

altura: 30 m

Gimnospermas
Com tecidos de condução e sementes, mas não formam flores e frutos.

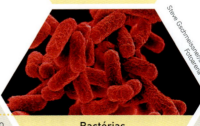

Foto ao microscópio eletrônico (imagem colorizada, aumento de cerca de 7 000 vezes).

Bactérias
Unicelulares; autótrofas ou heterótrofas; procariontes.

altura: 25 m

Angiospermas
Com tecidos de condução, flores, frutos e sementes.

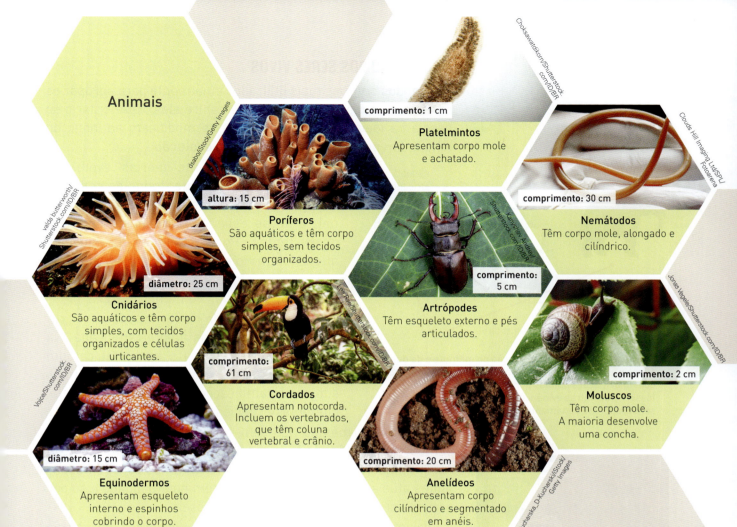

Animais

Platelmintos
Apresentam corpo mole e achatado.
comprimento: 1 cm

Poríferos
São aquáticos e têm corpo simples, sem tecidos organizados.
altura: 15 cm

Nemátodos
Têm corpo mole, alongado e cilíndrico.
comprimento: 30 cm

Cnidários
São aquáticos e têm corpo simples, com tecidos organizados e células urticantes.
diâmetro: 25 cm

Artrópodes
Têm esqueleto externo e pés articulados.
comprimento: 5 cm

Moluscos
Têm corpo mole. A maioria desenvolve uma concha.
comprimento: 2 cm

Cordados
Apresentam notocorda. Incluem os vertebrados, que têm coluna vertebral e crânio.
comprimento: 61 cm

Anelídeos
Apresentam corpo cilíndrico e segmentado em anéis.
comprimento: 20 cm

Equinodermos
Apresentam esqueleto interno e espinhos cobrindo o corpo.
diâmetro: 15 cm

Protistas

Algas
Autótrofas; unicelulares ou pluricelulares; eucariontes.
altura: 7 cm

Foto ao microscópio de luz (aumento de cerca de 130 vezes).

Protozoários
Unicelulares, autótrofos e eucariontes. Alguns são parasitas.

Arqueas

Foto ao microscópio eletrônico (imagem colorizada, aumento de cerca de 2 000 vezes).

Arqueas
Unicelulares; autótrofas ou heterótrofas; procariontes.

A EVOLUÇÃO DOS SERES VIVOS

Um dos critérios mais utilizados atualmente para agrupar os seres vivos é o parentesco evolutivo entre eles. Esse critério se baseia na ideia de que as espécies se modificam ao longo do tempo, um processo conhecido como **evolução**.

De acordo com as teorias evolutivas mais aceitas atualmente, todos os seres vivos teriam surgido de um organismo original, e novas espécies surgem de espécies já existentes. Portanto, todas as espécies que existem hoje e já existiram no passado apresentam alguma relação de parentesco evolutivo, em maior ou menor grau.

A história da vida na Terra poderia ser representada como uma árvore ramificada. Na base da árvore, estaria o ancestral comum de todos os seres vivos. Ao longo do tempo, surgiriam ramificações nessa árvore, ou seja, diferentes espécies ou grupos de seres vivos.

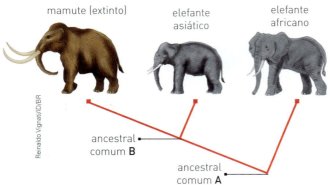

▲ O esquema representa a evolução do mamute e de duas espécies de elefante. Esquemas como esse são produzidos com informações obtidas por meio da observação de fósseis e de outras evidências evolutivas. (Representação sem proporção de tamanho e em cores-fantasia.)

As novas formas de vida bem-sucedidas deixariam descendentes. Outras, não tão bem-sucedidas, entrariam em extinção. Assim, na árvore dos seres vivos haveria ramos com representantes atuais e outros que já não existem na atualidade e só poderiam ser reconhecidos nas formas fósseis.

Vejamos o exemplo dos mamutes e dos elefantes. Ancestrais dos mamutes e dos elefantes formavam um ramo da árvore evolutiva deste grupo. Segundo os cientistas que estudam a evolução desses animais, um ancestral comum **A** teria dado origem ao elefante africano atual e também a outro ramo evolutivo, do qual fazia parte um ancestral **B**, que teria originado o elefante asiático e o mamute, extinto há cerca de 4500 anos.

Atualmente, todos os estudos sobre a classificação dos seres vivos levam em consideração os aspectos evolutivos. Por isso, novas descobertas e pesquisas podem alterar a classificação das espécies e até mesmo criar ou descartar agrupamentos.

▲ Por muito tempo, as garças (*Ardea alba*) **(A)** e os tuiuiús (*Jabiru mycteria*) **(B)** foram classificados na mesma ordem. Porém, após uma série de estudos sobre o material genético desses animais, os cientistas concluíram que é mais correto classificar os tuiuiús na mesma ordem dos pelicanos (*Pelecanus onocrotalus*) **(C)**.

ATIVIDADES

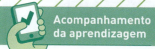

Retomar e compreender

1. Leia o texto e responda às questões a seguir.

> [...]
> Um sistema de classificação não tem como objetivo desvendar a história evolutiva de um grupo de organismos, uma vez que nem precisa reconhecer que houve evolução!
>
> O objetivo de um sistema de classificação é simplesmente separar os organismos em grupos distintos para facilitar seu estudo. Esta organização se dá em geral a partir de parâmetros um tanto quanto arbitrários. É por isso que vemos, durante a história da biologia, diversas mudanças em relação à classificação dos organismos, pois, conforme nova informação é descoberta, novos parâmetros são utilizados para a classificação.
>
> Sabemos hoje, no entanto, que a evolução atuou na diversificação dos organismos e que todos os organismos vivos estão relacionados entre si. Dessa maneira, uma fundamental e fascinante área de estudo da biologia procura desvendar como os organismos estão relacionados e em quais tempos as separações de linhagens ocorreram.
>
> Esta área de estudo é a **sistemática filogenética**. [...]
> [...]
>
> Sônia Godoy Bueno Carvalho Lopes; Fanly Fungyi Chow Ho. Panorama histórico da classificação dos seres vivos e os grandes grupos dentro da proposta atual de classificação. Em: *Vida e meio ambiente*: diversidade biológica e filogenia. São Paulo: USP/Univesp/Edusp, 2014. p. 2. Disponível em: https://edisciplinas.usp.br/pluginfile.php/979161/mod_resource/content/1/Bio_Filogenia_top01.pdf. Acesso em: 8 mar. 2023.

   a) De acordo com o texto, qual é o objetivo fundamental dos sistemas de classificação dos seres vivos?

   b) Ao longo da história da ciência, vários sistemas de classificação já foram propostos. Como se explica a existência de diferentes sistemas de classificação de seres vivos?

   c) As teorias evolutivas influenciaram de algum modo os sistemas de classificação? Explique.

2. O que é uma espécie biológica?

3. Considerando os agrupamentos reino e gênero do atual sistema de classificação biológica, responda:

   a) Em qual desses agrupamentos você espera encontrar indivíduos com maior grau de semelhança? Por quê?

   b) Qual dos dois agrupamentos tem o maior número de representantes? Justifique.

4. Os nomes a seguir estão escritos de acordo com a nomenclatura biológica: *Lilaeopsis brasiliensis*, *Eurhizococcus brasiliensis*, *Eurhizococcus colombianus*. Leia as afirmações a seguir e indique se são verdadeiras ou falsas, justificando cada caso.

   a) Os nomes referem-se a três espécies e três gêneros biológicos.

   b) *Lilaeopsis brasiliensis* e *Eurhizococcus brasiliensis* pertencem à mesma espécie.

   c) *Eurhizococcus brasiliensis* e *Eurhizococcus colombianus* pertencem ao mesmo gênero.

   d) *Eurhizococcus brasiliensis* e *Eurhizococcus colombianus* pertencem à mesma família.

5. Leia as descrições a seguir e, usando o sistema de Whittaker, indique a que reino pertence cada organismo. Justifique suas respostas.

   a) Corpo formado por muitas células; presença de órgãos bem definidos, como estômago e demais componentes do sistema digestório.

   b) Corpo formado por uma única célula; não se nota, nas células, membrana separando o material genético dos demais componentes celulares.

   c) Corpo formado por muitas células; presença de órgãos bem definidos; nota-se, em muitas partes do corpo, a presença de pigmento verde, provavelmente clorofila.

Aplicar

6. Leia o texto a seguir e faça o que se pede.

   Durante uma excursão com a turma, um estudante encontrou um ser vivo e descreveu as seguintes características: não se locomove; não tem clorofila; parece sugar nutrientes da madeira na qual se encontra; com certeza é multicelular.

   - Com base nessa descrição, a qual reino deve pertencer o ser vivo encontrado pelo estudante? Justifique sua conclusão.

CIÊNCIA DINÂMICA

História da classificação

Ao longo da história, os estudiosos lidaram com o desafio de entender a diversidade de seres vivos. Essa situação, muitas vezes, levava à criação de sistemas de classificação, que variavam quanto aos critérios usados. Um dos primeiros sistemas de classificação foi o de Aristóteles, cujo critério era a mobilidade.

A primeira fase da história da classificação: o mundo macroscópico

A primeira fase da classificação dos seres vivos começou na Antiguidade, com o filósofo grego Aristóteles (384-322 a.C.), autor dos registros escritos mais antigos conhecidos sobre esse assunto e que datam do século 4 a.C. Nessa época, os naturalistas tinham ao seu dispor apenas os seres que conseguiam distinguir a olho nu, pois não havia microscópios e o universo conhecido dos seres vivos era formado apenas pelos seres macroscópicos. Por meio de suas observações, Aristóteles reconheceu características comuns entre certos organismos e concluiu que todos os seres vivos poderiam ser organizados em uma escala ou hierarquia, desde características mais simples até as mais complexas. Reconheceu a dicotomia entre dois grandes grupos: o das plantas, seres que não se movem, e o dos animais, que se movem. Ele dedicou atenção especial ao estudo dos animais, publicando o *Historia animalium* (História dos animais), e descreveu cerca de 500 tipos diferentes de animais que ele chamava de **espécie**. Agrupava espécies em categorias como Aves e Mamíferos. Foi o primeiro a dividir os animais em vertebrados e invertebrados e já na época considerava baleia e morcego como mamíferos. [...]

[...]

Essa primeira fase de classificação dos seres vivos em plantas e animais estendeu-se até mesmo depois da descoberta do microscópio de luz, quando um novo universo de seres vivos foi desvendado: os seres microscópicos. No entanto, o estudo desses microrganismos acabou gerando a necessidade de novas classificações.

Sônia G. B. C. Lopes; Fanly F. C. Ho. Panorama histórico da classificação dos seres vivos e os grandes grupos dentro da proposta atual de classificação. Em: *Vida e meio ambiente*: diversidade biológica e filogenia. São Paulo: USP/Univesp/Edusp, 2014. p. 3-4. Disponível em: https://edisciplinas.usp.br/pluginfile.php/979161/mod_resource/content/1/Bio_Filogenia_top01.pdf. Acesso em: 8 mar. 2023.

As descobertas de muitas novas espécies, durante os séculos XV e XVI, tornaram o problema da classificação dos seres vivos mais complexo. A invenção e o uso cada vez mais constante do microscópio, a partir do século XVII, revelaram a existência dos seres microscópicos, aumentando a biodiversidade conhecida.

O sistema de classificação de Lineu

Com a descrição de diversos tipos de microrganismos e o aumento dos conhecimentos sobre os seres macroscópicos, surge o problema de como classificar a diversidade de espécies que estava sendo desvendada.

O naturalista que trouxe as maiores contribuições nesse período, na sistematização do conhecimento sobre as espécies, foi o botânico, zoólogo e médico sueco Carolus Linnaeus (1707-1778). Sua obra mais famosa, *Systema Naturae* (Sistema Natural), foi publicada pela primeira vez em 1735, com apenas 10 páginas, refletindo o conhecimento da época e substituindo as desajeitadas descrições usadas anteriormente por descrições concisas, simples e ordenadas. Essa obra teve várias edições, sendo a mais importante delas a décima edição, composta [...] [de] dois volumes, o primeiro publicado em 1758 e o segundo em 1759. [...]

Lineu acreditava que os organismos eram criados por uma divindade com sua forma definitiva e que o número dos diferentes tipos de organismos era constante desde a criação do mundo. Esse era o **pensamento criacionista** que predominava na época em função da grande influência da Igreja em todos os setores da sociedade, inclusive nas ciências. O criacionismo está especificado na Bíblia pelo Livro da Gênesis. Segundo essa interpretação, os seres vivos são imutáveis, ou seja, não mudam ao longo do tempo, o que ficou conhecido como **fixismo**.

Lineu agrupou todos os seres vivos em dois reinos: o Reino Animal e o Reino Vegetal. Além desses, considerava o Reino Mineral para os seres inanimados.

[...]

Nessa segunda fase da história da classificação, muitas propostas de classificação surgiram, mas o sistema de dois reinos de Lineu foi mantido por muito tempo. Nesse sistema, as plantas eram caracterizadas pela presença de parede celular, pela fotossíntese e por serem sésseis, possuindo estruturas de fixação ao substrato, geralmente filamentosas e reconhecidas como raízes ou semelhantes. Os animais eram caracterizados pelo fato de conseguirem se locomover em busca de abrigo, de alimento ou para fugir de predadores, por não fazerem fotossíntese e não possuírem parede celular.

Nessa época, bactérias eram consideradas plantas por possuírem parede celular, os fungos eram considerados plantas por possuírem parede celular e apresentarem estruturas semelhantes a raízes. "Algas" macroscópicas e microscópicas também estavam incluídas nas plantas. Os considerados unicelulares eucariontes heterótrofos com capacidade de se deslocar eram considerados animais e classificados como protozoários.

Sônia G. B. C. Lopes; Fanly F. C. Ho. Panorama histórico da classificação dos seres vivos e os grandes grupos dentro da proposta atual de classificação. Em: *Vida e meio ambiente*: diversidade biológica e filogenia. São Paulo: USP/Univesp/Edusp, 2014. p. 5-6. Disponível em: https://edisciplinas.usp.br/pluginfile.php/979161/mod_resource/content/1/Bio_Filogenia_top01.pdf. Acesso em: 8 mar. 2023.

Com o desenvolvimento e a aceitação da teoria da evolução biológica pelos cientistas, as semelhanças encontradas entre os seres deixaram de ser interpretadas como mera coincidência ou obra da criação e passaram a apontar para a possibilidade de parentesco. Dessa forma, os sistemas de classificação atuais procuram agrupar os organismos de acordo com seu grau de parentesco e estabelecer as linhas evolutivas de cada grupo.

Em discussão

1. O primeiro texto afirma que o estudo dos microrganismos gerou a necessidade de novas classificações. Você concorda? Justifique.

2. Na época de Lineu, as bactérias eram consideradas plantas.
   a) Cite argumentos usados para essa classificação e explique por que, atualmente, as bactérias não são mais consideradas plantas.
   b) Mais recentemente, o pesquisador Carl Woese evidenciou grande diferenciação entre organismos pertencentes ao grupo das bactérias, classificando-os em dois domínios (Bacteria e Archaea). Faça uma pesquisa na internet e identifique que tipo de informação e de equipamentos ele utilizou para propor essa classificação.

3. Que relação pode ser feita entre as descobertas científicas e a elaboração de novos sistemas de classificação?

ATIVIDADES INTEGRADAS

Retomar e compreender

1. Copie no caderno a pirâmide a seguir e complete-a com as principais categorias utilizadas para classificar os seres vivos. Elas devem estar na ordem correta de hierarquia.

2. Leia a tira e responda às questões.

   a) A quais grupos de seres vivos a tira se refere?
   b) Quais características típicas dos seres vivos são mencionadas na tira?

Aplicar

3. Identificar um organismo como animal ou planta é uma tarefa relativamente fácil na maior parte das vezes. Suponha que você receba a tarefa de estabelecer essa diferença entre dois organismos, mas esteja impedido de observá-los por inteiro, dispondo apenas de pequenas amostras de tecidos desses seres e de um microscópio.

   - Como saber qual das amostras corresponde a uma planta e qual corresponde a um animal?

4. As farmácias e os supermercados também têm seus "sistemas de classificação". Nos corredores desses tipos de loja, os produtos são organizados segundo determinados critérios.

   - Com um adulto, faça uma visita a um desses estabelecimentos. Percorra os corredores e observe os produtos das prateleiras. Em seguida, procure identificar os critérios usados na distribuição e organização dos produtos e os objetivos do emprego desse sistema de classificação.

▲ Nos supermercados, os produtos são agrupados de acordo com um sistema de classificação.

Analisar e verificar

5. Os vírus são seres formados por uma capa de proteína que encerra o material genético. Eles não apresentam qualquer tipo de membrana ou organela em sua estrutura, não têm metabolismo próprio e se reproduzem apenas quando invadem células vivas. Com base nessas afirmações, responda:

   a) Os vírus podem ser considerados seres vivos?
   b) Por que os vírus não aparecem no sistema de classificação de reinos de Whittaker?

Acompanhamento da aprendizagem

6. Leia a frase a seguir, atribuída ao fisiologista alemão Theodor Schwann (1810-1882), criador da teoria celular, junto com seu compatriota Matthias Schleiden (1804-1881), e faça o que se pede.

   "Derrubamos a grande barreira que separava os reinos vegetal e animal."

   a) Escreva, no caderno, um comentário sobre essa frase, explicando seu possível significado.

   b) Procure informações na internet sobre a invenção do microscópio e como esse equipamento acabou permitindo o desenvolvimento da teoria celular.

7. A maioria das algas vive em ambientes aquáticos próximos da superfície, e não em partes mais profundas, que ficam fora do alcance da luz solar. Veja a imagem a seguir e responda às questões.

   A alga da espécie *Macrocystis pyrifera* pode chegar a 45 m de comprimento.

   a) Por que as algas são mais abundantes próximo à superfície de ambientes aquáticos?

   b) Seres heterótrofos também são muito abundantes nas águas superficiais. Por que isso acontece?

8. Leia o trecho de reportagem a seguir. Depois, faça o que se pede.

   [...] o Instituto do Mar, da Universidade Federal de São Paulo (Unifesp), estava recrutando voluntários para participar de um projeto científico ligado ao oceano. [...]

   É [...] nessa abordagem integrada entre ciência e mobilização da sociedade que a Organização das Nações Unidas (ONU) está apostando para a Década da Ciência Oceânica para o Desenvolvimento Sustentável, lançada em abril [de 2021] e que vai de 2021 a 2030. E a demonstração prática do resultado positivo dessa fórmula está no estudo "Monitoramento Participativo – Uma Abordagem de Ciência Cidadã para Ambientes Costeiros" [...].

   [...]
   O grupo tem como objetivo desenvolver metodologias e ações para integrar a ciência oceânica e a sociedade promovendo capacitações e iniciativas voltadas à conservação marinha.
   [...]
   No protocolo foram incluídas ações como definir e medir a faixa das rochas (transectos) para monitoramento, assim como as zonas principais de distribuição de organismos. Esses organismos passaram por contagem dentro de cada uma das zonas. Entre as espécies monitoradas estavam mexilhões, ostras, cracas e algas.

   Os resultados do monitoramento realizado pelos cientistas cidadãos foram comparados com dados coletados por pesquisadores especialistas. Os testes de validação apontaram que o programa proposto se mostra confiável para a produção de dados científicos sobre a biodiversidade costeira feita de forma participativa.
   [...]

   Luciana Constantino. Integrar cidadão a projeto científico garante qualidade no monitoramento da biodiversidade costeira. *Agência Fapesp*, 2 set. 2021. Disponível em: https://agencia.fapesp.br/integrar-cidadao-a-projeto-cientifico-garante-qualidade-no-monitoramento-da-biodiversidade-costeira/36745/. Acesso em: 8 mar. 2023.

   a) Liste os seres vivos citados no texto. Em seguida, classifique-os nos reinos que você estudou nesta unidade.

   b) Discuta com os colegas: Qual é a importância de projetos como o descrito no texto? De que forma eles podem contribuir para o conhecimento das espécies de seres vivos?

Criar

9. Reveja as informações sobre as partes fundamentais de uma célula e as informações específicas sobre as células procarióticas e eucarióticas. Em seguida, faça o que se pede.

   a) Elabore, no caderno, dois esquemas: um que represente uma célula procariótica e outro que represente uma célula eucariótica.

   b) Identifique nos esquemas as estruturas da célula que você representar. Complemente-os com o que você aprendeu na construção do modelo de células e com a apresentação do modelo dos colegas.

CIDADANIA GLOBAL
UNIDADE 5

4 EDUCAÇÃO DE QUALIDADE

Retomando o tema

Nesta unidade, você compreendeu a importância dos museus de ciência como espaços que visam despertar o interesse pela ciência, promovendo a educação.

Agora, verifique o que aprendeu respondendo às questões a seguir.

1. O que são museus e qual é sua importância?
2. Em geral, qual é o perfil dos frequentadores dos museus no Brasil? Em sua opinião, quais seriam as causas do acesso desigual aos museus no Brasil?
3. Como o acesso da população aos museus pode ser incentivado e ampliado?
4. Por que é importante ter acesso a espaços não formais de educação, como os museus?
5. Como escolas e museus de ciência podem cooperar para criar, na comunidade, interesse e oportunidades de acesso a esses espaços não formais de educação?

Geração da mudança

- Façam um levantamento dos museus presentes no município ou na região onde vivem e elaborem um catálogo com as informações obtidas.
- Incluam no catálogo informações como os dias e os horários de funcionamento dos museus, se o ingresso é gratuito ou não (e, neste caso, quanto custa), os tipos de acervo dessas instituições (coleções preservadas no museu), se é necessário o agendamento de visitas, a possibilidade de visitas guiadas, entre outras.
- O catálogo pode ser afixado em um local de grande circulação na escola ou publicado nas redes sociais ou no *site* da escola, como forma de divulgar os museus e aproximar a comunidade escolar desses espaços.

Autoavaliação

INVERTEBRADOS

UNIDADE 6

PRIMEIRAS IDEIAS

1. Que características são típicas dos animais?
2. O que são animais invertebrados?
3. O que há em comum entre uma aranha, um mosquito, um escorpião, um siri e um camarão?
4. Você já viu uma estrela-do-mar ou um ouriço-do-mar? Onde?

Conhecimentos prévios

Nesta unidade, eu vou...

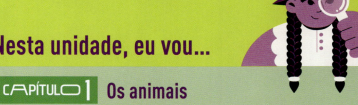

CAPÍTULO 1 — Os animais

- Identificar as principais características dos animais e compreender a diferença entre animais vertebrados e animais invertebrados.
- Caracterizar os grupos de animais de acordo com o tipo e a quantidade de células que eles apresentam e o tipo de nutrição que costumam ter.
- Identificar as características gerais de poríferos, cnidários, platelmintos e nematódeos.
- Formular hipóteses sobre a relação entre as características dos seres vivos e os ambientes que ocupam.
- Reconhecer o papel da ciência para a preservação dos ecossistemas marinhos.

CAPÍTULO 2 — Invertebrados mais complexos

- Identificar as características gerais de moluscos, anelídeos, artrópodes e equinodermos.
- Conhecer estratégias para a preservação dos ecossistemas marinhos.
- Realizar observações de campo, buscando identificar os grupos de invertebrados conhecidos.
- Compreender como a ciência explica o sumiço das abelhas e discutir a importância do compartilhamento de trabalhos no meio científico.

INVESTIGAR

- Pesquisar em fontes bibliográficas e por observações de campo o que são animais sinantrópicos, sua relação com o ser humano, entre outras informações.
- Identificar animais sinantrópicos existentes na região em que vivo.
- Produzir material educativo sobre os animais sinantrópicos.

CIDADANIA GLOBAL

- Reconhecer os recifes de coral como importantes ecossistemas marinhos.
- Identificar as ameaças aos recifes de coral.
- Identificar estratégias para a preservação dos recifes de coral e conscientizar a comunidade escolar por meio de um mural.

LEITURA DA IMAGEM

1. Descreva os seres vivos retratados na foto. Qual característica desses organismos mais chamou sua atenção? Por quê?

2. A que grupo de seres vivos os organismos retratados na foto pertencem? Com base em quais características você chegou a essa conclusão?

3. Busque imagens na internet que mostrem um recife de coral saudável. Compare a variedade de cores da imagem que você encontrou com a variedade de cores desta foto de abertura. Que diferenças e semelhanças entre elas você identificou? Comente.

CIDADANIA GLOBAL

14 VIDA NA ÁGUA

Os recifes de coral constituem importantes ecossistemas marinhos que abrigam grande diversidade de espécies, como peixes e invertebrados marinhos. Esses ecossistemas estão ameaçados por práticas não sustentáveis, como a pesca excessiva, e pelo aquecimento global – este último diretamente ligado ao processo de branqueamento dos corais, como mostra a foto de abertura. Tal processo, decorrente da elevação da temperatura das águas de mares e oceanos, indica a degradação da vida marinha dos recifes de coral.

- Quais estratégias podem ser adotadas para preservar os recifes de coral?

 Veja os **recifes de coral** e explique a importância ambiental dos corais.

Recifes de coral localizados na Polinésia Francesa. Foto de 2019. Os corais são animais marinhos que secretam um exoesqueleto de calcário e formam grandes colônias. Além dos corais, os recifes de coral abrigam várias espécies de seres vivos.

141

CAPÍTULO 1
OS ANIMAIS

PARA COMEÇAR
A diversidade de animais é muito grande, porém todos eles compartilham características comuns. Você conhece características que estão presentes em todos os animais?

O QUE É UM ANIMAL?

Todos os **animais** têm características em comum:

- Apresentam células eucarióticas.
- São pluricelulares. A maioria apresenta células agrupadas em tecidos, que desempenham funções próprias.
- São heterótrofos. O modo de obter alimento é bastante diverso: algumas espécies caçam, enquanto outras realizam a filtração de partículas da água, por exemplo.
- Apresentam movimento em ao menos uma fase da vida. As esponjas, por exemplo, só apresentam movimento na fase larval.

Os animais são encontrados em ambientes muito diversos. Podem viver em ambientes aquáticos (de água doce ou marinhos), tanto na superfície como em grandes profundidades. Também são encontrados em ambientes terrestres: florestas, savanas, campos ou desertos, entre outros. Há ainda espécies que podem ser encontradas no ar.

A grande diversidade dos animais pode ser explicada como resultado do processo evolutivo pelo qual as inúmeras espécies de animais extintas e viventes passaram.

▼ Os tuiuiús (*Jabiru mycteria*) são animais vertebrados pertencentes ao grupo das aves. Eles são considerados a ave símbolo do Pantanal e a maior ave voadora desse bioma.

altura: 1,60 m

ORIGEM E DIVERSIDADE

Estima-se que os primeiros animais tenham surgido há cerca de 650 milhões de anos, a partir de seres semelhantes a um protozoário. Esses organismos primitivos eram capazes de se agrupar, e acredita-se que, no decorrer de muitas gerações, suas células se tornaram especializadas em diferentes funções, originando os primeiros animais.

Simplificadamente, os animais podem ser divididos em dois grandes grupos: vertebrados e invertebrados. Esse agrupamento, no entanto, não é utilizado na classificação biológica, pois os animais denominados invertebrados não compartilham características exclusivas suficientes para serem considerados um grupo. Mesmo assim, esses termos são usados informalmente pelos biólogos, por tradição e praticidade.

- **Animais vertebrados** – apresentam **crânio**, estrutura geralmente óssea que protege o encéfalo, e vértebras alinhadas, formando a coluna vertebral. Essa estrutura contribui para a sustentação do corpo do animal. São tradicionalmente organizados em cinco grupos: peixes, anfíbios, répteis, aves e mamíferos.
- **Animais invertebrados** – não têm crânio nem vértebras. Compreendem a maior parte das espécies de animais do planeta e são classificados em mais de trinta grupos, dos quais oito são comumente estudados no Ensino Fundamental e no Ensino Médio: poríferos, cnidários, platelmintos, nematódeos, moluscos, anelídeos, artrópodes e equinodermos.

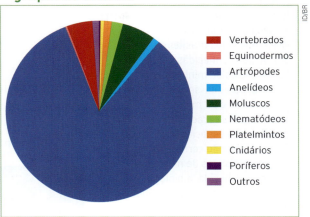

■ **Quantidade de espécies nos diferentes grupos de animais**

- Vertebrados
- Equinodermos
- Artrópodes
- Anelídeos
- Moluscos
- Nematódeos
- Platelmintos
- Cnidários
- Poríferos
- Outros

▲ O gráfico representa a quantidade de espécies conhecidas de cada grupo de animais. Note que a grande maioria corresponde aos invertebrados, especialmente ao grupo dos artrópodes. Acredita-se que o número de espécies existentes de invertebrados seja muito maior, já que apenas uma pequena parcela da diversidade biológica do planeta é conhecida.

Fonte de pesquisa: Arthur D. Chapman. *Numbers of living species in Australia and the world* (tradução nossa: Número de espécies existentes na Austrália e no mundo). 2. ed. Canberra: Australian Biological Resources Study, 2009. p. 8-9.

altura (cupinzeiro): 1,50 m

◀ O fenômeno da bioluminescência nos cupinzeiros é causado pela larva do vaga-lume (*Pyrearinus termitilluminans*), que deposita seus ovos na base dos cupinzeiros abandonados pelos cupins. Parque Nacional das Emas (GO). Foto de 2021.

ORGANIZANDO A DIVERSIDADE

A bióloga brasileira Marie Bartz é especialista em encontrar e classificar minhocas que vivem nos solos brasileiros. No Brasil, são conhecidas cerca de 300 espécies de minhocas; no entanto, acredita-se que possam existir cerca de 2 mil no país. Marie analisa características diversas das espécies que coleta. Quando elas não correspondem às características de nenhuma espécie conhecida, a bióloga passa a considerar a possibilidade de uma nova espécie ter sido descoberta, e novas pesquisas começam a ser feitas.

O estudo das minhocas está relacionado ao desenvolvimento da agricultura sustentável, pois esses animais são essenciais para o manejo adequado do solo. Por isso, é importante conhecer a diversidade deles.

DIVERSIDADE DE INVERTEBRADOS

Os invertebrados correspondem a mais de 95% das espécies conhecidas de animais. Eles apresentam grande diversidade, com representantes de forma e tamanho variados, e são encontrados em praticamente todos os ambientes do planeta.

Para classificar essa diversidade, muitos critérios são utilizados, principalmente o tipo de organização corporal. Assim, os grupos são formados, em geral, por organismos mais assemelhados, que compartilham características exclusivas do grupo. É importante considerar que a semelhança pode refletir o grau de parentesco e a existência de um ancestral comum entre os seres.

▲ O caranguejo-aranha-gigante (*Macrocheira kaempferi*), um dos maiores invertebrados do planeta, pode ter mais de 3 metros de envergadura.

SIMETRIA

A **simetria corporal** é determinada quando o corpo de um ser vivo é dividido por um plano imaginário que passa por seu eixo central, resultando em duas partes iguais. Se o corpo é dividido por um único plano, a simetria é **bilateral**; se ele puder ser dividido em vários planos, a simetria é **radial**.

Várias características do animal, como a locomoção, estão relacionadas a seu tipo de simetria. Em geral, organismos que se locomovem livremente apresentam simetria bilateral, enquanto animais sésseis, ou seja, que vivem fixos a um local, apresentam simetria radial.

Portanto, o tipo de simetria é um dos critérios utilizados na classificação dos animais.

(A) A anêmona-do-mar apresenta simetria radial. Note que há mais de um plano de corte produzindo duas partes iguais. **(B)** A lagosta é bilateralmente simétrica, ou seja, apenas um plano de corte a divide em duas partes iguais. (Representações sem proporção de tamanho e em cores-fantasia.)

Fonte de pesquisa: Jane B. Reece e outros. *Biologia de Campbell*. 12. ed. Porto Alegre: Artmed, 2022. p. 673.

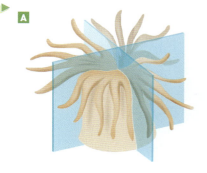
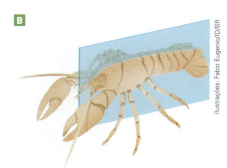

PORÍFEROS

Popularmente conhecidos como esponjas, os **poríferos** são encontrados apenas em ambientes aquáticos, especialmente em águas salgadas. São conhecidas cerca de 8 mil espécies desse grupo.

Acompanhe **o caminho da água na esponja** e descreva a técnica utilizada no experimento.

comprimento: 20 cm

◀ Esponjas da espécie *Callyspongia plicifera* no litoral de Bonaire, na América Central.

O nome do grupo se refere à presença de inúmeros poros na parede corporal desses animais. O formato do corpo varia bastante; os mais simples assemelham-se a um vaso. Não há órgãos ou tecidos verdadeiros.

Os adultos não se locomovem e, geralmente, vivem fixos a um local, como rochas ou recifes de coral.

Veja a seguir a estrutura de uma esponja.

▼ Representação da organização corporal de um porífero em corte. As setas amarelas indicam a direção do fluxo de água. (Representação sem proporção de tamanho e em cores-fantasia.)

Fonte de pesquisa: Edward E. Ruppert; Robert D. Barnes. *Zoologia dos invertebrados*. 7. ed. São Paulo: Rocca, 2005. p. 75.

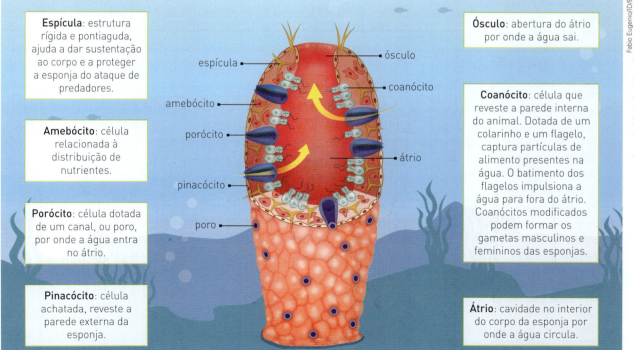

Espícula: estrutura rígida e pontiaguda, ajuda a dar sustentação ao corpo e a proteger a esponja do ataque de predadores.

Amebócito: célula relacionada à distribuição de nutrientes.

Porócito: célula dotada de um canal, ou poro, por onde a água entra no átrio.

Pinacócito: célula achatada, reveste a parede externa da esponja.

Ósculo: abertura do átrio por onde a água sai.

Coanócito: célula que reveste a parede interna do animal. Dotada de um colarinho e um flagelo, captura partículas de alimento presentes na água. O batimento dos flagelos impulsiona a água para fora do átrio. Coanócitos modificados podem formar os gametas masculinos e femininos das esponjas.

Átrio: cavidade no interior do corpo da esponja por onde a água circula.

145

CNIDÁRIOS

Os cnidários são animais aquáticos com estrutura corporal bastante simples, porém com agrupamentos de células semelhantes entre si, organizadas em tecidos verdadeiros. O nome do grupo se refere à presença de **cnidócitos**, células que liberam toxinas com funções de defesa e captura de alimentos.

São conhecidas cerca de 10 mil espécies de cnidários, que apresentam duas formas básicas: medusas e pólipos.

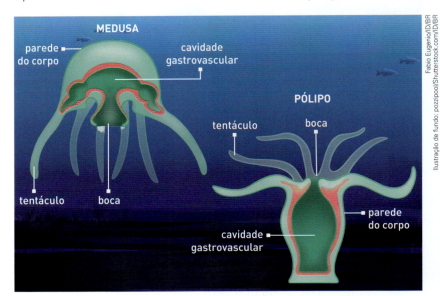

▲ Esquema do plano corporal e das principais estruturas de uma medusa e de um pólipo. As águas-vivas são exemplos de formas medusoides; as anêmonas-do-mar, os corais e as hidras são exemplos de formas polipoides. (Representação sem proporção de tamanho e em cores-fantasia.)

Os **pólipos** geralmente vivem fixos a um lugar, ao passo que as **medusas** podem se locomover livremente. Muitos cnidários têm alternância entre as duas formas corporais durante seu ciclo de vida, mas algumas espécies apresentam exclusivamente uma dessas formas.

O corpo dos cnidários apresenta uma parede corporal delimitando a cavidade gastrovascular, que se abre em uma boca. Os tentáculos, geralmente localizados ao redor da boca, são prolongamentos da parede corporal. Não há um esqueleto sustentando o corpo.

Células nervosas coordenam o movimento dos tentáculos, que capturam as presas. Os cnidócitos, abundantes nos tentáculos, liberam toxinas que podem paralisar e até matar a presa. Uma vez dentro do corpo, o alimento é digerido parcialmente na cavidade gastrovascular. A digestão é finalizada no interior de células especiais, e os resíduos do processo digestório são eliminados pela boca.

As trocas gasosas dos cnidários são feitas diretamente pelas células corporais.

CIDADANIA GLOBAL

O BRANQUEAMENTO DE CORAIS

O fenômeno do branqueamento de corais é uma resposta natural de defesa desses organismos a situações de estresse térmico.

Quando a temperatura ambiente fica elevada por muito tempo, as zooxantelas – microalgas fotossintetizantes que vivem associadas aos corais e são responsáveis por dar cor e fornecer alimentos a esses animais –, começam a produzir substâncias tóxicas prejudiciais a eles. Nessa situação, os corais expulsam as zooxantelas; assim, além de perderem a cor, ficam sem alimento.

Dependendo da intensidade e do tempo de duração do fenômeno do branqueamento, os corais podem se recuperar, ou morrer.

1. Segundo o texto, qual é a principal causa do branqueamento de corais e quais são suas consequências para o ecossistema marinho?

2. O aquecimento global é um fenômeno causado pela emissão de gases, como gás carbônico e gás metano, que provocam aumento da temperatura dos oceanos e da atmosfera da Terra. Como o aquecimento global contribui para o fenômeno do branqueamento dos corais?

PLATELMINTOS

Os **platelmintos** têm corpo maciço e achatado. Seu tamanho varia de 1 milímetro a vários metros de comprimento, dependendo da espécie. Como outros invertebrados alongados e de corpo mole, são popularmente conhecidos como vermes.

São animais com simetria bilateral, e seu sistema nervoso é pouco desenvolvido. Em geral, apresentam tubo digestório incompleto, sem ânus. Algumas espécies são parasitas e não têm sistema digestório, absorvendo nutrientes diretamente do hospedeiro.

As trocas gasosas ocorrem diretamente entre as células e o meio externo.

Os platelmintos não têm esqueleto. A sustentação é feita pelos músculos da parede do corpo e pelos líquidos internos. A locomoção em geral é feita por rastejamento.

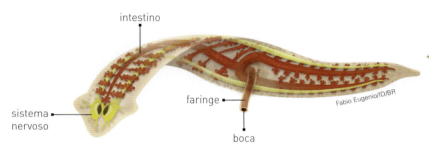

◄ Representação da anatomia de uma planária de água doce, um platelminto de vida livre. A faringe geralmente é uma região extensível do tubo digestório. (Representação sem proporção de tamanho e em cores-fantasia.)

Há cerca de 20 mil espécies conhecidas de platelmintos, a maioria de vida livre, habitando ambientes aquáticos ou ambientes terrestres úmidos. Alguns platelmintos são parasitas e vivem no corpo de animais hospedeiros.

A tênia e o esquistossomo são platelmintos parasitas de humanos. Para se prevenir contra as doenças causadas por esses animais, é fundamental adotar medidas de saneamento básico e hábitos adequados de higiene e preparo dos alimentos.

▲ **(A)** As planárias do gênero *Bipalium* sp. são terrestres. **(B)** Casal da espécie *Schistosoma mansoni*, platelminto que parasita o ser humano. Foto ao microscópio eletrônico (imagem colorizada, aumento de cerca de 63 vezes).

147

NEMATÓDEOS

Assim como os platelmintos, os **nematódeos** são popularmente conhecidos como vermes. Eles têm o corpo alongado e cilíndrico, com uma cavidade interna cheia de líquido. Atualmente, são conhecidas cerca de 25 mil espécies de nematódeos.

As espécies podem ser de vida livre e viver em ambientes aquáticos ou em ambientes terrestres úmidos. Algumas espécies são parasitas de outros animais ou de plantas. A lombriga (*Ascaris lumbricoides*), causadora da ascaridíase, e o *Ancylostoma duodenale*, causador da ancilostomose, são exemplos de nematódeos parasitas do ser humano.

▲ (A) A lombriga pode atingir mais de 30 cm de comprimento. (B) Parte anterior do corpo do *Ancylostoma*. As estruturas pontiagudas na boca permitem a fixação desse animal no intestino humano. Foto ao microscópio eletrônico (imagem colorizada, aumento de cerca de 200 vezes).

Os nematódeos têm simetria bilateral. Na região anterior do corpo, apresentam um anel nervoso, que desempenha funções semelhantes a um cérebro pouco desenvolvido, e os principais órgãos sensoriais. O tubo digestório é completo, com duas aberturas: boca e ânus. Os gases respiratórios atravessam diretamente a parede corporal. O corpo é recoberto por um tecido flexível e resistente chamado **cutícula**. A parede do corpo apresenta músculos que permitem os movimentos e a locomoção. A sustentação é feita em conjunto pela cutícula, pelos músculos e pela cavidade corporal.

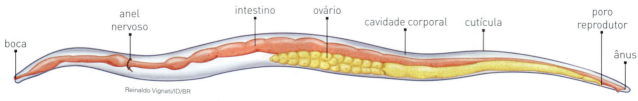

▲ Anatomia interna de uma lombriga fêmea (*Ascaris lumbricoides*). (Representação sem proporção de tamanho e em cores-fantasia.)

ATIVIDADES

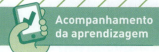
Acompanhamento da aprendizagem

Retomar e compreender

1. Caracterize o grupo dos animais de acordo com:
   - o tipo de célula;
   - a quantidade de células;
   - o tipo de nutrição.

2. Na tabela a seguir, estão listadas características de alguns grupos de animais. Assinale as características observadas em cada grupo.

	Poríferos	Cnidários	Platelmintos	Nematódeos
Apresentam tecidos verdadeiros.				
Apresentam anel nervoso, que atua como um cérebro pouco desenvolvido.				
Algumas espécies são parasitas.				
Têm boca e ânus.				
Têm tubo digestório incompleto.				
Têm simetria bilateral.				
Realizam trocas gasosas pela superfície corporal.				
Vivem em ambientes terrestres úmidos.				
Vivem em ambientes aquáticos.				

3. Observe, a seguir, as fotos de dois organismos e, depois, responda à questão.

Pseudobiceros fulgor.

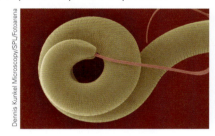
Trichuris sp. Foto ao microscópio eletrônico (imagem colorizada, aumento de cerca de 20 vezes).

- Qual desses organismos corresponde a um platelminto? E qual corresponde a um nematódeo? Justifique sua resposta com base na forma do corpo desses animais.

4. Leia o texto a seguir e responda às questões.

   A teníase é uma parasitose causada pelos platelmintos das espécies *Taenia saginata* e *Taenia solium*, conhecidos como tênia ou solitária, que se hospedam no intestino humano. A doença é contraída pela ingestão de carne bovina ou suína ou de seus derivados que contêm larvas desse parasita. A Organização Mundial da Saúde (OMS) estima que a teníase afeta pelo menos 2,5 milhões de pessoas no mundo. A falta de acesso ao saneamento básico e hábitos de higiene precários favorecem a ocorrência dessa parasitose.

   a) Como a falta de acesso ao saneamento básico pode favorecer a ocorrência da teníase?
   b) Sabe-se que as larvas de tênia não sobrevivem em altas temperaturas. Com base nessa informação, comente a importância de se consumir apenas carne bem cozida.

Aplicar

5. Considerando as características dos animais estudados neste capítulo, formule hipóteses para explicar:
   a) por que as esponjas são exclusivamente aquáticas.
   b) por que platelmintos e nematódeos, quando terrestres, são restritos a ambientes úmidos.

149

CONTEXTO

CIÊNCIA, TECNOLOGIA E SOCIEDADE

Invertebrados e antibióticos

Os invertebrados correspondem ao maior grupo de animais conhecidos. Eles apresentam diferentes formas e tamanhos e podem ser encontrados por todo o planeta. Leia, a seguir, um texto sobre pesquisa com esponjas marinhas.

Esponja marinha é eficaz contra microrganismos que causam doenças infecciosas

[...]

A resistência a antibióticos é uma ameaça à saúde global, com estimativa de 10 milhões de mortes anuais em 2050, causadas por bactérias para as quais os medicamentos são inócuos. [...] uma equipe de pesquisadores liderada pela Universidade de São Paulo (USP) em São Carlos identificou compostos em uma esponja marinha encontrada em Fernando de Noronha que podem ajudar no desenvolvimento de fármacos mais eficazes. [...]

O estudo [...] foi parte da tese de doutorado de Vitor Freire, no Instituto de Química de São Carlos (IQSC-USP). "Essa esponja marinha já havia sido estudada anteriormente por grupos fora do Brasil, principalmente na década de 1990", relata Freire. "Usamos técnicas de última geração para analisar substâncias de seu metabolismo secundário, procurar novas moléculas e testar sua atividade biológica. Fomos capazes de descrever uma série de novos compostos. O principal potencial detectado foi contra bactérias resistentes a medicamentos", detalha.

A esponja marinha analisada no estudo é a *Agelas dispar*, uma espécie nativa do Caribe e que está presente em parte da costa brasileira. [...]

As substâncias com maior potencial terapêutico identificadas no estudo foram três tipos diferentes de ageliferina, nomeados em homenagem à esponja marinha do gênero *Agelas*. "Outro fator importante é a capacidade das esponjas de armazenar microrganismos simbiontes, que também as ajudam a se defender. Quando analisamos compostos encontrados em esponjas, nem sempre sabemos o que foi produzido por elas e o que vem dos simbiontes", complementa Roberto Berlinck, professor do IQSC-USP e principal pesquisador do estudo. [...]

[...]

Esponja marinha é eficaz contra microrganismos que causam doenças infecciosas. *Correio Braziliense*, 14 jul. 2022. Disponível em: https://www.correiobraziliense.com.br/ciencia-e-saude/2022/07/5022020-esponja-marinha-e-eficaz-contra-microorganismos-que-causam-doencas-infecciosas.html. Acesso em: 3 mar. 2023.

inócuo: que não produz o efeito esperado.

fármaco: principal substância na formulação de um medicamento.

simbionte: organismo que vive junto com outro, em uma relação que é vantajosa para os dois.

Para compreender

1. Segundo o texto, como os cientistas conduziram a pesquisa e qual foi o principal potencial terapêutico detectado por meio dela?

2. Quais características dos poríferos os tornam alvo de predadores ou de bactérias patogênicas?

3. Dados da Organização das Nações Unidas (ONU), relativos a 2019, mostram que a cada ano 700 mil pessoas morrem em decorrência de infecções causadas por bactérias cada vez mais resistentes a remédios. A estimativa é que, até 2050, esse tipo de problema possa resultar na morte de até 10 milhões de pessoas no mundo todo.

   - Diante desse cenário, qual é a importância de estudos e de investimentos voltados à descoberta de novos antibióticos?

CAPÍTULO 2
INVERTEBRADOS MAIS COMPLEXOS

PARA COMEÇAR
Moluscos, anelídeos e artrópodes são invertebrados com organização corporal mais complexa. Quais características são típicas desses grupos?

MOLUSCOS

Os **moluscos** são animais de corpo mole, geralmente coberto por uma concha rica em calcário. A concha é produzida por uma camada de células, chamada **manto**, que envolve o corpo desses animais. Em algumas espécies, a concha pode ser interna ou mesmo estar ausente.

O grupo dos moluscos é formado por mais de 90 mil espécies, encontradas principalmente em ambientes marinhos, mas também em ambientes terrestres e de água doce. Os biólogos reconhecem a existência de sete subgrupos, dos quais serão aqui apresentados os três mais conhecidos.

GASTRÓPODES

A maioria dos **gastrópodes**, maior subgrupo entre os moluscos, é coberta por uma concha externa e espiralada, como os caracóis e os caramujos. Algumas espécies aquáticas e terrestres não têm concha e são popularmente denominadas lesmas. A cabeça é bem desenvolvida e a boca apresenta uma estrutura para raspar o alimento, denominada rádula. A locomoção é feita por rastejamento.

▼ O polvo-gigante-do-Pacífico (*Enteroctopus dofleini*) é considerado o maior polvo do mundo e pode chegar a 71 kg. É encontrado na costa do Pacífico Norte.

comprimento: 3 m

151

Anatomia interna

Apesar da variedade de formas, há um padrão na organização corporal dos gastrópodes, com três regiões: cabeça, massa visceral e pé. Vamos usar um caracol como exemplo.

O tubo digestório dos gastrópodes é completo, com boca e ânus, e seus hábitos alimentares são muito variados: algumas espécies são filtradoras, outras são herbívoras e há também predadoras eficientes. O sistema nervoso é formado por um anel nervoso, que desempenha as funções do cérebro, dos nervos e dos órgãos sensoriais e pode ser muito desenvolvido em algumas espécies, especialmente nas predadoras. O sistema circulatório é formado por coração e vasos sanguíneos, e o sistema respiratório pode ser branquial nas espécies aquáticas e pulmonar nas espécies que vivem em ambientes terrestres.

> **PARA EXPLORAR**
>
> *As conchas das nossas praias*, de José Willibaldo Thomé e outros. Pelotas: Redes, 2010.
> Além de apresentar mais de cem ilustrações, em cores, de conchas de moluscos brasileiros e fotos que facilitam a identificação das espécies, o livro traz desenhos anatômicos esquemáticos de moluscos, um glossário e uma extensa bibliografia para aqueles que desejam aprofundar seus conhecimentos sobre esse grupo de animais.

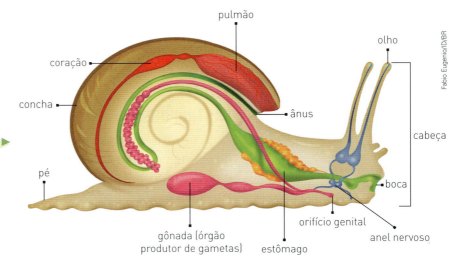

▶ Esquema da estrutura corporal de um caracol. A massa visceral é formada pelo conjunto dos órgãos internos. (Representação sem proporção de tamanho e em cores-fantasia.)

▲ Mexilhões do gênero *Mytilus* sp. são bivalves que vivem fixos nas rochas em zonas de arrebentação das ondas do mar.

▲ O Nautilus (*Nautilus macromphalus*) é uma espécie de cefalópode marinho que vive associado aos recifes de coral.

BIVALVES

Os **bivalves** são moluscos aquáticos. Suas conchas são formadas por duas partes, articuladas entre si. Em geral, vivem fixos em um lugar, onde filtram a água para se alimentar. Alguns conseguem se locomover expulsando a água do corpo, de forma que o jato de água os impulsione. As ostras, os mexilhões e os mariscos pertencem a esse subgrupo.

CEFALÓPODES

Os **cefalópodes** constituem um subgrupo exclusivamente marinho, do qual fazem parte os polvos, as lulas, as sépias e os náutilos. Dotados de cérebro bem desenvolvido, esses animais são predadores e excelentes nadadores. Podem não ter concha ou apresentar concha reduzida e interna. O pé dos cefalópodes é modificado em tentáculos ou em braços. Muitas espécies são conhecidas pela capacidade de mudar de cor, confundindo-se com o substrato.

ANELÍDEOS

Os **anelídeos** são um grupo de animais que podem ser encontrados em ambientes aquáticos (marinhos e de água doce) e terrestres. O corpo desses animais é dividido em anéis, característica que dá nome ao grupo. O corpo da maioria das espécies é alongado e cilíndrico e coberto por **cerdas** – estruturas pontiagudas que auxiliam na locomoção e na defesa desses animais.

Existem cerca de 17 mil espécies de anelídeos conhecidas, a maioria de vida livre. Minhocas, poliquetos e sanguessugas são exemplos de anelídeos.

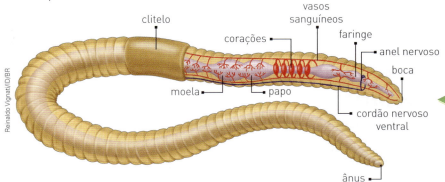

◀ Esquema da estrutura corporal de uma minhoca. O tubo digestório é composto de um papo, uma moela e uma região musculosa, que ajudam a triturar o alimento ingerido. (Representação sem proporção de tamanho e em cores-fantasia.)

Em geral, os anelídeos são filtradores ou comedores de detritos. A minhoca, por exemplo, se alimenta do material orgânico presente na terra que ela ingere enquanto cava galerias no solo.

Entre o tubo digestório e a parede corporal dos anelídeos há uma cavidade cheia de líquido. Quando a musculatura se contrai, o líquido é pressionado, deixando o corpo do animal túrgido, como um balão cheio de ar. Essa turgidez e o apoio oferecido pelas cerdas favorecem sua locomoção.

O sistema circulatório dos anelídeos é fechado, ou seja, o líquido corporal é bombeado pelo coração diretamente para os vasos sanguíneos e, depois, retorna ao coração. As trocas gasosas ocorrem pelas brânquias, nas espécies aquáticas, ou diretamente pela superfície corporal, nas espécies terrestres.

▲ *Alitta virens*, um poliqueto marinho. Os poliquetos são um grupo de anelídeos aquáticos que têm muitas cerdas na lateral do corpo. A maioria das espécies rasteja no fundo arenoso ou enterra-se na areia.

▲ Sanguessuga (*Hirudo medicinalis*). As sanguessugas são parasitas que se alimentam do sangue de animais vertebrados. Ainda hoje, elas são usadas com finalidade terapêutica.

ARTRÓPODES

Os **artrópodes** formam o grupo mais diversificado de animais, com mais de 1 milhão de espécies conhecidas.

Artrópode significa "pé articulado". São características desse grupo a presença de:

- **esqueleto externo** formado por quitina, um material impermeável e resistente que protege o corpo e fornece sustentação para a musculatura do animal;
- **pernas articuladas**, que atuam como alavancas, tornando a locomoção muito eficiente.

Os artrópodes têm tubo digestório completo, simetria bilateral e sistemas nervoso e sensorial bem desenvolvidos. O sistema circulatório é aberto, e a respiração pode variar de traqueal a branquial, dependendo do ambiente em que vivem.

CRUSTÁCEOS

Os **crustáceos** apresentam exoesqueleto rígido, impregnado por cálcio, e corpo geralmente dividido em duas regiões: o **cefalotórax** – união entre a cabeça e o tórax – e o **abdome**. Esses animais têm dois pares de antenas e um número variável de pernas.

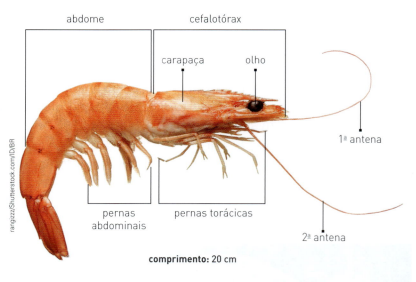

Camarão (*Penaeus monodon*). As pernas desse animal se distribuem na região cefalotorácica e na região abdominal. Algumas espécies apresentam apenas apêndices torácicos, que podem ser modificados, como as pinças das lagostas.

comprimento: 20 cm

Camarões, pitus, lagostas e siris são exemplos de crustáceos aquáticos. Os tatuzinhos-de-jardim e alguns caranguejos são exemplos de crustáceos terrestres. Todos respiram por brânquias.

Os crustáceos têm hábitos alimentares variados: há espécies predadoras, espécies que se alimentam de detritos e espécies que se fixam em rochas, animais ou embarcações e filtram o alimento da água. Já os microcrustáceos vivem suspensos na água dos mares e dos oceanos e podem se alimentar de algas, de microrganismos e de partículas em suspensão.

comprimento: 18 mm

▲ O tatu-bolinha ou tatuzinho-de-jardim (*Armadillidium vulgare*) é um crustáceo terrestre.

INSETOS

São conhecidas cerca de 1 milhão de espécies de **insetos**, a maioria vivendo em ambientes terrestres. O corpo dos insetos é tipicamente dividido em três partes: cabeça, tórax e características como asas, exoesqueleto quitinoso e impermeável, pernas articuladas e respiração traqueal representam eficientes adaptações para a vida terrestre.

Os insetos exploram vários recursos alimentares, como madeira (cupins e besouros), folhas (formigas e grilos), detritos (besouros), líquidos corporais de animais (mosquitos, pulgas e piolhos) e de plantas (pulgões) e néctar e pólen (abelhas e borboletas). Também há insetos carnívoros (joaninhas e louva-a-deus, por exemplo).

Durante seu desenvolvimento, algumas espécies de insetos passam por um ciclo de transformações corporais, a **metamorfose**. Assim, ocorrem três tipos de desenvolvimento nos insetos:

- **metamorfose completa** – do ovo eclode uma larva semelhante a um verme segmentado. Após um período de crescimento, a larva tece um casulo, torna-se pupa e sofre uma profunda transformação, que resulta no indivíduo com a forma adulta. Borboletas, formigas, abelhas e moscas, por exemplo, passam por esse tipo de desenvolvimento indireto.
- **metamorfose incompleta** – tipo de desenvolvimento indireto observado em baratas, libélulas e gafanhotos, por exemplo. Os indivíduos jovens, denominados **ninfas**, eclodem dos ovos. São semelhantes aos adultos, porém desprovidos de asas e imaturos para a reprodução. Após um período de crescimento, as ninfas adquirem a forma adulta.
- **desenvolvimento direto** – ocorre nas traças. Não há estágio larval nem metamorfose. Do ovo, eclode um animal jovem, com formato corporal semelhante ao do adulto.

▲ Abelha-europeia (*Apis mellifera*). Um inseto típico tem cabeça com olhos, aparelho bucal e um par de antenas. O tórax apresenta três pares de pernas e dois pares de asas. Alguns insetos, como as pulgas, não têm asas. Outros têm apenas um par de asas, como as moscas.

PARA EXPLORAR

Planeta Inseto

No *site* da exposição Planeta Inseto, coordenada pelo Instituto Biológico do Estado de São Paulo, é possível aprender mais sobre esses animais e sua importância na saúde pública, na natureza e na produção de alimentos.
Disponível em: https://planetainseto.com.br/.
Acesso em: 6 mar. 2023.

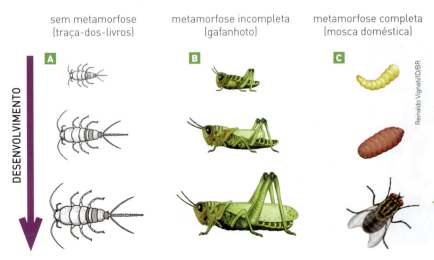

◄ Representação dos tipos de desenvolvimento dos insetos. (Representação sem proporção de tamanho e em cores-fantasia.)

ARACNÍDEOS

Aranhas, escorpiões, ácaros e carrapatos são os **aracnídeos** mais conhecidos. O corpo desses animais é dividido em cefalotórax – ao qual se prendem quatro pares de pernas – e abdome. Além disso, eles não têm antenas nem asas.

▲ A aranha-de-teia-dourada (*Nephila clavipes*), comum nas cidades brasileiras, constrói suas teias com fios de seda produzidos no abdome.

▲ Escorpiões do gênero *Tityus* sp., como o da foto, são responsáveis por muitos acidentes com aracnídeos no Brasil.

Veja **aracnídeos perigosos no Brasil** e descreva três formas de prevenção a acidentes causados por aracnídeos.

Muitas espécies de aranhas constroem teias, que podem ser usadas para capturar presas ou envolver os ovos, por exemplo. As aranhas em geral são **peçonhentas**, ou seja, produzem veneno e são capazes de injetá-lo nas vítimas, mas poucas espécies, como a aranha-marrom, a viúva-negra e a aranha-armadeira, representam risco para o ser humano.

Os escorpiões têm o abdome segmentado com um aguilhão na extremidade, que é usado para injetar veneno nas presas que eles caçam ativamente, em geral pequenos artrópodes.

Os ácaros e os carrapatos têm o abdome fundido ao cefalotórax. Embora alguns ácaros sejam inofensivos, muitas espécies são parasitas, como é o caso do carrapato-estrela, transmissor da febre maculosa. Ácaros microscópicos que vivem em meio à poeira das casas podem causar alergias respiratórias.

MIRIÁPODES

Os **miriápodes** são artrópodes com o corpo dividido em cabeça e tronco. Na cabeça, há um par de antenas e, em geral, olhos simples. As lacraias têm o corpo achatado e um par de pernas por segmento do tronco. Os gongolos ou piolhos-de-cobra têm o corpo cilíndrico e dois pares de pernas por segmento do tronco.

◀ Lacraias, como a da espécie *Scolopendra polymorpha*, são predadoras velozes que caçam ativamente larvas e pequenos artrópodes.

PRÁTICAS DE CIÊNCIAS

Expedição científica na escola

Para fazer descobertas científicas, não precisamos viajar a lugares distantes nem utilizar equipamentos caros. Nesta atividade, você vai fazer uma **expedição** pela escola, explorando seus diversos locais para descobrir os animais que nela vivem.

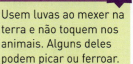

Veja **dois artrópodes** e indique três diferenças entre os dois animais que podem ser identificadas na animação.

Material

- caneta ou lápis, papel, prancheta
- luvas de borracha
- recipientes sem tampa para colocar os animais em observação temporária
- varetas de madeira para mexer na vegetação ou na terra
- opcional: materiais para análise (régua, lupa, pinça) e registro (máquina fotográfica – pode ser a do *smartphone*)

Como fazer

1. Forme um grupo com dois ou três colegas. Sua equipe, se quiser, pode escolher um nome para se diferenciar das demais. Sob a orientação do professor, você e os colegas de grupo vão escolher a área que vão explorar.

2. Munidos de material de anotação e de qualquer equipamento extra que desejem, vocês deverão explorar sua área de estudo, registrando por escrito os itens indicados a seguir. Depois, em sala de aula, vocês vão anotar os resultados na lousa.
   - Ambiente: descrevam as características da área de estudo.
   - Lista de animais: examinem a vegetação, o piso, as paredes, os cantos e as frestas e anotem os nomes dos animais que observarem, bem como o local onde eles estão. Descrevam também os hábitos do animal: ele é solitário ou vive em grupo? Como ele se locomove? Interage com outros seres vivos? Há diferentes variedades do mesmo tipo de animal – por exemplo, formigas pretas e formigas vermelhas? Há tocas, ninhos ou excrementos de animais no ambiente analisado?

ATENÇÃO!
Usem luvas ao mexer na terra e não toquem nos animais. Alguns deles podem picar ou ferroar.

Para concluir

1. Quantas espécies você e os colegas observaram, no total? Classifiquem essas espécies em vertebrados e invertebrados. Qual dos dois grupos apresentou mais espécies?
2. Quais artrópodes você e os colegas de grupo encontraram? Em que quantidade e em quais locais?
3. Vocês imaginavam que existissem esses animais ao seu redor? Comentem.
4. Alguma espécie foi encontrada em todos os locais?
5. Se vocês quisessem criar áreas para proteger toda a fauna da escola e ao mesmo tempo permitir a realização de atividades nessas áreas, como procederiam?

EQUINODERMOS

O termo **equinodermo** significa espinhos na pele, uma das principais características dos animais desse grupo, composto de cerca de 7 mil espécies de animais marinhos. As estrelas-do-mar, as bolachas-da-praia e os ouriços-do-mar são seus representantes mais conhecidos.

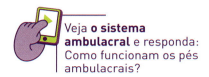

O esquema representa a organização corporal de um ouriço-do-mar. (Representação sem proporção de tamanho e em cores-fantasia.)

São características dos equinodermos: simetria radial nos adultos, na maioria das espécies; esqueleto interno calcário; sistema nervoso formado por um anel de nervos em torno da boca, de onde partem nervos para as várias regiões do corpo do animal, e sistema de tubos cheios de líquido (**sistema ambulacral** ou **hidrovascular**). Os canais do sistema ambulacral terminam em pés que se apoiam no substrato. O líquido no interior dos canais pode ser bombeado para os pés, que se movimentam, permitindo o deslocamento do animal.

O hábito alimentar dos equinodermos é variado: as estrelas-do-mar, por exemplo, são predadoras de ostras e mexilhões, ao passo que os ouriços são herbívoros. Em geral, a boca desses animais situa-se na superfície que está em contato com o substrato, e o ânus situa-se na superfície corporal oposta.

O desenvolvimento embrionário dos equinodermos apresenta semelhanças com o desenvolvimento dos animais vertebrados, o que sugere que o grau de parentesco entre esses dois grupos pode ser maior do que o observado entre os outros invertebrados e os vertebrados.

Veja **o sistema ambulacral** e responda: Como funcionam os pés ambulacrais?

CIDADANIA GLOBAL

UM NOVO MAPA PARA A CONSERVAÇÃO MARINHA NO BRASIL

[...] [Os] pesquisadores identificam 286 mil quilômetros quadrados (km^2) de áreas prioritárias para conservação dentro da Zona Econômica Exclusiva (ZEE) do mar brasileiro.

[...]

As áreas classificadas como prioritárias incluem desde ecossistemas já bastante impactados por atividades humanas [...] até ambientes relativamente intactos, mas que ainda carecem de proteção integral para garantir sua preservação a longo prazo.

As principais ameaças mapeadas pelo estudo foram pesca industrial, mudanças climáticas, desenvolvimento costeiro, poluição de origem portuária, navegação comercial, poluição de origem continental, espécies invasoras, mineração oceânica e exploração de gás e petróleo. [...]

[...]

O Brasil recentemente aumentou sua cobertura de áreas protegidas marinhas na ZEE de 1,5% para 25%, graças à criação de duas Áreas de Proteção Ambiental (APAs) gigantescas em alto-mar, no entorno dos arquipélagos de São Pedro e São Paulo, e Trindade e Martin Vaz. [...] Considerando-se apenas as áreas de proteção integral [...], fechadas à pesca e [a] outras atividades impactantes, a cobertura ainda é de apenas 2,5%.

[...]

Herton Escobar. Um novo mapa para a conservação marinha no Brasil. *Jornal da USP*, 6 nov. 2020. Disponível em: https://jornal.usp.br/ciencias/um-novo-mapa-para-a-conservacao-marinha-no-brasil/. Acesso em: 6 mar. 2023.

1. Segundo o texto, quais são as principais ameaças à biodiversidade marinha?
2. Busque, em *sites* de órgãos do governo, o que são as Áreas de Proteção Ambiental (Apas) e as Unidades de Proteção Integral.

ATIVIDADES

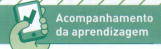 Acompanhamento da aprendizagem

Retomar e compreender

1. Um estudante descreveu um animal com as seguintes palavras: "Esse animal tem o corpo mole e alongado e move-se rastejando lentamente. Notei dois prolongamentos na região anterior desse animal".
   - De acordo com essa descrição, a qual grupo de invertebrados pode pertencer o animal descrito? Justifique sua resposta.

2. Leia o texto a seguir e, depois, responda às questões.

   > As monarcas pairam como rainhas no universo das borboletas, um inseto essencial para a saúde de um ecossistema, responsável pela polinização de plantas e cujas larvas servem de base para a cadeia alimentar de inúmeros animais.
   >
   > Elas são facilmente reconhecidas pelas cores e fascinam os estudiosos com sua resiliência excepcional: realizam uma das mais longas jornadas migratórias para um inseto, voando 4 mil km para fugir das baixas temperaturas, do sul do Canadá até o centro do México.
   > [...]
   >
   > Fernanda Ezabella. Volta misteriosa de borboletas é celebrada na Califórnia: 'Mais de 335 mil'. *Ecoa*, 24 fev. 2023. Disponível em: https://www.uol.com.br/ecoa/ultimas-noticias/2023/02/24/na-california-pesquisadores-celebram-volta-de-borboletas-que-tinham-sumido.htm. Acesso em: 14 mar. 2023.

   a) A qual grupo as borboletas pertencem? Quais são as principais características dos animais desse grupo?
   b) O texto cita a importância das larvas das borboletas-monarcas. A presença de larvas é um indicativo de qual característica desse animal? Justifique sua resposta.

3. Os moluscos são conhecidos por seu corpo mole e pela presença de conchas. O náutilo, por exemplo, é um molusco marinho com concha externa.

   Náutilo (*Nautilus pompilius*).

   Sobre as conchas de moluscos, responda:
   a) Que parte do corpo do molusco produz a concha?
   b) De que materiais é feita?
   c) Qual é a função da concha?

4. Os artrópodes são o grupo mais diversificado e abundante de animais terrestres. Com base no modelo a seguir, elabore uma tabela com as principais características externas dos artrópodes, as quais possibilitam diferenciar os grupos desses animais.

Grupos	Número de pernas		
Crustáceos	variável		
Insetos	3 pares		
Aracnídeos	4 pares		
Miriápodes	pernas presentes em quase todos os segmentos corporais		

5. Quais são os padrões de reprodução e de desenvolvimento observados nos insetos? Descreva brevemente cada um deles.

6. Observe, na foto, as estruturas na superfície corporal da minhoca indicadas pelas setas.

   a) Que estruturas são essas?
   b) Quais são as funções dessas estruturas?

Aplicar

7. Leia o texto a seguir e, então, faça o que se pede.
   O tatu-bolinha, ou tatuzinho-de-jardim, é um raro exemplo de crustáceo que vive em ambiente terrestre. Ele pode ser facilmente encontrado sob pedras e folhas caídas no chão, sobre o solo ou em outros ambientes escuros e úmidos.
   a) Indique o tipo de sistema respiratório desse animal.
   b) Formule uma hipótese para explicar por que o tatu-bolinha precisa viver em ambientes úmidos, embora tenha exoesqueleto.

CIÊNCIA DINÂMICA

O sumiço das abelhas

O desaparecimento repentino de abelhas da espécie *Apis mellifera*, conhecido como Desordem do Colapso das Colônias (CCD, na sigla em inglês), foi detectado inicialmente em países do hemisfério Norte, como os Estados Unidos, em 2006. A taxa de mortalidade das abelhas, que geralmente é de 5%, chegou a 80% em certas regiões do mundo. O contágio por patógenos e parasitas foi uma das possíveis causas analisadas pelos cientistas. Leia, a seguir, trechos de reportagens sobre dois estudos realizados no Brasil.

Os apicultores, pessoas que criam abelhas, foram os primeiros a denunciar o sumiço desses insetos. Desde então, as consequências ecológicas e econômicas da Desordem do Colapso das Colônias (CCD) têm estimulado a realização de pesquisas no mundo todo.

Pesquisadores investigam causas de síndrome que mata abelhas mandaçaias no RS

Todos os anos, no fim do verão, uma síndrome acomete colônias da abelha *Melipona quadrifasciata*, mais conhecida como mandaçaia, no Rio Grande do Sul. Em variadas regiões do estado, os insetos apresentam tremores, começam a rastejar, perdem a capacidade de voar e de se mover. Colmeias inteiras chegam a morrer. A mandaçaia é a segunda espécie de abelha nativa mais cultivada no Brasil [...].

Identificar as causas do adoecimento e da morte dessas mandaçaias é o objetivo da pesquisa de doutorado de Lílian Caesar, aluna do Programa de Pós-Graduação em Genética e Biologia Molecular da UFRGS. [...]

[...]

Foram comparados os vírus presentes em insetos saudáveis e doentes de duas colônias diferentes de um mesmo meliponário (coleção de colmeias de abelhas sem ferrão). Além de detectarem uma grande quantidade de vírus nos animais doentes (enquanto nos saudáveis havia pouquíssimos), elas [Lílian e sua orientadora no doutorado] observaram diversos vírus novos, nunca antes descritos. [...]

Dentre os vírus encontrados nas abelhas doentes, foram selecionados os sete mais abundantes para a etapa seguinte. Para verificar a relação deles com a síndrome, as pesquisadoras investigaram sua presença em mais três meliponários, localizados em áreas bem diferentes entre si: um fica ao lado de várias estufas agrícolas; outro, perto da Mata Atlântica; e o terceiro, em uma área urbana. Em comum, apenas a manifestação anual da síndrome. Nenhum dos vírus, contudo, foi encontrado em todas as abelhas doentes, o que indica que não são eles que provocam a alta mortandade.

"De maneira geral, o que concluímos foi que, primeiro, existe uma diversidade gigantesca de vírus nas abelhas daqui que ainda não é explorada [...]. Segundo, percebemos que os vírus não são a causa da síndrome, mas eles ainda podem ter alguma relação com os sintomas ou podem se dispersar mais no período da síndrome, uma vez que, quando ela ocorre, as colônias se enfraquecem", explica Lílian. As pesquisadoras acreditam que a síndrome está relacionada ao enfraquecimento do sistema imunológico dos animais. [...]

Pesquisadores investigam causas de síndrome que mata abelhas mandaçaias no RS. *JU Ciência – Jornal da Universidade*, UFRGS, 12 jul. 2019. Disponível em: https://www.ufrgs.br/ciencia/pesquisadores-investigam-causas-de-sindrome-que-mata-abelhas-mandacaias-no-rs/. Acesso em: 6 mar. 2023.

Abelhas vigiadas

O comportamento das abelhas [...] é o foco de vários estudos conduzidos por um grupo de 20 pesquisadores, sob a coordenação do professor Osmar Malaspina, do Instituto de Biociências da Universidade Estadual Paulista (Unesp) de Rio Claro, no interior paulista. [...]

[...]

Segundo Malaspina, 20 mil colônias de abelhas foram perdidas no estado de São Paulo entre 2008 e 2010; 100 mil em Santa Catarina apenas em 2011; e as estimativas apontam para perdas anuais de 40% de colmeias no Rio Grande do Sul e em Minas Gerais. Cada colônia ou colmeia tem, em média, 50 mil indivíduos. [...] Em alguns casos, como o de um apicultor do município de Boa Esperança do Sul, no interior de São Paulo, a relação entre causa e efeito ficou comprovada. "Em 2008, em uma terça-feira ele tinha 400 colmeias, na quarta houve uma aplicação aérea [de inseticida] num local próximo e apenas um dia depois, na quinta, todas as abelhas estavam mortas", diz Malaspina. O resultado de uma análise feita apontou que um inseticida [...] era o responsável pelas mortes.

Um dos estudos do seu grupo para avaliar o efeito dos agrotóxicos no organismo das abelhas é feito dentro do laboratório e em estufas que simulam as condições de colmeias. Resultados de testes [...] apontam que os agrotóxicos atingem o sistema digestório e o cérebro das abelhas. Em casos mais graves, elas não conseguem se alimentar e morrem por inanição. [...]

Dinorah Ereno. Abelhas vigiadas. Revista *Pesquisa Fapesp*, São Paulo, Fapesp, ed. 221, jul. 2014. Disponível em: http://revistapesquisa.fapesp.br/2014/07/15/abelhas-vigiadas/. Acesso em: 6 mar. 2023.

Atualmente, a comunidade científica atribui o enfraquecimento e a morte das abelhas a múltiplos fatores, entre os quais se destacam: o uso de pesticidas; a perda dos hábitats em decorrência dos diversos usos da terra, como para o plantio de monoculturas; patógenos e parasitas que atacam as colônias; e as mudanças climáticas. Os agentes patogênicos, como os vírus, se aproveitariam, então, desse enfraquecimento.

Em certos estudos, microssensores são coladas ao tórax das abelhas da espécie *Apis mellifera* para monitorar o comportamento delas sob a influência de pesticidas.

Em discussão

1. Por que o desaparecimento das abelhas *Apis mellifera* é um fenômeno grave?
2. Que fato apontado no primeiro texto leva a crer que o vírus não seria o único responsável pela morte das abelhas? Que reação esse fato causou nos cientistas?
3. Quais resultados foram obtidos pelos pesquisadores citados no segundo texto?
4. Que relação é possível estabelecer entre a descoberta anunciada no primeiro texto e as evidências relatadas no segundo texto?
5. Os trabalhos científicos mencionados são de anos e locais diferentes. Por que é importante realizar vários estudos sobre um tema e compartilhá-los no meio científico?

INVESTIGAR

Animais sinantrópicos

Para começar

Você já ouviu falar em animais sinantrópicos? Sabe o que são e como podem interferir em nosso cotidiano? Esses animais existem na região em que você vive? É o que você vai investigar.

Nesta atividade, você e os colegas vão descobrir o que são animais sinantrópicos e se eles existem na região em que vocês vivem.

O problema

O que são animais sinantrópicos? Quais deles existem na região em que vocês vivem?

A investigação

- **Procedimento:** pesquisa documental e pesquisa de campo.
- **Instrumento de coleta:** análise documental e entrevista.

Prática de pesquisa

Parte I – Pesquisa por palavra-chave

1 O professor vai organizar a turma em grupos de quatro ou cinco estudantes. Cada grupo vai pesquisar a expressão **animais sinantrópicos**, que corresponde à palavra-chave da pesquisa. A palavra-chave identifica elementos relacionados a uma ideia ou a elementos que pertencem à mesma área de interesse para fins de pesquisa.

2 Em um *site* de busca da internet, digitem essa palavra-chave e acionem a busca. Se forem pesquisar textos em uma biblioteca, peçam ajuda ao bibliotecário, para que ele possa orientá-los.

3 Na internet, vocês provavelmente vão encontrar diversos resultados. Certifiquem-se de que as informações pesquisadas estão corretas. Para isso, verifiquem se a fonte das informações é uma instituição confiável. Os *sites* de entidades governamentais, de institutos de pesquisa e de instituições de ensino de qualidade reconhecida geralmente trazem informações mais precisas, redigidas por especialistas ou profissionais da área. Vocês também podem pesquisar em *sites* de centros de zoonoses. Reportagens e matérias jornalísticas de meios de comunicação reconhecidos e de revistas especializadas também são fontes confiáveis de informação.

4 Durante a pesquisa, procurem as seguintes informações:

- o que são animais sinantrópicos;
- exemplos de animais sinantrópicos;
- em que ambiente esses organismos vivem;
- se esses organismos são benéficos ou causam transtornos (mencionando quais são eles) ao ser humano.

Busquem outras informações que vocês ou o professor julgarem relevantes.

Parte II – Pesquisa sobre animais sinantrópicos na região em que vocês vivem

1. Entrem em contato com o centro de zoonoses mais próximo da região em que vocês vivem e busquem informações sobre as espécies sinantrópicas que habitam a região, o modo de lidar com esses seres e a existência de espécies consideradas prejudiciais ao ser humano. Fiquem atentos às *fake news* sobre esses animais, pois elas podem confundir as pessoas, além de se espalharem rapidamente nas redes sociais.

2. Procurem empresas especializadas em animais sinantrópicos para saber a respeito das dificuldades de lidar com esses animais e quais são os mais comuns na região em que vocês vivem.

3. Registrem as informações coletadas no caderno, no computador ou em outro meio. Anotem os nomes das pessoas e organizações e a data de coleta das informações. Ao entrar em contato com as instituições, solicitem o material de divulgação que essas organizações eventualmente possuam. Vocês também podem registrar as informações em vídeo, desde que todos os envolvidos concordem com a gravação. Essas informações serão utilizadas, ao final da atividade, na produção de um material educativo, voltado para a comunidade escolar.

Parte III – Discussão sobre o material pesquisado

1. Na data combinada com o professor, tragam para a sala de aula os materiais pesquisados sobre o tema e suas anotações.

2. Cada grupo deverá apresentar as informações que obteve. Prestem atenção nos materiais que os outros grupos coletaram.

Questões para discussão

Após a pesquisa de informações e a apresentação dos materiais, a que respostas vocês chegaram às seguintes perguntas:

1. O que são animais sinantrópicos?
2. Quais deles existem na região em que vocês vivem?
3. Que dificuldades vocês encontraram na pesquisa por palavra-chave? Como vocês resolveram as situações?
4. **SABER SER** Vocês encontraram dificuldades ao pesquisar informações no centro de zoonoses ou nas empresas? Em caso afirmativo, como vocês resolveram essas situações?

Comunicação dos resultados

Produção de material educativo

Com as informações obtidas, elaborem um material educativo que oriente as pessoas da comunidade escolar sobre os animais sinantrópicos. A forma de veiculação das informações é livre. Vejam algumas possibilidades:

- Vídeo educativo
- *Blog* informativo
- Cartilha educativa
- Série de *posts* em redes sociais
- Cartaz
- *Podcast*

163

ATIVIDADES INTEGRADAS

Retomar e compreender

1. Faça no caderno um diagrama como o apresentado a seguir e complete-o, caracterizando o reino de seres vivos nele indicado.

2. Leia o texto a seguir e faça o que se pede.

   Tanto anelídeos como artrópodes têm o corpo coberto por uma estrutura protetora: uma fina cutícula, no caso dos anelídeos, e um exoesqueleto, no caso dos artrópodes. Os anelídeos são aquáticos ou terrestres, e, neste caso, preferem ambientes úmidos. Já os artrópodes estão amplamente distribuídos em ambientes aquáticos e terrestres, inclusive em locais áridos.

   a) Por que os anelídeos terrestres são encontrados preferencialmente em locais úmidos, enquanto os artrópodes conseguem sobreviver em ambientes áridos? Explique.

   b) Cite outra característica que favoreça a adaptação dos artrópodes aos ambientes terrestres.

3. O grupo dos moluscos é formado por mais de 90 mil espécies conhecidas, muito diversificadas quanto à forma corporal. No subgrupo dos gastrópodes, por exemplo, algumas espécies respiram por brânquias e outras apresentam respiração pulmonar. Como pode ser explicada essa diversidade de modos de respiração entre os gastrópodes?

4. As fotos a seguir mostram animais de diferentes grupos estudados nesta unidade. Identifique a qual grupo pertence cada animal e especifique a(s) característica(s) que você identificou para fazer essa indicação.

▲ *Pseudoceros dimidiatus.* (comprimento: 8 cm)

▲ *Agelas* sp. (comprimento: 20 cm)

▲ *Arion vulgaris.* (comprimento: 10 cm)

▲ *Lumbricus terrestris.* (comprimento: 9 cm)

◀ *Dracograllus* sp. Foto ao microscópio eletrônico (imagem colorizada, aumento de cerca de 200 vezes).

164

5. Uma característica importante dos animais é sua capacidade de movimentação e locomoção. Sobre essa característica, responda:

   a) A capacidade de movimentação e locomoção está presente em todos os grupos de animais? Justifique.

   b) Essa capacidade pode ser associada ao modo de vida dos animais? Explique.

Aplicar

6. Artrópodes e equinodermos são animais dotados de esqueleto. Compare os esqueletos desses animais levando em consideração os seguintes aspectos:

   a) Materiais que os compõem.

   b) Posição que ocupam no corpo.

   c) Funções que podem exercer.

Analisar e verificar

7. Leia o texto e, em seguida, faça o que se pede.

   Uma mosca fêmea pousou sobre um fruto ainda verde e depositou um ovo em seu interior. Dias depois, o fruto foi coletado e mordido por uma pessoa. No interior do fruto, havia um animal de corpo segmentado e alongado. A pessoa desprezou o fruto, afirmando que "uma minhoca havia chegado antes".

   a) Explique a presença do animal encontrado no interior do fruto.

   b) Classifique esse animal.

8. Ao examinar amostras de animais marinhos coletadas em uma excursão, um estudante classificou uma estrela-do-mar e uma anêmona-do-mar no mesmo grupo.

   a) Você concorda com a classificação proposta pelo estudante? Explique.

   b) Qual característica desses animais o estudante pode ter considerado ao propor essa classificação?

9. Muitos zoólogos atualmente consideram que os poríferos deveriam ser classificados em um grupo denominado parazoário, cujo significado é "ao lado dos animais". Os demais animais seriam os eumetazoários ou "animais verdadeiros". Qual característica de cada grupo poderia justificar essa classificação?

10. Observe, a seguir, as fotos dos animais e responda às questões.

    ▲ *Musca domestica.* ▲ *Stegodyphus sarasinorum.*

    a) Qual é o tipo de simetria observado em ambos os animais? Justifique.

    b) A qual grupo os animais retratados nas fotos pertencem? Qual característica, visível nas imagens, permite a identificação dos animais como pertencentes a esse grupo?

    c) Esses animais pertencem ao mesmo subgrupo de invertebrados? Quais características, visíveis nas imagens, permitem a classificação deles em diferentes subgrupos?

11. As abelhas voam à procura de alimento obtido das flores, enquanto os piolhos-de-cobra movimentam-se lentamente no solo à procura de restos vegetais em decomposição. Apesar de apresentarem características bastante distintas quanto aos modos de locomoção e alimentação, esses dois animais pertencem ao mesmo grupo de invertebrados.

    a) A qual grupo de invertebrados ambos pertencem?

    b) Identifique a qual subgrupo cada um desses dois animais pertence.

Criar

12. Elabore um diagrama do ciclo de vida do mosquito transmissor da dengue com base nas frases a seguir.

    - As larvas se desenvolvem e geram mosquitos *Aedes aegypti*.
    - Dos ovos eclodem as larvas de *Aedes aegypti*.
    - A fêmea de *Aedes aegypti* encontra locais adequados para a postura dos ovos.

    Crie um folheto com orientações sobre como combater a dengue. Ilustre-o com desenhos e coloque nele as informações que julgar relevantes.

CIDADANIA GLOBAL
UNIDADE 6

14 VIDA NA ÁGUA

Retomando o tema

Você explorou o tema recifes de coral e ficou sabendo de sua importância para a vida marinha e de algumas ameaças a esse importante ecossistema, ao estudar o fenômeno do branqueamento dos corais.

Agora, verifique o que você aprendeu acerca desse ecossistema e sua preservação respondendo às questões a seguir.

1. Por que é importante e necessário preservar os recifes de coral?
2. Como o aquecimento global afeta os recifes de coral?
3. Quais medidas contribuem para a preservação dos ecossistemas marinhos no Brasil?
4. Em sua opinião, essas medidas podem evitar o branqueamento dos recifes de coral? Explique.
5. Que outras medidas podem ser adotadas para preservar os recifes de coral?

Geração da mudança

- Com os colegas, elabore um "mural-recife" com as informações obtidas sobre os recifes de coral, a importância da preservação desse ecossistema e as medidas tomadas para sua preservação.
- Usem a criatividade ao compor o mural, valendo-se de textos, fotos, colagens, desenhos, entre outros materiais.
- O mural deverá ficar exposto na escola, para informar a comunidade escolar e conscientizá-la da importância da preservação dos ecossistemas marinhos.

Autoavaliação

Matheus Costa/ID/BR

166

VERTEBRADOS

UNIDADE 7

PRIMEIRAS IDEIAS

1. Quais características um animal deve ter para ser classificado como vertebrado?
2. Como respiram os vertebrados que vivem na água?
3. Com quais animais vertebrados você tem mais contato no dia a dia?
4. Cite uma característica que você acredita ser exclusiva de cada um dos grupos de animais vertebrados que serão estudados nesta unidade.

Conhecimentos prévios

Nesta unidade, eu vou...

CAPÍTULO 1 Peixes e anfíbios

- Identificar as principais características dos cordados.
- Comparar as características de ascídias, anfioxos e vertebrados.
- Interpretar esquemas, identificar algumas características dos peixes e dos anfíbios e reconhecer a diversidade desses grupos.
- Explicar a relação entre certas características de peixes e de anfíbios e o ambiente em que eles vivem.

CAPÍTULO 2 Répteis e aves

- Interpretar esquemas e identificar algumas características gerais de répteis e de aves.
- Conhecer as características relacionadas a adaptações ao voo de aves e reconhecer a diversidade desse grupo.
- Realizar observações de campo, a fim de levantar a diversidade local de aves, identificando-as pelo canto.

CAPÍTULO 3 Mamíferos

- Identificar as características gerais dos mamíferos e reconhecer a diversidade desse grupo.
- Compreender os desafios éticos nas pesquisas científicas envolvendo animais.

CIDADANIA GLOBAL

- Compreender o processo de extinção de algumas espécies de vertebrados e associar as ações humanas ao desaparecimento dos organismos ameaçados e às medidas de proteção a eles.
- Criar um encarte, a fim de conscientizar a comunidade escolar da importância de proteger espécies de vertebrados ameaçadas de extinção.

167

comprimento: 1 m

LEITURA DA IMAGEM

1. Observe o animal retratado na foto e descreva as características que você percebe nele.
2. Onde a serpente retratada na foto está posicionada? Por que o animal estaria nesse local?
3. Considerando o que você respondeu na questão anterior, em sua opinião, quais devem ser os hábitos alimentares desse tipo de serpente? Por quê?

CIDADANIA GLOBAL — 15 VIDA TERRESTRE

A biodiversidade na Terra está em constante mudança. Os organismos atuais que habitam o planeta são diferentes dos que viveram em um passado remoto. Desde o surgimento da vida no planeta, muitas espécies surgiram e evoluíram, enquanto outras foram extintas. Isso significa que a extinção de espécies pode ser considerada um processo natural. No entanto, estudos recentes mostram que, na época em que vivemos, a degradação e a fragmentação de ambientes naturais têm acelerado a taxa de extinção de espécies: atualmente, mais de 1 milhão de espécies de animais está sob a ameaça de desaparecer completamente por causa dessas ações.

- Que medidas podem ser tomadas a fim de proteger as espécies ameaçadas e evitar sua extinção?

Fabio Colombini/Acervo do fotógrafo

 Identifique as principais causas que ameaçam as **serpentes da Mata Atlântica: conhecer para preservar**.

As jararacas-ilhoas (*Bothrops insularis*) são serpentes que habitam a ilha da Queimada Grande, popularmente conhecida como Ilha das Cobras, localizada no município de Itanhaém, no litoral sul de São Paulo.

CAPÍTULO 1

PEIXES E ANFÍBIOS

PARA COMEÇAR

Apesar de sua grande diversidade, os animais compartilham algumas características que permitem classificá-los em grupos. O que há em comum entre os animais que chamamos de vertebrados? Quais são os animais mais aparentados a esse grupo?

CORDADOS

Ao longo da evolução dos animais na Terra, foi desenvolvida uma estrutura chamada **notocorda**, que funciona como um eixo interno de sustentação. Os animais que apresentam notocorda em ao menos uma fase de sua vida são chamados **cordados**.

Neste capítulo, você vai aprender um pouco mais sobre três grupos de cordados: as ascídias, os anfioxos e os vertebrados.

ASCÍDIAS

As **ascídias** são animais marinhos que lembram as esponjas no aspecto externo, mas não apresentam parentesco evolutivo com elas.

Os adultos vivem fixos e filtram a água para obter alimento. As larvas das ascídias, porém, são nadadoras e têm uma cauda para ajudar na locomoção. A notocorda está presente nessa cauda.

Quando as larvas passam por metamorfose para se transformar em adultos, a notocorda regride até desaparecer.

▼ As ascídias adultas vivem fixas. A foto mostra ascídias (*Rhopalaea crassa*) que se desenvolveram próximo a corais.

comprimento: 3 cm

ANFIOXOS

Os **anfioxos** são animais que parecem larvas de peixes e vivem com a parte posterior do corpo enterrada na areia do fundo do mar. Eles filtram a água para obter alimento.

Nos anfioxos, a notocorda perdura por toda a vida. Essa estrutura dá sustentação e forma ao animal e auxilia na escavação.

A locomoção dos anfioxos se dá por ondulações promovidas por contrações das fibras musculares dispostas ao longo do corpo.

> **PARA EXPLORAR**
>
> *Incrível raio X: animais*, de David George Gordon. São Paulo: Girassol, 2011.
> Com radiografias reais e um quadro de luz, esse livro proporciona uma visão única dos ossos e órgãos do corpo humano e de outros animais, mostrando como a estrutura óssea afeta os movimentos e o que acontece dentro do corpo.

comprimento: 7 cm

◂ Anfioxo da espécie *Branchiostoma lanceolatum*.

VERTEBRADOS

Na maioria dos cordados, a notocorda está presente apenas no embrião. Ainda no embrião, ela é substituída pela coluna vertebral. Os cordados com coluna vertebral são chamados **vertebrados**.

O **crânio** forma a região da cabeça e está associado à **coluna vertebral**. Tanto a coluna vertebral como o crânio têm a função de proteger o **sistema nervoso central**, que é formado pelo encéfalo e pela medula espinal. No encéfalo, são elaboradas diversas informações que ajudam a regular o funcionamento do organismo, como comandos para mover determinada parte do corpo. Essas informações chegam ao encéfalo e saem dele por meio da medula espinal.

O crânio e a coluna vertebral fazem parte do **esqueleto interno**, um conjunto de ossos que protege e sustenta o corpo de um vertebrado. Em muitas espécies, dois pares de apêndices locomotores estão ligados à coluna vertebral, que se alonga além do par posterior, formando uma cauda.

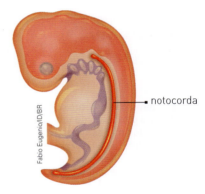

▲ Esquema de um embrião de vertebrado mostrando a posição da notocorda. (Representação sem proporção de tamanho e em cores-fantasia.)

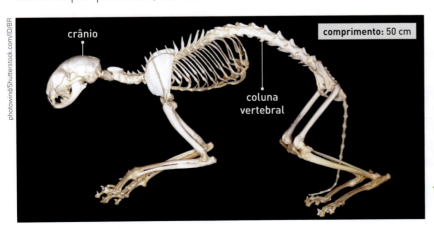

comprimento: 50 cm

◂ O esqueleto interno de um vertebrado é composto de dezenas de ossos. Na imagem, o esqueleto de um gato.

171

> **A PIRACEMA**
>
> Em certas regiões do Brasil, algumas espécies marinhas ou de água doce nadam contra a correnteza até as cabeceiras dos rios, para se reproduzir.
>
> Durante esse período, denominado piracema, os peixes estão prontos para ter filhotes. Os alevinos que nascem nas cabeceiras descem a correnteza e se desenvolvem nas partes baixas do rio ou no mar, até se tornarem adultos.
>
> No período da piracema, certas formas de pesca são proibidas nos rios em que esse fenômeno ocorre. A intenção é permitir que as espécies se reproduzam e os peixes pequenos se desenvolvam, de modo que a quantidade de peixes nos rios e nos mares seja mantida.

alevino: larva de peixe que se desenvolve fora do corpo da fêmea.

cabeceira: nascente do rio.

▼ Esquema da estrutura corporal interna e externa de um peixe. Os opérculos não são mostrados para possibilitar a visualização das brânquias. (Representação sem proporção de tamanho e em cores-fantasia.)

Fonte de pesquisa: Tracy I. Storer e outros. *Zoologia geral*. 6. ed. São Paulo: Companhia Editora Nacional, 2002. p. 596.

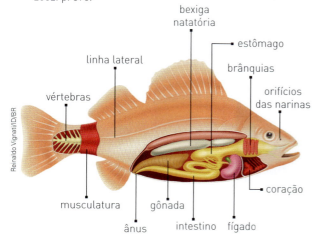

PEIXES

O termo **peixe** denomina vários grupos de animais vertebrados que vivem na água e, em geral, respiram pelas brânquias. São conhecidos fósseis de peixes com mais de 500 milhões de anos, sendo esses os vertebrados mais antigos.

CARACTERÍSTICAS GERAIS

Os peixes têm, em geral, corpo alongado, com a cabeça e a cauda mais afinadas. O formato corporal, associado à presença de nadadeiras e à pele recoberta por escamas, facilita o deslocamento na água.

O cérebro dos peixes é relativamente grande, se comparado ao dos invertebrados, e está ligado à medula espinal. Alguns nervos saem diretamente do cérebro para órgãos sensoriais da cabeça e de outras partes do corpo. Outros nervos saem da medula espinal e se comunicam com os músculos, controlando os movimentos do animal e permitindo sua locomoção.

De modo geral, a visão dos peixes é pouco desenvolvida, enquanto o olfato é bem desenvolvido. Células sensíveis às vibrações transmitidas pela água estão presentes sob a **linha lateral**, uma série de escamas dotadas de furos que pode ser vista desde as aberturas branquiais até a cauda.

Além do crânio e da coluna vertebral, o esqueleto da maioria dos peixes apresenta prolongamentos das vértebras que dão apoio à musculatura, que costumam ser chamados de espinhos. O impulso para a frente é dado por movimentos laterais do corpo e da nadadeira caudal. As demais nadadeiras contribuem para o equilíbrio e outros movimentos. A **bexiga natatória**, um órgão em formato de bolsa, pode se encher ou esvaziar de gás, auxiliando na flutuação.

A respiração dos peixes se dá pelo fluxo de água que entra pela boca, passa pelas brânquias – situadas na altura da faringe – e sai por aberturas nas laterais do corpo. Em geral, as brânquias são protegidas por **opérculos**, estruturas ósseas móveis que funcionam como tampas.

O sistema digestório é completo, com a presença de órgãos como fígado e pâncreas. O sistema circulatório é fechado, com o coração ocupando posição ventral. Os peixes são **ectotérmicos**, ou seja, a temperatura do corpo não é controlada pelo animal e varia de acordo com a temperatura do ambiente.

A reprodução dos peixes é sexuada, e a fecundação pode ser interna ou externa, dependendo da espécie. Algumas são vivíparas, ou seja, os embriões se desenvolvem no corpo da fêmea.

172

DIVERSIDADE DOS PEIXES

Existem mais de 30 mil espécies de peixes descritas. Dessas, cerca de 5 mil ocorrem nas águas brasileiras. Os peixes atuais podem ser classificados nos grupos descritos a seguir.

Agnatos

Os **agnatos** ou **ciclóstomos** têm esqueleto cartilaginoso, não apresentam mandíbula e têm a boca circular. Formam um grupo pequeno, com pouco mais de cem espécies, conhecidas popularmente como lampreias e feiticeiras.

São dotados de crânio, mas suas vértebras são rudimentares ou mesmo ausentes. O corpo desses peixes é alongado, com até 1 metro de comprimento, e eles não apresentam nadadeiras laterais.

▲ A lampreia (*Lampetra planeri*) é um peixe agnato.

Condrictes

Os **condrictes** ou **peixes cartilaginosos** têm mandíbula, e seu esqueleto é cartilaginoso. Nesse grupo, que inclui os tubarões e as arraias, há novecentas espécies conhecidas, e a maioria delas vive em águas salgadas. Todos os peixes desse grupo são predadores, e o comprimento de seu corpo varia bastante entre as espécies.

A boca dos condrictes ocupa posição ventral, e esses peixes não têm opérculos nem bexiga natatória. Além da linha lateral, muitas espécies têm um órgão sensorial exclusivo desse grupo, as **ampolas de Lorenzini**, que percebem os impulsos elétricos gerados pela atividade muscular dos animais, facilitando a localização de suas presas.

▲ O tubarão-branco (*Carcharodon carcharias*) é um condricte.

Osteíctes

Os **osteíctes** têm mandíbula, e seu esqueleto é ósseo. Com cerca de 28 mil espécies descritas, são o maior grupo de peixes, os quais apresentam grande diversidade de formas e tamanhos. As espécies distribuem-se por vários hábitats, desde as águas oceânicas mais profundas até as cabeceiras de rios. Muitas espécies habitam lagos e pântanos que secam durante a estiagem.

Os hábitos alimentares desse grupo são variados. A boca ocupa posição frontal, e o opérculo está presente. Na maioria das espécies, as nadadeiras assemelham-se a leques: são delgadas e sustentadas por finas estruturas alongadas que se apoiam na musculatura. A piaba, o pirarucu e o pacu são exemplos de osteíctes.

▲ A piranha (*Serrasalmus marginatus*) é um osteícte de água doce comum nos rios brasileiros.

Em algumas espécies, as nadadeiras laterais são carnosas, dotadas de musculatura e ossos internos. Algumas dessas espécies, como a piramboia, além de respirarem por brânquias, têm um órgão que permite respirar o ar atmosférico.

Acredita-se que, há cerca de 400 milhões de anos, espécies primitivas de peixes com dois pares de nadadeiras laterais carnosas podem ter dado origem aos vertebrados terrestres.

ANFÍBIOS

Os **anfíbios** são um grupo de vertebrados que conquistaram parcialmente o ambiente terrestre. Uma série de características permite aos anfíbios viver nesse ambiente. Entre elas, estão:
- o esqueleto mais robusto;
- a presença de quatro pernas;
- a respiração pulmonar;
- a pele semipermeável.

CARACTERÍSTICAS GERAIS

Como os peixes, os anfíbios são animais **ectotérmicos**. Mesmo com adaptações ao ambiente terrestre, muitos anfíbios precisam viver em ambientes úmidos, em geral próximo a rios e lagos. Entre os motivos para isso está o fato de eles dependerem da água para a reprodução.

Em muitas espécies, a fecundação é externa, e os ovos são postos na água. Quando eclodem, os ovos geram larvas aquáticas – denominadas **girinos** – dotadas de brânquias e nadadeiras, que passam por uma metamorfose. Nesse processo, adquirem pernas e pulmões, tornando-se capazes de viver na terra.

O sistema nervoso central dos anfíbios é formado por encéfalo e medula espinal, de onde partem nervos que chegam a todas as partes do corpo. O tato, o paladar, o olfato, a audição e a visão são responsáveis pela percepção. A audição tem importância especial para as espécies que se comunicam por sons, especialmente na época do acasalamento.

A respiração pulmonar é complementada pela respiração cutânea, ou seja, pela pele. Para realizar as trocas gasosas, a pele deve ser permeável e úmida. Em ambientes áridos, portanto, a perda de água pela transpiração pode levar à desidratação dos anfíbios.

▲ O sapinho-admirável-de-barriga-vermelha (*Melanophryniscus admirabilis*) é uma espécie endêmica do Brasil, encontrada apenas nas margens do rio Forqueta, nos municípios de Arvorezinha (RS) e Soledade (RS). Por ser uma espécie com distribuição geográfica muito restrita, é mais sensível ao risco de extinção.

comprimento: 4 cm

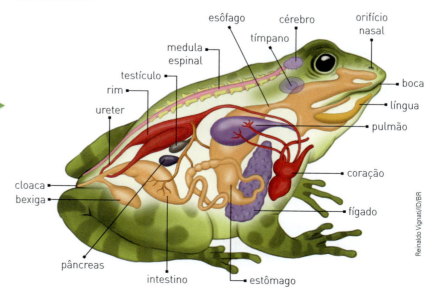

Esquema simplificado das estruturas externa e interna do corpo de um anfíbio macho. Como em todos os vertebrados, o sistema circulatório é fechado e o coração é ventral. (Representação sem proporção de tamanho e em cores-fantasia.)

Fonte de pesquisa: Fish and amphibians (tradução nossa: Peixes e anfíbios). Em: *Encyclopædia Britannica*. Chicago-London-New Delhi-Paris-Seul-Sydney-Taipei-Tokyo: Encyclopædia Britannica, 2008. p. 64 (Britannica Illustrated Science Library).

DIVERSIDADE DOS ANFÍBIOS

Os anfíbios provavelmente tiveram origem em peixes dotados de nadadeiras carnosas há cerca de 400 milhões de anos. Atualmente, são conhecidas aproximadamente 7 mil espécies, divididas em três ordens, que serão vistas a seguir. Os critérios para essa classificação incluem, entre outros, a presença de pernas e de cauda.

> Acompanhe **poluição e extinção de sapos** e responda: O que poderia ser feito, em relação aos hábitats desses animais, para evitar ou melhorar essa situação?

Anuros

Anuros são anfíbios desprovidos de cauda na fase adulta, como pode ser observado nos sapos, nas rãs e nas pererecas. Com aproximadamente 6 mil espécies descritas, são abundantes nas regiões tropicais e temperadas úmidas de todo o planeta.

O tamanho dos anuros é variável: de 1 centímetro a quase 30 centímetros de comprimento. São bons nadadores e, na terra, andam aos saltos. As larvas são geralmente herbívoras e os adultos alimentam-se de insetos, capturando-os com sua língua pegajosa.

Os machos são conhecidos pelo **coaxar**: sons produzidos ao inflar o papo e forçar a passagem do ar. Esses sons são utilizados para atrair as fêmeas e defender o território. Cada espécie emite um som característico, possibilitando que os indivíduos da mesma espécie se reconheçam em uma lagoa ou em um brejo onde há várias espécies.

▲ O *Hyperolius marmoratus* é um anuro que fica com o papo inflado durante a produção de sons.

Caudados

Também chamados de **urodelos**, são dotados de cauda. Esse grupo é composto de salamandras e de tritões. As cerca de seiscentas espécies conhecidas habitam as regiões tropicais do planeta e as zonas temperadas do hemisfério Norte. Costumam medir até 15 centímetros de comprimento.

A maioria das espécies é terrestre e de hábitos carnívoros. Em geral, a fecundação é interna, e os ovos são depositados na água. Porém, algumas espécies são totalmente terrestres, sem fase larval.

▲ A salamandra-de-fogo (*Salamandra salamandra*) é uma espécie europeia.

Ápodes

Os **ápodes**, como o próprio nome indica, são desprovidos de pernas. Há cerca de 180 espécies descritas de ápodes, popularmente conhecidas como cecílias ou cobras-cegas. Encontrados nas florestas tropicais da América do Sul, da Ásia e da África, eles vivem em túneis no solo ou na água, onde caçam os invertebrados, como minhocas e vermes, de que se alimentam.

A fecundação é interna, e o desenvolvimento do embrião se dá dentro dos ovos ou no interior do corpo das fêmeas. Na maioria das espécies não há fase larval, e as fêmeas liberam filhotes com aparência semelhante à dos animais adultos.

▲ *Rhinatrema bivittatum*, uma cobra-cega brasileira.

ATIVIDADES

Acompanhamento da aprendizagem

Retomar e compreender

1. A imagem a seguir mostra um anfioxo, animal marinho que vive a maior parte do tempo enterrado na areia. Ele filtra a água do mar para obter seu alimento. Eventualmente, pode nadar para se deslocar de um local para outro.

comprimento: 6 cm

▲ Foto ao microscópio de luz.

- Por que os anfioxos e as ascídias, que são animais cordados, não são considerados vertebrados?

2. Você provavelmente já ouviu ou usou a expressão "peixe fora d'água".
    a) Qual significado você atribui a essa expressão?
    b) Cite e comente as principais adaptações que os peixes apresentam para viver em ambiente aquático.

3. Copie a tabela a seguir no caderno e associe, na coluna da direita, os animais listados às suas características. Note que cada característica pode ser associada a mais de um animal.

Animais	Características	Associação
I. Tubarão-branco II. Piranha III. Lampreia	Esqueleto cartilaginoso	
	Esqueleto ósseo	
	Bexiga natatória	
	Mandíbula	
	Respiração branquial	
	Boca em posição frontal	
	Boca circular	
	Boca em posição ventral	

4. Explique a utilidade das ampolas de Lorenzini como órgão sensorial para os tubarões.

5. Existem evidências de que um grupo primitivo de peixes deu origem aos anfíbios.

- Que grupo é esse e quais características permitem sustentar tal ideia?

6. É bastante comum a presença de anfíbios, como diversas espécies de sapos e pererecas, em florestas tropicais, onde a umidade é alta.
    - Como pode ser explicada a maior abundância de anfíbios nesse tipo de ambiente?

7. A tabela a seguir resume algumas características dos grupos de anfíbios, mas está incompleta. Copie-a no caderno e preencha corretamente os espaços em branco.

Características \ Grupos	Anuros	Caudados	Ápodes
Adultos com quatro pernas			
Adultos com cauda		sim	
Adultos sem pernas			
Adultos com respiração pulmonar			
Adultos com pele semipermeável			
Machos usam sons para atrair fêmeas			não

8. Um dos fatores que limitam a expansão dos anfíbios nos ambientes terrestres é a pele fina, flexível e semipermeável, característica desse grupo.
    - Se a pele de algum anfíbio atual se tornasse impermeável, o portador dessa transformação poderia ser considerado mais adaptado a viver em ambientes terrestres, longe da água? Justifique sua resposta.

Aplicar

9. O nome anfíbio deriva do grego *amphi*, duplo, e *bios*, vida, e significa vida dupla.
    - Busque informações, em materiais impressos e digitais, que justifiquem a escolha desse nome para o grupo de animais.

CAPÍTULO 2
RÉPTEIS E AVES

PARA COMEÇAR

Os répteis foram os primeiros animais vertebrados a ter total independência da água para a reprodução. Quais são as principais características dos répteis que possibilitam essa independência?

RÉPTEIS

Os cientistas consideram que os répteis são bem adaptados à vida fora da água. Algumas características desses animais contribuem para a vida em ambientes secos.

O corpo dos **répteis** é coberto de uma pele espessa e resistente que protege o animal contra a perda de água por transpiração. A pele impermeável não permite a troca gasosa por sua superfície, mas nos répteis o pulmão é bem desenvolvido.

Os répteis são capazes de eliminar urina muito concentrada e, com isso, retêm mais água no corpo. Essa economia de água é fundamental para a vida no ambiente terrestre.

A fecundação interna garante a proteção dos gametas dentro do corpo.

O desenvolvimento de um ovo com casca coriácea, ou seja, com aspecto semelhante ao do couro, e membranas internas impede a desidratação, protege e dá suporte à vida do embrião. Essa característica possibilitou aos répteis a independência da água para a reprodução.

▼ Os répteis foram os primeiros animais a desenvolver ovos com casca. Na foto, a eclosão de ovos de tartarugas-da-amazônia (*Podocnemis expansa*).

diâmetro (ovos): 4 cm

Veja **veneno que salva** e explique por que o veneno das serpentes pode ser usado para fabricar medicamentos.

▼ Esquema simplificado da anatomia de um réptil fêmea. O sistema circulatório é fechado, e o coração é ventral. O canal excretor (ureter), o intestino e o canal reprodutor (oviduto) abrem-se na cloaca. (Representação sem proporção de tamanho e em cores-fantasia.)

Fonte de pesquisa das imagens desta página: Tracy I. Storer e outros. *Zoologia geral*. 6. ed. São Paulo: Companhia Editora Nacional, 2002. p. 645.

CARACTERÍSTICAS GERAIS

Os répteis são animais **ectotérmicos**, por isso, a maioria das espécies é mais ativa durante o dia, quando as temperaturas mais elevadas ativam seu metabolismo.

A maioria das espécies de répteis se alimenta de insetos e de outros vertebrados. No entanto, algumas espécies de lagartos e de tartarugas terrestres são predominantemente herbívoras.

Quanto à locomoção, a maioria das espécies tem pernas posicionadas lateralmente ao corpo e, quando anda, praticamente arrasta o abdome no chão (em latim, *reptare* significa rastejar). Mesmo assim, pode se deslocar com velocidade, por curtos espaços.

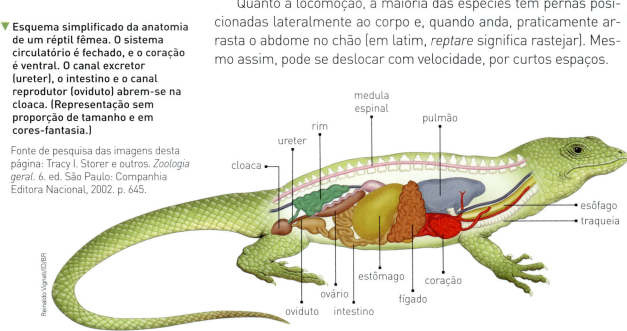

▲ Esquema de um ovo de réptil. (Representação sem proporção de tamanho e em cores-fantasia.)

Muitas espécies são **ápodes**, ou seja, não têm pernas, como as serpentes, que se deslocam rastejando com agilidade. Algumas espécies são excelentes nadadoras.

Em espécies de hábito aquático, como muitas tartarugas, os membros são achatados em forma de remos, adaptados à natação. Embora desajeitadas em terra firme, essas espécies nadam com desenvoltura.

O sistema nervoso dos répteis segue o padrão geral dos vertebrados. O cérebro, protegido pelo crânio, é ligado à medula espinal, protegida pela coluna vertebral. Com cérebro bem desenvolvido, esses animais são capazes de comportamentos sofisticados – por exemplo, detectar diferentes odores e feromônios devido à presença de órgãos quimiossensoriais. Exceto pela audição, os órgãos sensoriais são bem desenvolvidos.

O ovo com casca coriácea apresenta três membranas: o **âmnio**, cheio de líquido, onde se desenvolve o embrião; o **alantoide**, que armazena os resíduos da urina e contribui para as trocas respiratórias; e o **córion**, membrana que envolve o conteúdo do ovo. O **saco vitelínico** funciona como uma reserva de nutrientes para o embrião.

DIVERSIDADE DOS RÉPTEIS

Os fósseis de répteis mais antigos têm cerca de 350 milhões de anos. São conhecidas, atualmente, mais de 7 mil espécies de répteis, além das espécies extintas, que incluem, entre outras, os dinossauros.

No Brasil, ocorrem mais de setecentas espécies. Os principais grupos de répteis atuais são os quelônios, os escamados e os crocodilianos.

▲ A tartaruga-verde (*Chelonia mydas*) pode atingir até 2 metros de comprimento quando adulta.

Quelônios

O grupo dos **quelônios** abrange mais de trezentas espécies de tartarugas, jabutis e cágados, de vida terrestre, marinha ou de água doce. Elas apresentam tamanhos que variam de poucos centímetros a até 2 metros de comprimento. Todos os quelônios têm uma carapaça dorsal – resultado da fusão das costelas com a pele – bastante enrijecida e coberta de queratina. Na região ventral, a carapaça é menos rígida e recebe o nome de plastrão.

Escamados

▲ A jararaca (gênero *Bothrops*) é uma serpente comum no Brasil. A língua bipartida está relacionada ao olfato desses animais.

O grupo dos **escamados** tem mais de 6 mil espécies de serpentes, lagartos, lagartixas, iguanas e cobras-de-duas-cabeças (anfisbenas). O corpo é coberto de escamas, camada superficial da pele que é trocada periodicamente. Outra característica desse grupo é a grande capacidade de abertura das mandíbulas, o que aumenta a força da mordida e permite engolir presas grandes.

Crocodilianos

Esse grupo abrange cerca de 25 espécies atuais de jacarés, crocodilos, gaviais e caimãos. As principais características dos **crocodilianos** são o crânio alongado e a forte musculatura que movimenta as mandíbulas. São excelentes predadores.

▲ O jacaré-de-papo-amarelo (*Caiman latirostris*) é comum na América do Sul e já esteve na lista de espécies ameaçadas de extinção.

CIDADANIA GLOBAL

EXTINÇÃO A SANGUE-FRIO

[...] O maior estudo global já feito sobre os répteis [...] apresenta descobertas extremamente preocupantes: 21% das mais de 10 000 espécies desses animais estão sob ameaça de sumir, enquanto 31 espécies do grupo já desapareceram completamente. Riscos maiores são verificados entre as tartarugas, com quase 60%, e entre os crocodilos, com 50%.

As causas mais prováveis para o cenário incluem a destruição do hábitat dos répteis como resultado de atividades ligadas à agricultura, ao desenvolvimento urbano e à indústria madeireira, além da exploração dos animais para retirar sua carne ou pele. Segundo o estudo, mudanças climáticas também colocam em risco 10% desses bichos. [...]

[...]

[...] Os cientistas chegaram à conclusão de que os mesmos esforços empregados para proteger mamíferos, aves e anfíbios (como a interdição de áreas protegidas) também beneficiam os répteis. Apesar de terem sido ignorados, esses animais provavelmente foram protegidos pelas medidas de proteção tomadas nos últimos anos.

Sabrina Brito. Extinção a sangue-frio: 21% das espécies de répteis correm risco de sumir. *Veja*, 9 maio 2022. Disponível em: https://veja.abril.com.br/ciencia/extincao-a-sangue-frio-21-das-especies-de-repteis-correm-risco-de-sumir/. Acesso em: 7 mar. 2023.

1. Segundo o texto, quais são as principais causas que podem levar à extinção dos répteis?

2. Os cuidados para a preservação de mamíferos, aves, anfíbios e répteis são iguais? Explique.

AVES

Acredita-se que as **aves** tenham surgido há cerca de 150 milhões de anos, a partir de um grupo de dinossauros atualmente extintos. As aves têm características semelhantes às dos répteis, como: a presença de escamas, que nas aves ocorrem apenas nas pernas; o tipo de ovo, sendo que a casca do ovo das aves é calcária; a eliminação de urina concentrada, o que contribui para a economia de água e a redução do peso corporal.

CARACTERÍSTICAS GERAIS

As adaptações ao voo são as características principais das aves. Os membros anteriores são modificados em asas, e o corpo é revestido de penas leves e resistentes, formadas por queratina, que possibilitam o voo e ajudam a manter a temperatura corporal elevada, condição essencial para voar.

As aves são **homeotérmicas**, ou seja, sua temperatura corporal é constante, independentemente da temperatura do ambiente. O esqueleto é formado por **ossos pneumáticos**, ocos, leves e resistentes, o que diminui o peso corporal. A porção da coluna vertebral que sustenta a cauda é curta. O **bico** substitui os ossos das mandíbulas e os dentes, contribuindo para a redução do peso. O formato do bico é muito variável entre as espécies e reflete seus hábitos alimentares.

As aves são dotadas de sistema nervoso bem desenvolvido, o que possibilita comportamentos sofisticados, como o voo, a construção de ninhos e os rituais de acasalamento. Os sistemas respiratório e circulatório são muito eficientes, garantindo o suprimento de gás oxigênio para as células.

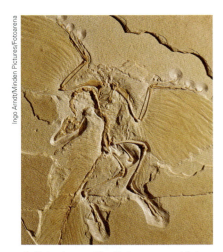

▲ Foto de um fóssil de arqueoptérix, espécie extinta há cerca de 150 milhões de anos. Ela é considerada uma espécie de transição entre répteis e aves por apresentar tanto características de aves (penas) como de répteis (estrutura do esqueleto e dentes).

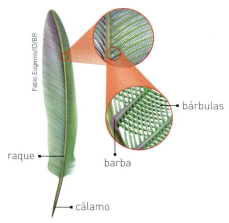

▲ O esquema mostra algumas partes da estrutura de uma pena. (Representação sem proporção de tamanho e em cores-fantasia.)

Fonte de pesquisa das imagens desta página: Jane B. Reece e outros. *Biologia de Campbell*. 12. ed. Porto Alegre: Artmed, 2022. p. 732.

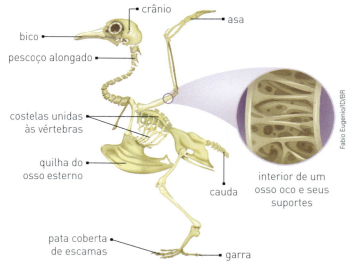

▲ Representação do esqueleto de uma ave. A estrutura corporal reflete as adaptações ao voo. Note a cauda curta e a caixa torácica reforçada. A musculatura peitoral, que movimenta as asas, apoia-se na quilha, desenvolvida nas aves voadoras e reduzida nas corredoras. As pernas podem ser adaptadas para nadar, correr ou agarrar. (Representação sem proporção de tamanho e em cores-fantasia.)

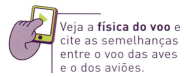

Veja a **física do voo** e cite as semelhanças entre o voo das aves e o dos aviões.

DIVERSIDADE DAS AVES

As aves constituem o maior grupo de vertebrados terrestres, com cerca de 10 mil espécies descritas até o momento. A maioria das aves é tipicamente voadora, mas algumas espécies se especializaram na natação, como os pinguins, e outras são corredoras, como as emas.

Alguns beija-flores podem ter apenas 5 centímetros de comprimento, enquanto o avestruz pode chegar a 2,5 metros de altura.

Os cientistas dividem as aves em cerca de trinta subgrupos, alguns dos quais estão especificados nesta página: os galiformes, os passeriformes, os psitaciformes, os anseriformes e os falconiformes.

Galiformes

O grupo inclui as galinhas, os perus e outras aves domesticadas para fins de alimentação humana.

comprimento: 40 cm

◀ A galinha doméstica (*Gallus gallus*).

Passeriformes

Popularmente denominados pássaros, incluem os bem-te-vis, canários, pardais, sabiás, entre outros.

comprimento: 25 cm

◀ O sabiá-laranjeira (*Turdus rufiventris*) alimenta-se de pequenos invertebrados e de frutas.

Psitaciformes

Os papagaios, as araras e os periquitos fazem parte desse grupo. Têm bico muito forte, adaptado para comer sementes.

comprimento: 35 cm

◀ O papagaio-verdadeiro ou papagaio-verde (*Amazona aestiva*) costuma ser visto em casais ou em bandos.

Anseriformes

O grupo inclui os patos, os marrecos, os gansos e os cisnes, adaptados para nadar.

comprimento: 85 cm

◀ O pato-do-mato (*Cairina moschata*) alimenta-se de plantas aquáticas e de pequenos invertebrados.

Falconiformes

Pertencem a esse grupo as aves de rapina, como as águias e os falcões.

comprimento: 1 m

◀ O gavião-real ou harpia (*Harpia harpyja*), uma das maiores aves de rapina do mundo, é uma espécie presente nas matas brasileiras.

PRÁTICAS DE CIÊNCIAS

As aves do quintal

Uma das técnicas de identificação das aves é baseada na escuta de seu canto. Nesta atividade, você vai fazer um **levantamento das espécies** presentes nos arredores de sua casa ou da escola, com base no canto das aves.

Antes de iniciar a atividade, discuta com os colegas: Cada espécie de ave tem um canto típico ou cada ave pode desenvolver o próprio canto? Anote sua hipótese no caderno.

Material

- computador com acesso à internet
- caderno para anotações
- binóculo, se houver
- gravador portátil (pode ser usado o gravador do *smartphone*)

Como fazer

1. Em geral, as aves cantam ao amanhecer ou ao entardecer. Dirija-se ao local de observação em um desses momentos e, em silêncio, preste atenção aos sons dos pássaros. Se possível, use o gravador para registrar os cantos. Observe a ave que está cantando e suas características.

2. Em seguida, procure *sites* na internet em que seja possível ouvir o canto de algumas espécies de aves. Tente identificar as espécies que ouviu durante a investigação de campo, com base na semelhança visual e entre os cantos. Compare os cantos com os que você ouviu ou gravou. Quais se repetem? Anote no caderno o nome das aves identificadas.

3. Na sala de aula, reproduza os cantos que você gravou. A reprodução pode ser feita em um computador da escola.

Leandro Lassmar/ID/BR

PARA EXPLORAR

WikiAves
O portal reúne diversas informações sobre aves, inclusive os sons produzidos por muitas delas.
Disponível em: https://www.wikiaves.com.br/. Acesso em: 7 mar. 2023.

Para concluir

1. Compare seus resultados com os dos colegas.
    a) Em todos os locais, foram ouvidos os mesmos cantos das mesmas espécies?
    b) Há espécies que aparecem em todos os registros? E quais são mais raras? Como é possível explicar essas diferenças e semelhanças?

2. Retorne à questão inicial: O tipo de canto é típico de cada espécie ou cada ave desenvolve o próprio canto? Esta atividade fez com que você revisse sua hipótese?

3. Pesquise qual é a diferença entre "canto" e "chamado" para as aves.

ATIVIDADES

Acompanhamento da aprendizagem

Retomar e compreender

1. Aves e répteis são animais bem adaptados à vida terrestre. Os cientistas sustentam a hipótese de que as aves são derivadas dos répteis, pois esses grupos apresentam diversas características semelhantes.

    a) Quais características sugerem parentesco próximo entre aves e répteis?

    b) Como essas características contribuem para a vida terrestre?

2. Leia o texto a seguir e faça o que se pede.

    Jabuti é o nome dado aos quelônios de hábitos terrestres; tartaruga é o nome dado aos quelônios de hábitos aquáticos, geralmente marinhos; cágado é o nome dos quelônios que vivem entre a água doce e a terra. Os jabutis têm casco arredondado, as tartarugas têm pernas e casco achatados e os cágados têm casco achatado e patas com membranas entre os dedos.

    ▲ Cágado-de-barbicha (*Phrynops geoffroanus*).

    ▲ Jabutipiranga (*Chelonoidis carbonaria*).

    ▲ Tartaruga-mestiça (*Caretta caretta*).

    - Explique as diferenças entre as características desses animais, levando em conta seus hábitats.

3. A tabela a seguir lista alguns répteis e algumas de suas características. Copie-a no caderno e associe cada animal a suas características.

Répteis	Características
I. Jacaré II. Tartaruga III. Serpente	Troca de pele durante a vida.
	Algumas espécies são marinhas.
	Apresenta fecundação interna.
	Locomove-se rastejando.
	Tem carapaça e plastrão.
	Tem o crânio alongado.
	Seus ovos se desenvolvem em ambiente terrestre.

4. Quais são as funções das penas para as aves?

5. Quais características das aves podem ser consideradas adaptações para o voo?

6. As aves apresentam grande diversidade no formato dos bicos. Entre as muitas formas observadas, há espécies com bico achatado e outras com bico longo e fino.

    - Pesquise em *sites* confiáveis os tipos de bico e os hábitos alimentares das aves. Use os exemplos encontrados para explicar a variedade no formato dos bicos das aves.

Aplicar

7. Diversos modelos de máquinas de voar foram feitos com base no corpo das aves. O formato das asas dos aviões, por exemplo, é semelhante ao das asas das aves.

    - Crie um modelo de uma máquina de voar que tenha como base o corpo das aves.

8. Imagine que determinada espécie de ave tenha o bico especializado em retirar néctar de uma única espécie de flor.

    - O que aconteceria com essa espécie de ave se essa planta entrasse em extinção?

9. A descoberta de fósseis recentes indica que dinossauros predadores, como o tiranossauro, tinham penas.

    - Isso muda a imagem que você tem desses animais? Faça um desenho de como você imagina esses dinossauros.

CAPÍTULO 3
MAMÍFEROS

PARA COMEÇAR

Os mamíferos têm glândulas mamárias e o corpo total ou parcialmente coberto por pelos. Com cerca de 5 mil espécies conhecidas, o grupo apresenta enorme diversidade de formas, tamanhos e modos de vida. Como essas e outras características possibilitaram aos mamíferos ocupar os mais diferentes ambientes?

arborícola: termo usado para descrever animais que vivem principalmente nas árvores.

fossorial: termo usado para descrever animais que escavam o solo e vivem sob a terra.

CARACTERÍSTICAS GERAIS

Os **mamíferos** da atualidade podem ser encontrados em todos os ambientes. Existem espécies terrestres, arborícolas, fossoriais, de água doce, marinhas e voadoras, que ocupam desde as regiões tropicais até as zonas polares do planeta.

Entre as características exclusivas dos mamíferos, as principais são o corpo total ou parcialmente coberto por **pelos** e a presença de **glândulas mamárias**, desenvolvidas nas fêmeas.

Os mamíferos, como as aves, são animais endotérmicos. Sua respiração é pulmonar, e seu sistema circulatório também é semelhante ao das aves.

O sistema nervoso dos mamíferos inclui um cérebro bem desenvolvido, e esses animais têm grande aptidão para a aprendizagem e são capazes de modificar seu comportamento, adaptando-se a diversas situações. Muitos vivem em grupos e sociedades, o que exige boa capacidade de comunicação. Os órgãos sensoriais são bem desenvolvidos.

A pele dos mamíferos apresenta glândulas secretoras, como as glândulas sebáceas e as glândulas mamárias. A fecundação desses animais é interna, e o desenvolvimento embrionário ocorre no útero materno na maioria das espécies.

▼ O mamute-lanoso (*Mammuthus primigenius*), mamífero pré-histórico, foi extinto há cerca de 5 600 anos. O esqueleto da foto está em exibição no Museu de História Natural, em Shangai, na China.

altura: 3 m

LOCOMOÇÃO E SUSTENTAÇÃO

Os mamíferos em geral são quadrúpedes, e seus membros são dispostos perpendicularmente ao corpo. As articulações da coluna vertebral participam, com os membros, da locomoção. O tamanho e o formato dos membros variam:

Membros alongados: cavalos, antílopes e outros mamíferos corredores e saltadores apoiam apenas os dedos ou suas extremidades no solo. As unhas podem ser modificadas em cascos, como nos herbívoros, ou em garras, como nos carnívoros.

Nadadeiras: mamíferos aquáticos têm os membros em forma de nadadeiras. Em alguns casos, como nos golfinhos e nas baleias, os membros posteriores são bastante reduzidos.

Asas: nos morcegos, os membros anteriores têm forma de asas e são adaptados ao voo, enquanto os membros posteriores são adaptados para agarrar.

Polegares opositores: o dedo polegar, em muitas espécies, realiza um movimento oposto ao dos demais dedos, o que lhes permite agarrar objetos com firmeza. Nos primatas em geral, isso ocorre nas quatro extremidades dos membros; nos humanos, apenas nos membros anteriores.

DENTIÇÃO

Os mamíferos têm dentes especializados em diferentes funções: molares (dentes que trituram), incisivos (dentes que cortam) e caninos (dentes que rasgam). A dentição reflete o hábito alimentar de cada espécie.

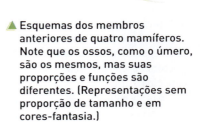

▲ Esquemas dos membros anteriores de quatro mamíferos. Note que os ossos, como o úmero, são os mesmos, mas suas proporções e funções são diferentes. (Representações sem proporção de tamanho e em cores-fantasia.)

Fonte de pesquisa: Cleveland P. Hickman e outros. *Princípios integrados de zoologia*. 15. ed. Rio de Janeiro: Guanabara Koogan, 2013. p. 114.

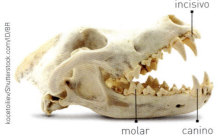

▲ Nos carnívoros, os três tipos de dente estão presentes, mas os caninos, usados como garras, são mais desenvolvidos.

▲ Nos herbívoros, os incisivos são usados para cortar folhas, e os molares, para triturá-las. Os caninos são reduzidos ou ausentes.

◀ Nos onívoros, a presença dos três tipos de dente igualmente desenvolvidos sugere uma dieta variada.

CIDADANIA GLOBAL

OS BOTOS DA AMAZÔNIA

Os golfinhos fluviais, ou botos, são encontrados apenas no norte da América do Sul e no continente da Ásia. Os botos são da ordem Cetacea, semelhante aos golfinhos. [...]

[...]

Nos últimos anos, a população de botos da Amazônia se encontrou ameaçada por pescadores, pois sua carne e gordura são utilizadas como isca na pesca do bagre [...] piracatinga, que é uma espécie comercializada principalmente no mercado externo.

[...]

Além da pesca direta, uma outra ameaça à população de botos da Amazônia é a captura acidental em redes de pesca dispostas ao longo do rio. [...]

Outras ameaças aos botos são a matança indiscriminada devido a conflitos com atividades de pesca (os botos danificam aparatos de pesca e roubam ou danificam o pescado preso em redes), aumento no tráfego de embarcações, perda e degradação de seus hábitats [...] e construção de hidrovias e barragens.

[...]

Como forma de proteção aos botos, o ecoturismo é uma atividade econômica que vem crescendo em alguns municípios e sensibiliza sobre a importância da proteção destas espécies. [...]

Débora Rodrigues. Os botos da Amazônia. Observatório da Costa Amazônica (OCA), 8 jul. 2021. Disponível em: https://oca.eco.br/pt_br/os-botos-da-amazonia/. Acesso em: 7 mar. 2023.

1. Segundo o texto, que ações humanas têm ameaçado os botos na Amazônia?
2. Que estratégias, além da citada no texto, podem contribuir para a preservação dos botos?

DIVERSIDADE DOS MAMÍFEROS

Os mamíferos originaram-se de um grupo de répteis, há mais de 160 milhões de anos. O grupo expandiu-se há cerca de 60 milhões de anos, e, atualmente, são conhecidas em torno de 5,5 mil espécies de mamíferos. Dessas, cerca de 700 estão no Brasil. De acordo com características relacionadas ao modo de desenvolvimento dos embriões, os mamíferos são classificados em três grupos.

Monotremados

Os **monotremados** apresentam características semelhantes às dos mamíferos ancestrais. Não têm placenta – órgão que une a mãe ao feto – e são ovíparos. Nas fêmeas, as glândulas mamárias são desenvolvidas. Atualmente, existem três espécies de monotremados: o ornitorrinco e duas espécies de equidnas.

Marsupiais

Os **marsupiais** e os placentários têm um ancestral comum e compartilham uma série de características, como a viviparidade. O marsúpio é uma bolsa localizada no abdome das fêmeas, na qual os embriões completam seu desenvolvimento e estão as glândulas mamárias. São exemplos de marsupiais os cangurus, os coalas, o gambá e a cuíca.

Placentários

Os **placentários** são o grupo mais numeroso e diversificado de mamíferos. São divididos em 24 subgrupos, entre eles os quirópteros (morcegos), os cetáceos (como botos, golfinhos e baleias), os carnívoros (como ursos, cães e gatos) e os primatas (macacos e seres humanos).

▲ O esquema mostra os três grandes grupos de mamíferos, com alguns exemplos de subgrupos de placentários. Fotos sem proporção de tamanho.

Equidna-de-focinho-curto (*Tachyglossus aculeatus*). Coala (*Phascolarctos cinereus*). Morcego-de-franja (*Myotis nattereri*). Cachalote (*Physeter macrocephalus*). Mico-leão-dourado (*Leontopithecus rosalia*).

ATIVIDADES

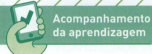

Retomar e compreender

1. Embora não seja o grupo com maior número de espécies dentre os vertebrados, os mamíferos estão distribuídos por todos os ambientes, apresentando notável capacidade de adaptação. Responda:
   - Quais características distinguem os mamíferos dos demais vertebrados?

2. Quais características dos mamíferos podem explicar sua presença em praticamente todo o planeta, das regiões equatoriais às polares?

3. Os mamíferos são muito diversificados, inclusive quanto ao modo de reprodução.
   - Caracterize os três subgrupos de mamíferos de acordo com o tipo de desenvolvimento embrionário de cada um.

4. A espécie retratada na foto a seguir vive sob a água, é dotada de nadadeiras, respira por pulmões e apresenta fecundação interna. As fêmeas dessa espécie alimentam seus filhotes com uma secreção produzida por glândulas.

comprimento: 2,5 m

   - A qual grupo de vertebrado essa espécie pertence? Justifique sua resposta.

5. Observe a foto a seguir, que mostra o esqueleto de um cachorro, e responda às questões.

   a) Quais características visíveis na imagem permitem concluir que o cachorro é um mamífero?

   b) Quais características visíveis na imagem permitem concluir que o cachorro é um animal de hábito corredor?

Aplicar

6. Ao visitar um museu de anatomia, um estudante observou crânios de mamíferos que estavam em exposição. Isso lhe permitiu classificar alguns animais de acordo com seus hábitos alimentares.

A

B

C

   - Com base nas imagens, apresente uma hipótese sobre os hábitos alimentares de cada animal. Justifique sua hipótese.

7. Acredita-se que os mamutes foram um dos primeiros animais extintos devido à ação humana. Hoje, mais de oitenta espécies de mamíferos correm o risco de ser extintas no Brasil, principalmente primatas que vivem nas regiões da Mata Atlântica.
   - Faça uma pesquisa sobre um mamífero brasileiro em extinção e sua relação com outros animais. Depois, escreva um texto posicionando-se a favor da preservação dessa espécie.

CONTEXTO
CIÊNCIA, TECNOLOGIA E SOCIEDADE

Desafios éticos na pesquisa

Vacinas, medicamentos e muitas substâncias indispensáveis à saúde são identificadas ou desenvolvidas com base em estudos e experimentos científicos. Muitos desses experimentos requerem o uso de animais, pois, antes de essas substâncias serem administradas em seres humanos, é preciso testar como elas se comportam em outros organismos vivos.

Estima-se que cerca de 95% de todos os animais usados em laboratórios são ratos e camundongos. Pesquisadores optam por estudá-los porque, além da facilidade de manejo, eles apresentam órgãos, como coração, estômago, pulmões, cérebro, etc., e sistemas de órgãos, como o respiratório, o cardiovascular, o nervoso, etc., com estrutura e funções semelhantes às do corpo humano.

No entanto, os testes em animais envolvem uma discussão ética que gera questionamentos sobre o modo como esses animais são criados, o sofrimento a que podem ser submetidos, a real necessidade de experimentos desse tipo e a validade deles para se obter um benefício maior para a população, entre outros. Para resolver esse dilema, cientistas têm recorrido a novas tecnologias, como mostra o texto a seguir.

Uso de animais em pesquisa abrange desafios éticos e compromisso com novas tecnologias

"[...] ainda hoje, apesar da evolução tecnológica, não existem alternativas [ao uso de animais] válidas para todos os estudos que precisam ser realizados", disse [...] a médica veterinária Carla de Freitas Campos, diretora do Instituto de Ciência e Tecnologia em Biomodelos (ICTB/Fiocruz). Ela explicou que os animais ainda são os modelos mais parecidos com os humanos para se desenvolverem estudos científicos e tecnológicos em saúde. "Sem eles, muitas das grandes conquistas e prêmios Nobel na área da saúde, que hoje salvam milhares de vidas, não teriam sido alcançados".

Para Carla, é preciso pensar a questão do uso de animais em termos amplos, levando em consideração a relação custo-benefício das pesquisas em saúde para toda a população — e também para os próprios animais. Os resultados, enfatizou a pesquisadora, ultrapassam a saúde pública e se refletem em avanços na saúde veterinária. [...]

A pesquisadora esclareceu que a ciência de animais de laboratório em todo o mundo é regida atualmente pelos princípios dos 3Rs. A sigla, inspirada nos conceitos de sustentabilidade ambiental, relaciona as iniciais, em inglês, de seus principais objetivos: redução (*Reduction*), refinamento (*Refinement*) e substituição (*Replacement*), que de forma resumida significam a redução do número de animais utilizados na pesquisa, a melhora na condução dos estudos, no sentido de minimizar o sofrimento ao mínimo possível, e a busca de métodos alternativos que, por fim, substituam os testes *in vivo*.

É esta teoria que orienta os cientistas a buscarem diminuir o número de animais utilizados e aprimorar as técnicas de modo a não repetir experimentos desnecessariamente, nem refazer procedimentos, além de buscar o modelo mais adequado para cada tipo de experimento. E, por fim, sempre que possível, substituir o uso de cobaias por um método alternativo disponível. A tendência do uso de animais em pesquisas, apontou Carla, é de queda. [...]

[...]

in vivo: teste ou experimento realizado dentro de um organismo vivo.

Animais de laboratório, como camundongos, são amplamente utilizados em pesquisas científicas.

Elisa Batalha. Uso de animais em pesquisa abrange desafios éticos e compromisso com novas tecnologias. Fiocruz, 23 fev.2017. Disponível em: https://portal.fiocruz.br/noticia/uso-de-animais-em-pesquisa-abrange-desafios-eticos-e-compromisso-com-novas-tecnologias. Acesso em: 7 mar. 2023.

Para compreender

1. De acordo com o texto, quais princípios devem orientar o aprimoramento tecnológico de procedimentos e testes que envolvem o uso de animais?

2. A que grupo de animais pertencem ratos e camundongos, os animais mais usados em laboratórios? Por que esses animais são muito utilizados em pesquisas?

3. O uso de células e tecidos cultivados *in vitro* é uma das alternativas ao uso de animais em laboratórios. Leia o texto a seguir sobre esse assunto e responda à questão.

in vitro: teste ou experimento realizado fora de um organismo vivo (por exemplo, em um tubo de ensaio).

> Seguindo com o compromisso de disseminação de métodos alternativos ao uso de animais, o INCQS [Instituto Nacional de Controle de Qualidade em Saúde] prepara-se para substituir o teste toxicológico clássico de irritação cutânea aguda primária [...], para avaliação do potencial de irritação e corrosão da pele, realizado com coelhos, pelo método que utiliza o modelo de epiderme humana reconstruída [...], realizado *in vitro*.
>
> O modelo de pele humana reconstruída [...] consiste na utilização de um modelo tridimensional obtido do cultivo de células humanas, mais especificamente os queratinócitos, que se diferenciam formando camadas análogas às observadas na epiderme *in vivo* e que respondem a estímulos como a irritação. [...]
>
> Segundo Izabela Gimenes Lopes, do Departamento de Farmacologia e Toxicologia (DFT) do INCQS, a tecnologia implementada é uma ferramenta importante para a avaliação de segurança de produtos e, ao mesmo tempo, banir os experimentos animais.
>
> [...]

 Qual é sua opinião sobre o **uso de animais em pesquisa**?

◀ Pele artificial pode ser uma estratégia eficiente para a substituição de animais de laboratório em pesquisas com cosméticos.

Maria Fernanda Romero. Substituição de animais por modelo de epiderme humana reconstruída em testes toxicológicos. Instituto Nacional de Controle de Qualidade em Saúde, 24 jun. 2020. Fiocruz. Disponível em: https://www.incqs.fiocruz.br/index.php?option=com_content&view=article&id=2240:substituicao-de-animais-por-modelo-de-epiderme-humana-reconstruida-em-testes-toxicologicos&catid=42&Itemid=132. Acesso em: 7 mar. 2023.

- Quais são as vantagens do uso de culturas de células e de tecidos em substituição ao uso de animais?

4. **SABER SER** Muitas indústrias de cosméticos investem em pesquisas ou incorporam tecnologias que visam substituir o uso de animais no desenvolvimento de seus produtos. Em sua opinião, de que forma os consumidores podem apoiar e incentivar iniciativas e práticas como essa?

ATIVIDADES INTEGRADAS

Retomar e compreender

1. Os vertebrados, em geral, têm sistema nervoso com cérebro bem desenvolvido, o que favoreceu sua evolução.
   - Qual característica dos vertebrados pode estar associada ao desenvolvimento diferenciado do sistema nervoso e, em especial, do cérebro?

2. A tabela a seguir reúne características encontradas nos animais vertebrados. Copie-a no caderno e associe as características listadas na coluna da esquerda aos animais da coluna da direita.

Características	Animais
I. Pelos	Sardinha
II. Escamas	Perereca
III. Vértebras	Galinha
IV. Brânquias	Lagartixa
V. Costelas envolvendo os pulmões	Gato
VI. Metamorfose durante o desenvolvimento	
VII. Pele seca	
VIII. Penas	

3. No caderno, copie o diagrama, que resume a atuação do sistema nervoso desde a captação de ondas sonoras até a emissão de sons utilizados na comunicação de anfíbios anuros. Depois, leia o texto a seguir, preencha o diagrama e responda à questão.

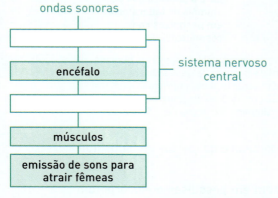

Nos vertebrados, o encéfalo localiza-se na cabeça, protegido pelo crânio, próximo aos órgãos dos sentidos. O controle do comportamento é resultado da integração de informações pelo encéfalo, captadas pelos órgãos sensoriais.
   - Para os anfíbios, qual é a importância de produzir sons tão característicos?

4. Os ornitorrincos são animais aquáticos dotados de pelos e bico e ovíparos. As fêmeas alimentam seus filhotes com uma secreção produzida em glândulas localizadas na região peitoral.

comprimento: 47 cm

   - Em qual grupo de vertebrados o ornitorrinco deve ser classificado? Justifique.

5. Acredita-se que as aves se originaram de um grupo de répteis semelhantes aos extintos dinossauros.
   - Quais são as características compartilhadas entre aves e répteis?

Aplicar

6. A figura a seguir representa um ovo de animal terrestre. Observe-a e faça o que se pede.

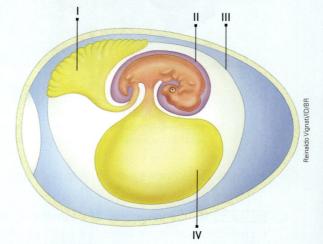

▲ Representação sem proporção de tamanho e em cores-fantasia.

a) Cite o nome e a função de cada uma das estruturas numeradas.
b) É possível identificar se o ovo é de ave ou de réptil? Explique.
c) Copie a figura do ovo no caderno e acrescente a informação necessária à imagem para diferenciar o ovo de uma ave do ovo de um réptil.

Analisar e verificar

7. Leia o texto e responda às questões.

> [...] O grupo dos peixes com pulmão foi muito diversificado no passado evolutivo, mas atualmente existem apenas seis espécies, distribuídas pelo hemisfério Sul. Somente uma delas, a *Lepidosiren paradoxa*, vive nos rios brasileiros, nas bacias Amazônica e do Prata. Ela pertence à família Lepidosirenidae e tem o nome popular de piramboia (em tupi, *pirá* significa peixe e *mbóia*, cobra). [...]
>
> Os peixes pulmonados são verdadeiros "fósseis vivos", exemplos de como se deu a evolução da respiração aquática para a aérea. [...]
>
> Em sua adaptação a essas condições, houve uma expansão do trato digestivo, que funciona como um pulmão. Este contém numerosas paredes muito finas e ricamente vascularizadas, nas quais o sangue circula e captura o oxigênio do ar atmosférico. A respiração aérea é obrigatória, mas o peixe pulmonado também tem brânquias como os demais peixes e depende da água para sobreviver, pois é nela que caça e se reproduz. [...]
>
> José Sabino. É verdade que alguns peixes têm pulmão e podem viver fora d´água? *Ciência Hoje*, n. 245, fev. 2008. Disponível em: https://cienciahoje.org.br/artigo/e-verdade-que-alguns-peixes-tem-pulmao-e-podem-viver-fora-dagua/. Acesso em: 24 mar. 2023.

a) Os peixes são animais completamente adaptados à vida aquática. Quais seriam as vantagens em sair do ambiente aquático?
b) Que adaptação permitiu aos peixes capturar o ar atmosférico? Explique.

8. Os anfíbios são considerados indicadores da qualidade ambiental, ou seja, a diversidade e a abundância desses vertebrados indicam se as águas de um ecossistema estão, ou não, preservadas.

- Qual característica dos anfíbios permite fazer essa associação com a qualidade da água?

9. As fotos a seguir retratam os esqueletos de duas aves, uma de hábito voador e outra de hábito corredor.

A — comprimento: 37 cm

B — comprimento: 2 m

- Analise o esqueleto de cada uma delas e estabeleça qual é a ave corredora e qual é a ave voadora. Justifique sua resposta.

Criar

10. A linha lateral é uma estrutura localizada ao longo do corpo dos peixes e é essencial para a sobrevivência desses animais. Elabore uma hipótese que explique por que, em muitos peixes, a linha lateral é um órgão de orientação mais importante que os olhos.

CIDADANIA GLOBAL
UNIDADE 7

Retomando o tema

Nesta unidade, você conheceu características e a diversidade de espécies de cinco grupos de animais vertebrados – peixes, anfíbios, répteis, aves e mamíferos. Você também viu exemplos de vertebrados que estão sob risco de extinção, bem como atitudes e medidas que têm sido tomadas para reduzir essa ameaça.

Agora, verifique seus conhecimentos sobre esses temas respondendo às questões a seguir.

1. O que significa dizer que uma espécie foi extinta?
2. Cite algumas ações humanas que podem levar uma espécie à extinção.
3. Por que ambientes naturais, como florestas, lagos, rios e oceanos, precisam ser preservados?
4. Como a perda da biodiversidade, com a extinção de espécies de animais, por exemplo, pode afetar o ser humano?
5. Quais medidas podem ser tomadas a fim de proteger espécies ameaçadas e evitar a extinção delas?

Geração da mudança

- Forme um grupo com os colegas. Pesquisem em *sites* confiáveis espécies de vertebrados do Brasil que estão ameaçadas de extinção.
- Escolham uma dessas espécies e coletem as seguintes informações sobre ela: nome popular; nome científico; uma descrição da espécie; o ambiente onde vive; as ameaças a essa espécie; as estratégias para protegê-la.
- Utilizem essas informações e imagens para elaborar um encarte ou produzir um vídeo curto sobre esses vertebrados em risco de extinção. Em dia combinado com o professor, apresentem o material que produziram aos demais grupos. Caso tenham escolhido criar um encarte, vocês podem afixá-lo no mural da escola e, caso tenham optado por produzir o vídeo, vocês podem publicá-lo nas redes sociais da escola.

Autoavaliação

LOCOMOÇÃO HUMANA

UNIDADE 8

PRIMEIRAS IDEIAS

1. Você já fraturou algum osso do corpo ou conhece alguém que tenha sofrido uma fratura? Em caso afirmativo, o osso se recuperou? O que foi feito para que ele se recuperasse?
2. Quais músculos de seu corpo você conhece? Que movimentos eles ajudam você a realizar?
3. Quais atividades físicas você costuma praticar? De que forma essas atividades podem ajudar a manter a saúde do organismo?

Conhecimentos prévios

Nesta unidade, eu vou...

CAPÍTULO 1 Sistema esquelético

- Descrever as funções e as estruturas que compõem o sistema esquelético humano.
- Identificar as características dos ossos.
- Explicar como ocorrem o crescimento e a regeneração dos ossos.
- Identificar as articulações e explicar como funcionam.

CAPÍTULO 2 Sistema muscular

- Descrever as características e as funções do sistema muscular.
- Descrever o funcionamento dos músculos.
- Identificar os tipos de músculo.
- Relacionar o sistema muscular aos sistemas esquelético e nervoso.
- Construir um modelo de braço e antebraço e testar seu funcionamento, para elaborar conclusões sobre a interação entre os sistemas do corpo.

CAPÍTULO 3 Movimento e saúde

- Reconhecer a importância das atividades físicas para a saúde.
- Descrever o que é tônus muscular.
- Conhecer os problemas mais comuns que afetam a coluna vertebral e os cuidados que devemos ter com ela.
- Reconhecer a importância dos cuidados com o corpo para ter uma vida saudável.
- Valorizar o respeito aos direitos das pessoas com deficiência, para que lhes seja garantida a acessibilidade.

CIDADANIA GLOBAL

- Compreender os conceitos de inclusão e sua relação com a legislação atual.
- Refletir sobre o papel da escola na inclusão de pessoas com deficiência.

193

LEITURA DA IMAGEM

1. Descreva o que os jovens retratados na foto estão fazendo.
2. Você já participou de um evento esportivo como esse da foto? Se sim, conte como foi sua experiência.
3. Na escola em que você estuda, existem atividades como a retratada na foto? Em caso positivo, descreva essa experiência. Em caso negativo, você gostaria que a escola organizasse uma atividade desse tipo? Por quê?

CIDADANIA GLOBAL

Atualmente, a deficiência é compreendida como uma característica de natureza física, mental, intelectual ou sensorial que afeta a relação da pessoa com o ambiente em que vive. Desse modo, a inclusão de pessoas com deficiência deve levar em consideração adaptações de diversos tipos no ambiente.

- Promover sociedades inclusivas é um dos objetivos de desenvolvimento sustentável da Organização das Nações Unidas (ONU). Como tornar a escola mais inclusiva para as pessoas com deficiência?

Que responsabilidade temos em relação aos **direitos das pessoas com deficiência**?

Estudantes competem nas paraolimpíadas escolares de 2021 em São Paulo (SP). Realizadas desde 2009, as paraolimpíadas escolares são o maior evento esportivo do mundo para crianças e adolescentes com deficiência.

CAPÍTULO 1

SISTEMA ESQUELÉTICO

PARA COMEÇAR

O sistema esquelético desempenha funções importantes, como sustentação, proteção de órgãos, produção de componentes do sangue e armazenamento de minerais. Quais características desse sistema estão relacionadas a essas funções?

FUNÇÕES DO SISTEMA ESQUELÉTICO

O **sistema esquelético humano** desempenha várias funções:
- sustentação do corpo e proteção de órgãos internos;
- produção de movimentos, em conjunto com os músculos;
- produção de células sanguíneas;
- armazenamento de minerais.

O crânio, por exemplo, protege o cérebro, e as costelas protegem os órgãos internos do tórax, como os pulmões e o coração. A realização de movimentos é possível graças à associação entre o sistema nervoso, o sistema esquelético e os músculos.

Os ossos armazenam diversos minerais constituídos de elementos como cálcio e fósforo, que são fundamentais para o funcionamento das células e devem estar presentes no sangue em quantidades adequadas. De acordo com a necessidade, os ossos liberam ou armazenam esses minerais, mantendo em equilíbrio a quantidade deles no sangue.

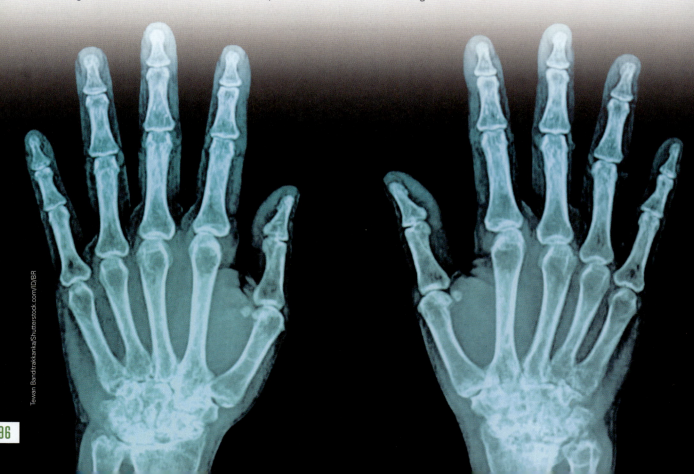

▼ O estudo do sistema esquelético dos seres humanos evidencia as funções essenciais desse sistema no organismo.

O ESQUELETO HUMANO

O esqueleto humano de um adulto tem cerca de 206 ossos. Os bebês nascem com um número maior de ossos, cerca de 270, mas alguns desses ossos se fundem ao longo do tempo.

O esqueleto humano pode ser dividido em duas partes:

- **Esqueleto axial** – formado pelo crânio, pela coluna vertebral, pelas costelas e pelo esterno.
- **Esqueleto apendicular** – formado pelos ossos dos membros superiores (escápula, clavícula, ossos do braço, antebraço e mão) e pelos ossos dos membros inferiores (ossos do quadril, da coxa, da perna e do pé).

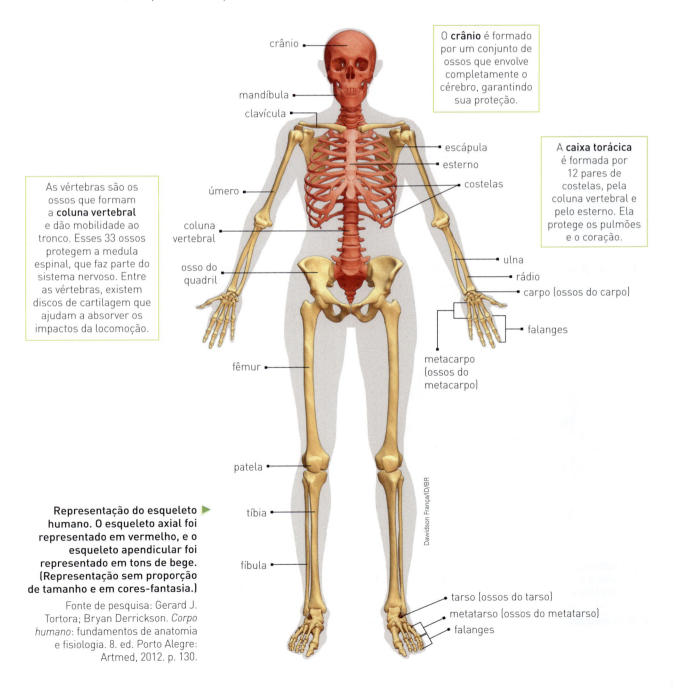

As vértebras são os ossos que formam a **coluna vertebral** e dão mobilidade ao tronco. Esses 33 ossos protegem a medula espinal, que faz parte do sistema nervoso. Entre as vértebras, existem discos de cartilagem que ajudam a absorver os impactos da locomoção.

O **crânio** é formado por um conjunto de ossos que envolve completamente o cérebro, garantindo sua proteção.

A **caixa torácica** é formada por 12 pares de costelas, pela coluna vertebral e pelo esterno. Ela protege os pulmões e o coração.

▶ Representação do esqueleto humano. O esqueleto axial foi representado em vermelho, e o esqueleto apendicular foi representado em tons de bege. (Representação sem proporção de tamanho e em cores-fantasia.)

Fonte de pesquisa: Gerard J. Tortora; Bryan Derrickson. *Corpo humano*: fundamentos de anatomia e fisiologia. 8. ed. Porto Alegre: Artmed, 2012. p. 130.

TIPOS DE OSSOS

Os ossos do corpo humano podem ser classificados de acordo com seu tamanho e formato. Um dos modos de classificá-los considera as seguintes categorias: curtos, longos, planos e irregulares.

Ossos curtos: têm espessura, comprimento e largura bem parecidos, como muitos ossos do punho e do tornozelo.

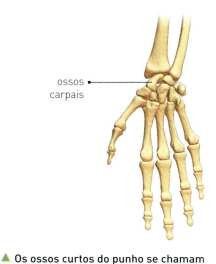

▲ Os ossos curtos do punho se chamam ossos carpais.

Ossos longos: apresentam comprimento maior que a largura, como o fêmur (localizado na coxa) e o úmero (localizado no braço).

▲ O fêmur, localizado na coxa, é o maior osso do corpo humano.

Ossos planos: são ossos cuja largura é maior que a espessura, como os ossos do crânio e o esterno.

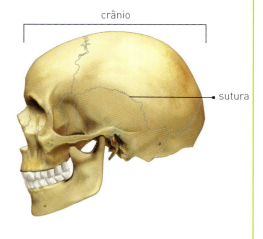

▲ Vista lateral do crânio de um adulto. As suturas, como a indicada na imagem, são regiões onde ossos diferentes se encaixam.

Ossos irregulares: seu formato não permite classificá-los nas outras categorias. As vértebras (que compõem a coluna vertebral) e alguns ossos da face são exemplos desse tipo de osso.

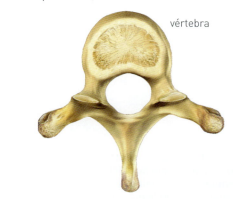

▲ Em geral, a coluna vertebral é formada por 33 vértebras. Observe que, na vértebra, há um orifício: é por ele que passa a medula espinal.

▲ Representações sem proporção de tamanho e em cores-fantasia.

Fonte de pesquisa: Gerard J. Tortora; Bryan Derrickson. *Corpo humano*: fundamentos de anatomia e fisiologia. 10. ed. Porto Alegre: Artmed, 2017. p. 133, 143, 148 e 151.

ESTRUTURA E FUNÇÃO DOS OSSOS

Os ossos são formados por duas camadas: uma camada externa maciça de **tecido ósseo compacto** e uma camada interna de **tecido ósseo esponjoso**, composta de pequenas cavidades.

Os ossos apresentam células e vasos sanguíneos.

No tecido ósseo, existem células que fazem parte da estrutura do osso, células responsáveis pela formação dos ossos e células que digerem os componentes dos ossos e, assim, participam do processo de crescimento, desenvolvimento e recomposição deles. O material que fica em volta das células é composto de água, fibras colágenas e sais minerais cristalizados.

Os sais minerais cristalizados, como o cálcio e o fosfato, dão resistência aos ossos, e as fibras colágenas e outros materiais conferem a eles certa flexibilidade e resistência a fraturas.

Alguns ossos podem conter **medula óssea** no interior do tecido ósseo esponjoso e na cavidade medular. Nos bebês, a medula óssea é completamente vermelha. Nela, são produzidas as células do sangue, como as hemácias, as plaquetas e os glóbulos brancos. Com o passar do tempo, a medula óssea vai perdendo essa função e passa a acumular gordura, sendo chamada de medula óssea amarela. Nos adultos, a medula óssea vermelha continua sendo produzida somente em alguns ossos.

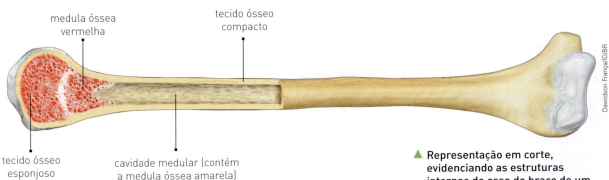

▲ Representação em corte, evidenciando as estruturas internas do osso do braço de um adulto. (Representação sem proporção de tamanho e em cores-fantasia.)

Fonte de pesquisa: Gerard J. Tortora; Bryan Derrickson. *Corpo humano*: fundamentos de anatomia e fisiologia. 10. ed. Porto Alegre: Artmed, 2017. p. 120.

Crescimento

Durante a infância e a adolescência, os ossos longos crescem tanto em comprimento quanto em espessura.

O crescimento em comprimento nos ossos longos está relacionado a uma camada de cartilagem existente nas extremidades dos ossos. Essa camada contém células típicas da cartilagem, que se transformam em osso quando estão velhas. Ao mesmo tempo, as formas jovens dessas células se dividem, e esse processo mantém relativamente constante a espessura da camada de cartilagem.

Assim, enquanto o osso cresce em comprimento, também cresce em espessura, com a formação de novas células ósseas em sua superfície.

FRATURAS

Quando um osso quebra, dizemos que ocorreu uma **fratura**. A resistência dos ossos nem sempre é suficiente para impedir uma fratura em casos de trauma. No entanto, o osso fraturado pode ser reparado por meio de um processo que envolve diversas etapas. Observe o esquema a seguir.

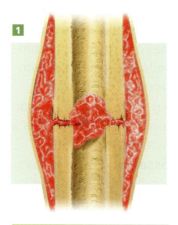

1. Células especializadas começam a remover e digerir células mortas.

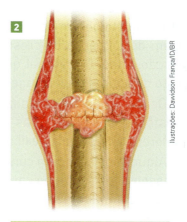

2. O tecido cartilaginoso se prolifera ao redor da região fraturada, contendo células formadoras de tecido ósseo.

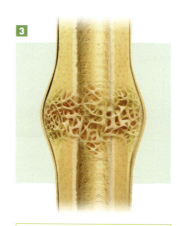

3. O tecido cartilaginoso se converte em tecido ósseo.

4. O tecido ósseo torna-se mais organizado e mineralizado, concluindo a regeneração do osso.

▲ O esquema mostra as etapas de regeneração do osso fraturado. O tratamento inclui a imobilização do osso na posição original com o auxílio de gesso ou aparelho até a completa união das partes e a recuperação do órgão. (Representações sem proporção de tamanho e em cores-fantasia.)

Fonte de pesquisa: Gerard J. Tortora; Bryan Derrickson. *Corpo humano*: fundamentos de anatomia e fisiologia. 10. ed. Porto Alegre: Artmed, 2017. p. 127.

É comum que os médicos recomendem o uso de talas ou de gesso envolvendo a parte do corpo com ossos fraturados. A tala ou o gesso imobiliza a região afetada, assim a recuperação dos ossos ocorre mais rapidamente e na posição correta.

RADIOGRAFIAS

Quando os médicos suspeitam que um osso está quebrado, eles podem usar uma radiografia para obter uma imagem interna do corpo e confirmar a fratura. Esse exame é baseado na emissão de raios X, capazes de penetrar em material sólido. A parte do corpo examinada é colocada entre um filme sensível a raios X e uma fonte desses raios. Materiais mais densos, como os ossos, absorvem mais radiação do que aqueles menos densos, como a pele. As porções mais claras da imagem gerada correspondem aos materiais mais densos.

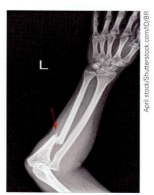

▲ Radiografia de ulna (osso do antebraço) fraturada.

ARTICULAÇÕES

A região de contato entre dois ossos ou entre a cartilagem e os ossos é denominada **articulação**, que pode ser móvel, semimóvel ou imóvel. Veja as imagens a seguir.

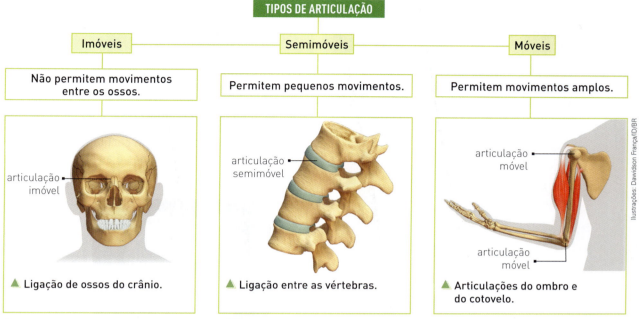

▲ Representações sem proporção de tamanho e em cores-fantasia.

Em algumas articulações, os ossos são cobertos de **cartilagem**, que os protege contra o atrito e o desgaste. Também pode estar presente o **líquido sinovial**, que auxilia nessa proteção e facilita os movimentos ao lubrificar as extremidades dos ossos.

Os **tendões** são estruturas que ligam os músculos aos ossos. Quando um músculo encurta, ele puxa o osso ao qual está ligado pelo tendão, provocando o movimento. Os **ligamentos** são fibras fortes e resistentes que ligam dois ossos. Eles ajudam a manter os ossos e as articulações no lugar.

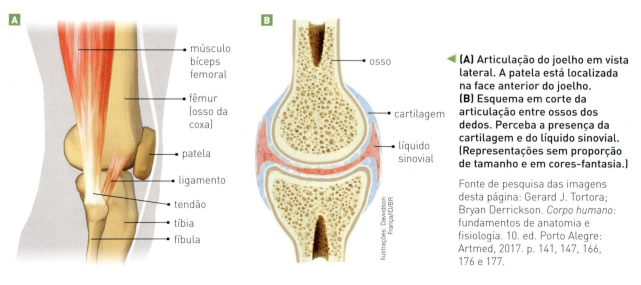

◀ (A) Articulação do joelho em vista lateral. A patela está localizada na face anterior do joelho.
(B) Esquema em corte da articulação entre ossos dos dedos. Perceba a presença da cartilagem e do líquido sinovial. (Representações sem proporção de tamanho e em cores-fantasia.)

Fonte de pesquisa das imagens desta página: Gerard J. Tortora; Bryan Derrickson. *Corpo humano*: fundamentos de anatomia e fisiologia. 10. ed. Porto Alegre: Artmed, 2017. p. 141, 147, 166, 176 e 177.

ATIVIDADES

Retomar e compreender

1. Cite três funções do sistema esquelético.

2. Observe a imagem que reproduz o esqueleto humano.

   a) Foram usadas duas cores diferentes para representar partes do esqueleto. Qual é o nome de cada um desses conjuntos de ossos?

   b) Dê exemplos de ossos que constituem essas duas partes.

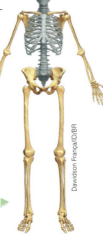

▶ Representação sem proporção de tamanho e em cores-fantasia.

3. Leia o texto e responda às questões.

   > Um homem de 53 anos é a quinta pessoa em todo o mundo a ser curada da infecção por HIV após passar por um transplante de células-tronco. O morador de Düsseldorf, na Alemanha, fez o procedimento há quase 10 anos para tratar uma leucemia mieloide aguda (LMA), câncer hematológico que pode matar. O paciente deixou de tomar os medicamentos antivirais em 2018 e, desde então, não há sinais do vírus da Aids em seu organismo.
   > [...]
   > As células-tronco extraídas da medula óssea do doador tinham uma mutação específica no gene CCR5, chamada CCR5Delta32. A rara variante genética, encontrada em cerca de 1% da população originária do centro e do norte da Europa, faz com que o HIV não consiga se abrigar nas células do sistema imunológico, fornecendo uma proteção natural contra o vírus.
   >
   > Paloma Oliveto. Pela quinta vez na história, homem é curado de HIV com células-tronco. *Correio Braziliense*, 21 fev. 2023. Disponível em: https://www.correiobraziliense.com.br/ciencia-e-saude/2023/02/5075051-pela-quinta-vez-na-historia-homem-e-curado-de-hiv-com-celulas-tronco.html. Acesso em: 13 mar. 2023.

Sobre a medula óssea, responda:

   a) Onde se localiza essa estrutura no corpo humano?

   b) Qual é o papel da medula óssea vermelha em nosso organismo?

4. Além da gordura, os ossos armazenam outras substâncias. Quais são elas e qual é a importância desse armazenamento?

5. O que são ligamentos? Qual é a função deles?

6. Qual é a importância da cartilagem e do líquido sinovial para os ossos e as articulações?

7. Observe a radiografia a seguir.

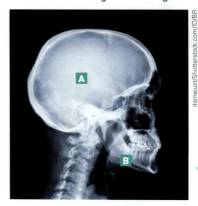

◀ Radiografia de cabeça humana.

   a) Quais ossos estão identificados pelas letras **A** e **B**?

   b) Os ossos identificados pela letra **A** protegem quais órgãos do corpo humano?

   c) Dê um exemplo de outro órgão protegido por ossos.

Aplicar

8. As articulações são estruturas essenciais do sistema musculoesquelético.

   a) O que aconteceria com nosso corpo se não houvesse articulações?

   b) Dê exemplos de articulações móveis.

9. Sobre os tipos de ossos do corpo humano, faça o que se pede.

   a) Que tipos de ossos há no corpo humano? Caracterize cada tipo.

   b) No caderno, desenhe ao menos um exemplo de osso de cada tipo descrito no item anterior.

CAPÍTULO 2
SISTEMA MUSCULAR

PARA COMEÇAR

Abrir e fechar os olhos, caminhar, mastigar... Essas e outras atividades não seriam possíveis sem a participação do sistema muscular. Quais características desse sistema estão relacionadas à capacidade de movimento do corpo?

VISÃO GERAL DO SISTEMA MUSCULAR

O **sistema muscular** é formado pelo conjunto dos músculos que participam da movimentação e da sustentação do corpo. Os músculos, os ossos e as articulações formam o sistema musculoesquelético.

O tecido muscular também é responsável por movimentar fluidos no interior do corpo, como a urina na bexiga, por regular o volume de certos órgãos, como o do estômago – que varia de acordo com os hábitos alimentares –, e por produzir calor por meio das contrações que realiza.

Os músculos são formados por células alongadas chamadas **fibras musculares**. Elas são capazes de realizar movimentos de contração e de relaxamento. Isso é chamado **contração muscular**.

▼ Os músculos permitem que o jovem realize os movimentos de dança.

TECIDO MUSCULAR

O tecido muscular é composto de fibras musculares. Esse tecido pode ser de três tipos:

- **Tecido estriado esquelético** – em geral, está ligado aos ossos e move o esqueleto.
- **Tecido estriado cardíaco** – está presente apenas no coração e é responsável por seus batimentos.
- **Tecido não estriado** ou **liso** – faz parte de órgãos internos e vasos sanguíneos.

Observe, ao lado, alguns dos principais músculos estriados esqueléticos do corpo humano.

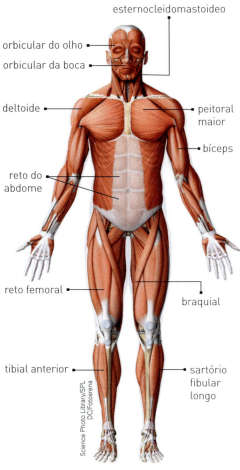

▲ Esquema da musculatura esquelética humana. O nome de alguns músculos estão indicados. (Representação sem proporção de tamanho e em cores-fantasia.)

Fonte de pesquisa: Gerard J. Tortora; Bryan Derrickson. *Corpo humano*: fundamentos de anatomia e fisiologia. 10. ed. Porto Alegre: Artmed, 2017. p. 204.

CIDADANIA GLOBAL

O QUE SÃO OS DIREITOS DAS PESSOAS COM DEFICIÊNCIA?

Os direitos das pessoas com deficiência são normas e valores que buscam a proteção, o amparo e a inclusão das pessoas com impedimentos de natureza física, mental, intelectual ou sensorial. Esses direitos se baseiam no princípio da igualdade, em que todos devem ter condições de participação ativa na sociedade.

[...]

Como consequência, além do princípio da igualdade, os direitos das pessoas com deficiência também abrangem o princípio da equidade, em que o tratamento diferenciado ou preferencial deve ser adotado pelo Estado para promover a integração e o desenvolvimento social das pessoas com deficiência, como forma de reduzir desigualdades e desequilíbrios.

[...]

Assim, é possível garantir diversos direitos fundamentais às pessoas com deficiência. No Brasil, eles são garantidos principalmente pela Constituição Federal de 1988 e pela Lei Federal n. 13 146/2015, também chamada de Estatuto da Pessoa com Deficiência.

No mundo, esses direitos são garantidos especialmente pela Convenção Internacional sobre os Direitos das Pessoas com Deficiência.

[...]

A acessibilidade é um direito vital para PcD [pessoas com deficiência], pois ela é a garantia de que os outros direitos fundamentais poderão ser exercidos. Quando dizemos que algo é acessível, estamos dizendo que todos podem ter acesso a isso. Assim, a acessibilidade trata do acesso de todo e qualquer cidadão aos espaços e serviços públicos e privados da sociedade.

[...]

Beatriz Cukierkorn Martins e outros. Direitos das pessoas com deficiência: o que são? *Politize!*, 21 set. 2021. Disponível em: https://www.politize.com.br/equidade/blogpost/direitos-das-pessoas-com-deficiencia-o-que-sao/. Acesso em: 13 mar. 2023.

1. Por que é importante haver leis que garantam direitos às pessoas com deficiência?
2. Relembre os locais que você costuma frequentar, como escola, biblioteca, cinema e parques, e o caminho que você faz de casa até a escola.
   - Esses locais e o caminho que você percorre têm estrutura adequada para pessoas com deficiência ou com mobilidade reduzida, ou seja, garantem a acessibilidade dessas pessoas? Converse com a turma, citando o que já existe, o que pode ser melhorado e o que ainda falta fazer para tornar esses locais acessíveis.

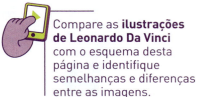

Compare as **ilustrações de Leonardo Da Vinci** com o esquema desta página e identifique semelhanças e diferenças entre as imagens.

MÚSCULOS E MOVIMENTOS

O sistema nervoso é responsável pelas contrações musculares que geram os movimentos do corpo. Esses movimentos podem ser voluntários ou involuntários.

Os **movimentos voluntários** são aqueles que podemos controlar conscientemente, como levantar os braços ou andar. Eles são realizados pelos **músculos estriados esqueléticos**. Esse tipo de músculo apresenta estrias que podem ser observadas ao microscópio de luz e tem grande quantidade de nervos e vasos sanguíneos, necessários à contração muscular.

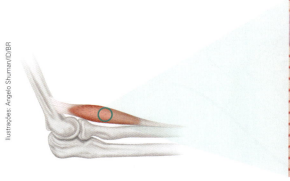

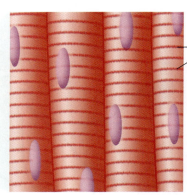

◀ Observe as estrias presentes no tecido muscular estriado esquelético. Esse tecido pode ser encontrado nos músculos do braço, por exemplo. (Representação sem proporção de tamanho e em cores-fantasia.)

Os **movimentos involuntários** são aqueles que não podemos controlar, como as contrações do estômago ou os batimentos cardíacos. Eles são realizados pelos **músculos não estriados** e pelos **músculos estriados cardíacos**.

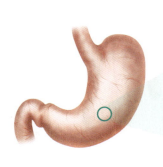

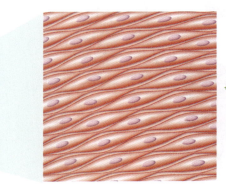

◀ A parede de órgãos do sistema digestório é formada por músculos não estriados, cujas contrações empurram o alimento ao longo do tubo digestório. (Representação sem proporção de tamanho e em cores-fantasia.)

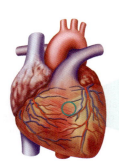

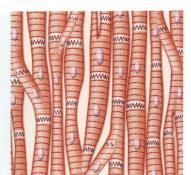

◀ Os músculos estriados cardíacos contraem o coração, que impulsiona o sangue pelo sistema circulatório. (Representação sem proporção de tamanho e em cores-fantasia.)

Fonte de pesquisa: Gerard J. Tortora; Bryan Derrickson. *Corpo humano*: fundamentos de anatomia e fisiologia. 10. ed. Porto Alegre: Artmed, 2017. p. 200.

O CONTROLE DOS MOVIMENTOS INVOLUNTÁRIOS

Os músculos não estriados promovem movimentos como o aumento ou a diminuição do volume da bexiga e a abertura e o fechamento das pupilas. As paredes dos vasos sanguíneos são recobertas por músculos não estriados que controlam o diâmetro desses vasos, regulando o fluxo de sangue que passa por eles.

Todas essas ações são movimentos involuntários controlados pelo **sistema nervoso autônomo**. Essa parte do sistema nervoso controla a musculatura não estriada e a musculatura cardíaca.

Veja, a seguir, alguns movimentos controlados pelo sistema nervoso autônomo.

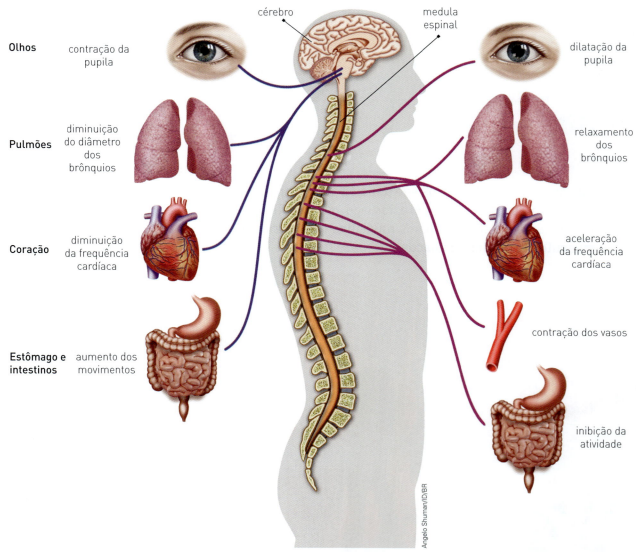

▲ Representação de alguns movimentos involuntários realizados pela musculatura não estriada e pela musculatura estriada cardíaca. Os fios azuis e os roxos representam nervos do sistema nervoso autônomo. (Representação sem proporção de tamanho e em cores-fantasia.)

Fonte de pesquisa: Gerard J. Tortora; Bryan Derrickson. *Corpo humano*: fundamentos de anatomia e fisiologia. 10. ed. Porto Alegre: Artmed, 2017. p. 288-289.

O MECANISMO DOS MOVIMENTOS VOLUNTÁRIOS

Nem sempre a contração dos músculos é suficiente para gerar movimento. No caso dos músculos estriados esqueléticos, cada uma de suas extremidades deve estar presa a um tendão, que, por sua vez, estará ligado a um osso. Um dos ossos será um apoio relativamente fixo ao músculo, enquanto o outro vai se mover em resposta à contração muscular. Esses ossos podem estar unidos por uma ou mais articulações, formando uma alavanca.

> **PARA EXPLORAR**
>
> *Corpo humano*: nosso mundo interior. Direção: Jad Abumrad. EUA, 2021 (290 min).
> Série documental com seis episódios. Cada episódio explora diferentes aspectos do corpo humano.

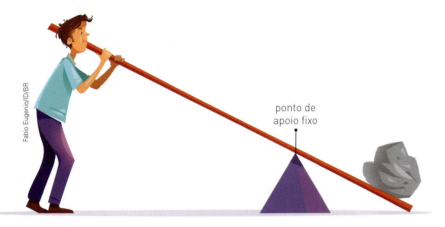

◀ A alavanca é uma ferramenta que pode girar em torno de um ponto de apoio fixo e aumentar o efeito da força aplicada.

Por exemplo, o movimento do antebraço na direção do corpo depende da contração do músculo chamado bíceps braquial. Esse músculo se liga, na região do ombro, a um osso chamado escápula e, na região do cotovelo, a um dos ossos do antebraço, o rádio. Quando contraímos o bíceps braquial, o antebraço se levanta.

Para que o antebraço volte à posição original, temos de contrair outro músculo: o tríceps braquial.

O bíceps braquial e o tríceps braquial agem de forma conjunta e contrária: quando um está contraído, o outro está relaxado. Por isso, esses músculos são chamados **antagonistas**.

▼ Esquema da atuação do sistema nervoso em movimentos voluntários de dois músculos antagonistas do braço: o bíceps e o tríceps. As setas verdes representam os impulsos nervosos enviados do cérebro aos músculos para promover a contração. (Representações sem proporção de tamanho e em cores-fantasia.)

Fonte de pesquisa: Gerard J. Tortora; Bryan Derrickson. *Corpo humano*: fundamentos de anatomia e fisiologia. 10. ed. Porto Alegre: Artmed, 2017. p. 201.

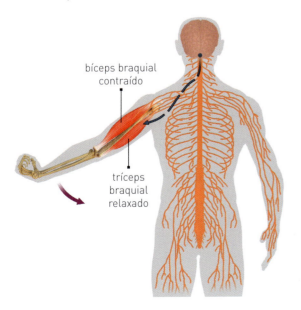
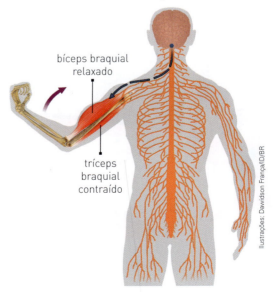

207

PRÁTICAS DE CIÊNCIAS

Construção de modelo de braço e antebraço

Como o antebraço se movimenta em relação ao braço? Quais estruturas estão envolvidas nessa movimentação? Para explorar essas questões, você e os colegas vão construir um **modelo** que representa o braço e o antebraço.

Material

- lápis preto
- régua de 30 cm
- folha de cartolina
- tesoura com pontas arredondadas
- fita adesiva
- massa de modelar
- espeto de madeira para churrasco
- barbante

Como fazer

Etapa I – Montagem do modelo

1. Formem grupos de três ou quatro estudantes.

2. Usem o lápis e a régua para delimitar três quadrados na cartolina. Dois deles devem ter a mesma medida do comprimento do antebraço de um dos colegas. A medida do outro quadrado deve corresponder ao comprimento do braço desse mesmo colega, conforme mostrado no esquema.

◀ Dois quadrados da cartolina devem ter a medida do comprimento do antebraço; o terceiro quadrado da cartolina deve ter a medida do comprimento do braço.

3. Recortem os quadrados e os enrolem, formando três cilindros finos de mesmo diâmetro, que devem ser presos com fita adesiva.

4. Usem a massa de modelar como apoio para furar, com o lápis, uma região a 3 cm de uma das extremidades de cada um dos três cilindros.

5. Com muito cuidado, passem o espeto de madeira pelos buracos dos cilindros, mantendo no centro o cilindro que representa o braço.

208

6. Unam com fita adesiva as extremidades livres dos tubos de cartolina que representam o antebraço.

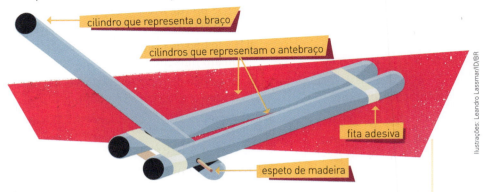

Etapa II – Testando o modelo

1. Manipulem o modelo, simulando a movimentação do braço e do antebraço.

2. Utilizem um pedaço de barbante para simular o bíceps braquial, músculo que movimenta o antebraço em direção ao corpo. Como uma simplificação do modelo, amarrem uma das pontas do barbante na extremidade do cilindro que representa o braço, na região correspondente ao ombro, e amarrem a outra ponta do barbante na extremidade de um dos cilindros que representam o antebraço, na região correspondente ao cotovelo. O barbante deve ficar bem esticado depois de preso.

3. Testem o modelo. Manipulem o barbante para simular a movimentação do antebraço em direção ao braço.

Para concluir

1. A quais partes do corpo correspondem os cilindros de papel, o espeto de madeira e o barbante?

2. Como você manipulou o barbante para causar a movimentação do antebraço? Como o antebraço se movimentou em relação ao braço?

3. Você e os colegas de grupo utilizaram um pedaço de barbante para representar um músculo e observaram o que acontece com o fio durante a movimentação do antebraço.
   a) Descreva uma limitação da representação do bíceps, ou seja, uma condição que é observada durante a contração desse músculo no corpo humano e não é respeitada no modelo.
   b) Que material poderia ser utilizado no lugar do barbante para corrigir essa limitação do modelo?

4. O movimento do braço se dá pela ação conjunta entre músculos, ossos e o sistema nervoso. De que forma a participação do sistema nervoso poderia ser representada nesse modelo?

ATIVIDADES

Retomar e compreender

1. Identifique qual das funções a seguir não se refere ao sistema muscular.

   a) Produção de calor.
   b) Proteção de órgãos como o cérebro, o coração e os pulmões.
   c) Participação na movimentação do corpo.
   d) Regulação do volume de certos órgãos.
   e) Participação na sustentação das estruturas corporais.

2. Leia a tira e responda à questão a seguir.

   Armandinho, de Alexandre Beck

   - No primeiro quadrinho, a personagem Armandinho está tremendo de frio. Esses tremores musculares são chamados de calafrios. De que maneira os calafrios estão relacionados ao controle da temperatura corporal?

3. Classifique os movimentos a seguir em voluntários ou involuntários.

   a) Aumento da frequência cardíaca.
   b) Fechar a mão.
   c) Dilatação de vasos sanguíneos.
   d) Contrair a pupila.
   e) Correr.
   f) Abrir a boca.
   g) Arremessar uma bola.

4. Leia o que afirma o texto a seguir.

   Os dedos se fecham quando seus músculos se contraem e puxam os ossos em direção à palma da mão. Para que os dedos se abram, os mesmos músculos empurram os ossos de volta.

   a) Você concorda com essa afirmação? Justifique sua resposta.
   b) Como são classificados os músculos citados no texto? Justifique sua resposta.

5. Associe corretamente as frases a seguir às fotos (indicadas com letras).

   I. Esse tipo de músculo pode ser encontrado no coração.
   II. Esse tipo de músculo pode ser encontrado em músculos como o tríceps.
   III. Esse tipo de músculo pode ser encontrado em órgãos como o estômago.

   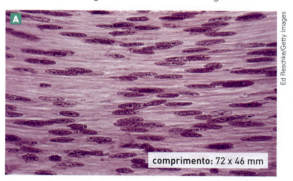

   ▲ Corte longitudinal de músculo não estriado. Foto ao microscópio de luz (uso de corantes, aumento de cerca de 330 vezes).

   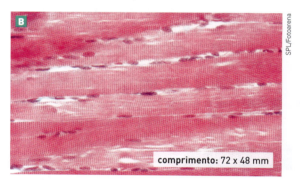

   ▲ Corte longitudinal de músculo estriado esquelético. Foto ao microscópio de luz (uso de corantes, aumento de cerca de 140 vezes).

   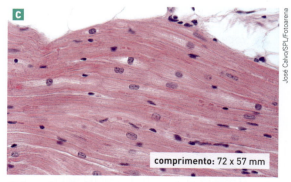

   ▲ Corte longitudinal de músculo estriado cardíaco. Foto ao microscópio de luz (uso de corantes, aumento de cerca de 210 vezes).

Acompanhamento da aprendizagem

6. A imagem a seguir mostra dois grupos de músculos antagonistas do corpo humano.

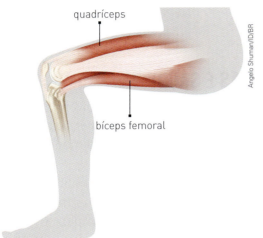

▲ O quadríceps e o bíceps femoral são músculos da coxa no corpo humano. (Representação sem proporção de tamanho e em cores-fantasia.)

a) O que são músculos antagonistas?

b) Quando o quadríceps está contraído, como está o bíceps femoral? Explique.

c) Dê o nome de dois músculos antagonistas (exceto o quadríceps e o bíceps femoral).

Aplicar

7. A foto a seguir mostra um jogador de futebol com cãibras na perna. A contração muscular intensa da cãibra diminui a capacidade de o membro realizar certos movimentos.

a) A cãibra é uma contração voluntária ou involuntária do músculo? Explique.

b) Você já teve cãibra ou presenciou alguém sofrendo uma contração dessas? Se sim, em qual músculo do corpo isso aconteceu?

c) O que pode ser feito para aliviar os sintomas das contrações musculares intensas?

8. Leia o texto e responda às questões a seguir.

O grosso tendão que fica acima dos calcanhares é popularmente chamado "tendão de Aquiles". Ele tem esse nome por causa do herói grego Aquiles, que, segundo a mitologia, era considerado invulnerável menos em um único ponto fraco, o calcanhar, onde, de acordo com uma das versões da lenda, foi atingido por uma flecha envenenada e morreu. Cientificamente, esse tendão é chamado de tendão calcâneo.

▲ Estátua de Aquiles em Corfu, na Grécia. Foto de 2021.

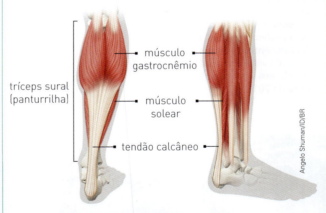

▲ Representação do tendão calcâneo. (Representação sem proporção de tamanho e em cores-fantasia.)

a) O que é um tendão?

b) O que provavelmente aconteceria ao movimento do pé de uma pessoa, caso ela rompesse o tendão calcâneo? Explique.

9. No caderno, escreva um parágrafo usando os termos sistema nervoso, músculo, osso, tendão e articulação, para exemplificar um movimento corporal produzido pela contração de um músculo estriado esquelético.

211

CAPÍTULO 3
MOVIMENTO E SAÚDE

PARA COMEÇAR

Andar, dançar, nadar, jogar futebol, vôlei, basquete... Toda atividade física, quando praticada de modo adequado, traz benefícios à saúde do sistema musculoesquelético e do organismo como um todo. Como essas atividades contribuem para o bem-estar físico e a saúde mental de uma pessoa?

ATIVIDADES FÍSICAS E SAÚDE

As **atividades físicas** são aquelas que envolvem a movimentação de ossos e músculos. Esportes como vôlei, futebol e natação e brincadeiras como pique-esconde e queimada são exemplos de atividades físicas.

A prática regular de atividades físicas traz muitos benefícios para a saúde. Quem se exercita desenvolve os músculos, que ficam menos sujeitos a sofrer lesões, por exemplo.

O exercício físico contribui também para a saúde do sistema circulatório, especialmente do coração, pois fortalece o músculo cardíaco. Por conta disso, o coração bate com mais força e menor frequência. A capacidade respiratória dos pulmões também aumenta, melhorando o fôlego e o condicionamento físico.

As atividades físicas contribuem, ainda, para a saúde mental, diminuindo o estresse e prevenindo a depressão.

▼ A prática de atividades físicas aumenta o volume das fibras musculares e a força com a qual elas podem se contrair. Adolescentes da etnia Kalapalo jogando vôlei em área externa da escola em Querência (MT). Foto de 2018.

MOVIMENTO E SAÚDE DOS OSSOS

Os benefícios das atividades físicas se estendem aos ossos. Práticas como caminhar, correr ou levantar objetos aumentam a deposição de sais minerais nos ossos e a produção de uma proteína chamada colágeno, tornando-os mais resistentes. Sem esses estímulos, os ossos não se fortalecem; pelo contrário, tornam-se mais fracos.

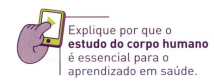

Explique por que o **estudo do corpo humano** é essencial para o aprendizado em saúde.

▲ Na foto, quatro astronautas da Nasa a bordo da Estação Espacial Internacional, em 2019. Quando estão no espaço, os astronautas podem perder até 1% de massa óssea por semana.

A prática de atividades físicas na adolescência e na juventude pode aumentar a massa óssea e prevenir a ocorrência de problemas futuros, como a <u>osteoporose</u>. No entanto, os idosos também podem aumentar a resistência óssea realizando atividades físicas, como a musculação. Em qualquer idade, a orientação de um profissional da área de saúde é importante.

<u>osteoporose</u>: doença caracterizada pela perda de massa óssea devido ao aumento da porosidade dos ossos.

TÔNUS MUSCULAR

O **tônus muscular** é uma pequena contração dos músculos estriados esqueléticos que não é suficiente para gerar movimento, mas permite que os músculos fiquem firmes o bastante para sustentar as partes do corpo. Assim, o tônus muscular nos permite ficar em pé, sustentar a cabeça e manter a coluna vertebral ereta, por exemplo.

Essa pequena contração é ativada pelo sistema nervoso. Por isso, pessoas que apresentam determinados problemas de saúde relacionados ao sistema nervoso podem perder o tônus muscular.

O tônus muscular da parte posterior das pernas impede que o bebê ▶ caia ao ficar em pé. É comum associar o conceito de tônus muscular apenas a indivíduos com músculos muito desenvolvidos e à beleza física, mas ele está relacionado à função de sustentação do corpo exercida pelo sistema muscular.

213

Interaja com **saúde da coluna vertebral** e identifique práticas diárias que previnem problemas que afetam o sistema esquelético.

CUIDADOS COM A POSTURA

É relativamente comum jovens e adolescentes terem dores e desvios de coluna associados à má postura ou ao uso incorreto de mochilas escolares. Pessoas que se sentam de forma errada, sem o cuidado de manter a coluna ereta, também estão sujeitas a esses problemas de saúde.

Alguns desses problemas são a **escoliose** – uma curvatura lateral da coluna vertebral –, a **hipercifose** – um grande desvio na região superior da coluna – e a **hiperlordose** – um grande desvio na região inferior (lombar) da coluna vertebral.

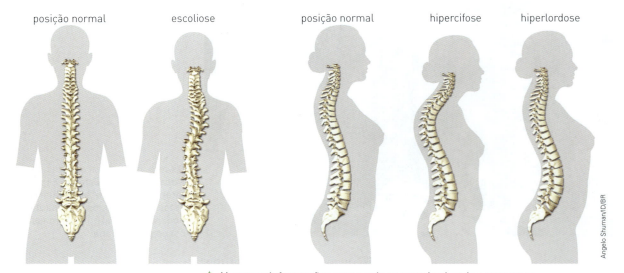

▲ Algumas deformações que a coluna vertebral pode apresentar. (Representação sem proporção de tamanho e em cores-fantasia.)

Para evitar desvios na coluna vertebral, uma pessoa deve carregar nas costas, no máximo, 10% de sua massa corpórea, mantendo a carga bem ajustada e sustentada pelos dois ombros. Uma pessoa de 60 kg, por exemplo, pode carregar uma mochila com até 6 kg.

Outros cuidados com o sistema esquelético incluem sentar-se com as costas apoiadas no encosto da cadeira, os dois pés apoiados no chão (ou em algum suporte) e a coluna formando um ângulo reto com as coxas.

SAÚDE E QUALIDADE DE VIDA

A saúde física depende de cuidados com o corpo, que incluem, principalmente, alimentação saudável, prática de exercícios físicos e higiene corporal. Além disso, é importante manter em dia as vacinas recomendadas pelos órgãos de saúde e atentar à prevenção de doenças.

O conceito de saúde, porém, é muito mais amplo e não se resume ao bem-estar corporal, uma vez que envolve também aspectos psicológicos e sociais, entre outros.

▲ Forma correta de carregar a mochila. A mochila escolar pode ser uma grande vilã para a coluna vertebral. Se ela estiver muito pesada ou for se carregada de forma inadequada, podem surgir dores nas costas e até mesmo desvios na coluna vertebral.

FATORES QUE PROPICIAM UMA VIDA SAUDÁVEL

Manter uma vida saudável requer cuidados como:

- qualidade adequada de infraestrutura no ambiente em que se vive: água encanada, saneamento básico, meios de transporte, postos de saúde, hospitais e escolas;
- bom relacionamento com a família e com os amigos, convivendo com diferentes opiniões;
- opções de lazer e descanso, acesso a parques públicos, museus e teatros;
- conhecer e respeitar a cultura de cada pessoa, suas tradições e os valores de sua comunidade.

▲ A valorização da cultura regional contribui para uma vida saudável. Apresentação de samba de roda em Vera Cruz, na Bahia. Foto de 2019.

PARA EXPLORAR

Biblioteca Virtual em Saúde do Ministério da Saúde (BVS MS)

A biblioteca veicula publicações produzidas pelo Ministério da Saúde, além de informações gerais na área de ciências da saúde.

Disponível em: https://bvsms.saude.gov.br/. Acesso em: 13 mar. 2023.

CIDADANIA GLOBAL

EXISTEM LEIS ESPECIAIS NO BRASIL PARA CRIANÇAS COM DEFICIÊNCIA?

Vamos lembrar primeiro que a criança com deficiência é, antes de tudo, uma criança brasileira! Destacar isso é importante para garantir igualdade de tratamento e de oportunidades, sabia?

[...]

A lei brasileira fala, por exemplo, do direito à educação inclusiva. Quer dizer que as crianças com deficiência têm o direito de frequentar as mesmas escolas que as crianças sem deficiência. E essas escolas devem oferecer tudo aquilo [de] que a criança com deficiência precisa para aprender! [...]

[...]

Ter acesso a tecnologias especiais é um dos meios para atingir a igualdade. No caso das crianças com deficiência, essas tecnologias são chamadas de tecnologias assistivas. [...]

[...]

Tecnologias assistivas são produtos e serviços criados para assistir, ou seja, ajudar pessoas com deficiência a participarem da sociedade. O direito às tecnologias assistivas está na lei brasileira!

Teresa da Costa D'Amaral. Quero saber... Existem leis especiais no Brasil para crianças com deficiência? *Ciência Hoje das Crianças*, 21 nov. 2018. Disponível em: https://chc.org.br/artigo/quero-saber-293/. Acesso em: 13 mar. 2023.

1. De acordo com o texto, quais são os direitos das crianças brasileiras com deficiência?
2. Ainda segundo o texto, o que são tecnologias assistivas?
3. Pesquise e cite exemplos de tecnologias assistivas disponíveis às crianças brasileiras.

ATIVIDADES

Retomar e compreender

1. Cite três exemplos de benefícios dos exercícios físicos para a saúde.

2. Observe estas imagens de ossos feitas ao microscópio e faça o que se pede a seguir.

▲ Foto ao microscópio eletrônico (imagem colorizada, aumento de cerca de 30 vezes).

▲ Foto ao microscópio eletrônico (imagem colorizada, aumento de cerca de 25 vezes).

   a) Identifique a imagem que apresenta o osso de uma pessoa com osteoporose. Justifique sua resposta.
   b) Qual medida pode ser tomada pelas pessoas jovens para prevenir o surgimento da osteoporose? Justifique.

3. Quando estamos na água, o impacto que atinge as articulações do corpo humano é reduzido. Considerando esse fato, que atividade física seria recomendada a alguém que precisa fortalecer os músculos, mas sente dores nos joelhos? Justifique.

4. O que é tônus muscular? Dê exemplos de benefícios relacionados a ele.

5. Observe a foto a seguir e responda à questão.

- A atividade que essas pessoas estão realizando colabora para o bem-estar e a saúde delas? Por quê?

Aplicar

6. As recomendações sobre a postura correta ao sentar-se e ao utilizar o computador incluem:
   - o encosto da cadeira deve apoiar a parte de baixo das costas;
   - as coxas devem ficar paralelas ao chão;
   - os pés devem estar apoiados no piso ou sobre um suporte;
   - o topo do monitor deve estar na mesma direção que o nível horizontal dos olhos do usuário ou um pouco abaixo desse nível;
   - o tronco não deve estar inclinado para a frente.

   a) Observe as situações mostradas nas imagens a seguir. Elas representam posturas corporais adequadas? Justifique sua resposta.

   b) Avalie se você adota essas recomendações no dia a dia. Verifique se você deveria mudar alguma coisa no ambiente escolar ou em casa para ajudar a manter sua saúde e sua postura corporal.

Acompanhamento da aprendizagem

7. Sobre os problemas da coluna vertebral causados pelo uso incorreto de mochila, responda às questões a seguir.

a) Para evitar lesões na coluna, como deve ser carregada a mochila? E quanto de massa, no máximo, em relação à massa corpórea da pessoa, ela pode ter para não causar danos à coluna vertebral?

b) Você sabe quantos quilogramas carrega em sua mochila? Para descobrir, utilize uma balança e aproveite para verificar também sua massa corpórea. A massa que você carrega na mochila está adequada à sua massa corpórea? Justifique.

c) Em caso de resposta negativa ao item anterior, o que poderia ser feito para diminuir a quantidade de material que você leva diariamente para a escola?

8. Observe as imagens a seguir. Elas representam a carga que a coluna tem de suportar de acordo com a inclinação da cabeça para a frente, durante o uso de *tablets* e *smartphones*.

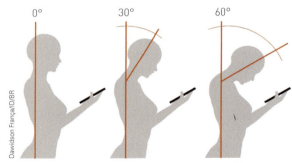

carga: 4,5 kg-5,5 kg   carga: 18 kg   carga: 27 kg

- Qual das posições representadas nas imagens é a mais recomendada para evitar problemas na coluna? Por quê?

9. Leia o texto a seguir.

> Quatro em cada cinco adolescentes no mundo são sedentários, especialmente as meninas, informa estudo revelado [...] pela Organização Mundial da Saúde (OMS), elaborado entre 2001 e 2016, em 146 países. No Brasil, a situação é pior: 84% de jovens entre 11 e 17 anos não praticam uma hora diária de atividade física, conforme recomendação da OMS.
> [...]
> O documento conclui que mais de 80% dos adolescentes em idade escolar em todo o mundo — especificamente, 85% de meninas e 78% de meninos — não atingem o nível mínimo recomendado de uma hora de atividade física por dia.
> [...]
> De acordo com o documento, os níveis de atividade física insuficiente observados entre os adolescentes permanecem extremamente altos e isso representa um perigo para sua saúde atual e futura. [...]
>
> Dentre os benefícios à saúde de um estilo de vida fisicamente ativo na adolescência, vale destacar a melhora da capacidade cardiorrespiratória e muscular, a saúde óssea e cardiometabólica e os efeitos positivos no peso. Da mesma forma, há evidências crescentes de que a atividade física tem um efeito positivo no desenvolvimento cognitivo e na socialização. Os dados atualmente disponíveis indicam que muitos desses benefícios permanecem até a idade adulta.
>
> Para alcançar esses benefícios, a OMS recomenda que os adolescentes pratiquem atividade física moderada a intensa por uma hora ou mais por dia.
>
> José Romildo. 84% dos jovens brasileiros não praticam uma hora diária de exercícios. Viva bem *UOL*, 23 nov. 2019. Disponível em: https://www.uol.com.br/vivabem/noticias/redacao/2019/11/23/84-dos-jovens-brasileiros-nao-praticam-uma-hora-diaria-de-exercicios.htm. Acesso em: 13 mar. 2023.

a) Você pratica atividade física no seu dia a dia? Se sim, quais são elas?

b) Explique como a atividade física pode prevenir problemas na coluna.

10. Muitos meios de comunicação costumam dar orientações e dicas para um emagrecimento "milagroso". No entanto, muitas vezes as informações veiculadas não são confiáveis. Formem grupos e desenvolvam as seguintes atividades:

a) Pesquisem, em *sites* confiáveis, revistas e jornais (impressos ou na internet), dicas para emagrecer e anotem cinco delas.

b) Conversem com um médico, um nutricionista ou outro profissional da saúde e peçam a ele que avalie as dicas selecionadas.

c) Apresentem a avaliação do profissional à turma e discutam os resultados que cada grupo obteve.

217

CONTEXTO

CIÊNCIA, TECNOLOGIA E SOCIEDADE

Tecnologia e acessibilidade

A Constituição brasileira garante aos cidadãos o direito à educação, à segurança, à liberdade de manifestação do pensamento, de consciência, de crença, de associação e de reunião, bem como o direito de ir e vir. No entanto, quando se trata das pessoas com deficiência, o direito de ir e vir – que poderia ser assegurado principalmente pela acessibilidade – ainda é um desafio a ser conquistado.

De acordo com o Instituto Brasileiro de Geografia e Estatística (IBGE), o Brasil tinha, em 2019, cerca de 17,3 milhões de pessoas com algum tipo de deficiência, entre física, auditiva, visual ou intelectual. Para as pessoas com deficiência física, apenas 4,7% das vias públicas dispõem de rampas, e, para os cegos, o número de guias táteis em estabelecimentos, calçadas e demais vias é ainda menor.

Estreitar o acesso entre espaços públicos e pessoas com deficiência de qualquer tipo com a ajuda de tecnologia tornou-se o objetivo de diversas iniciativas pessoais, institucionais e de pequenas e grandes empresas. A professora Neide Sellin, por exemplo, ministrava aulas de robótica para o Ensino Médio quando percebeu a necessidade de ampliar a acessibilidade de pessoas com deficiência visual e oferecer mais segurança e autonomia a elas. Conheça, no texto a seguir, o projeto que ela desenvolveu com o auxílio dos estudantes.

Um robô cão-guia para cegos

Ela não late, não abana o rabo nem pede para brincar, mas identifica e protege o dono de todos os obstáculos pela frente e ainda traça uma rota segura até o destino desejado. Primeiro robô desenvolvido para ser "cão-guia" de pessoas com deficiência visual, Lysa é brasileira e já nasceu com o selo da inclusão. Criada por uma professora pública capixaba, filha de uma dona de casa e de um ajudante de pedreiro, a máquina funciona como uma espécie de carro automático.

[...] Deixar a sala de aula não foi um processo fácil para Neide Sellin, de 41 anos, mas era a única maneira de transformar uma sugestão despretensiosa em um projeto capaz de mudar a vida de milhões de pessoas – o País tem cerca de 6 milhões de cegos.

"Era o ano de 2011. Dava aulas de robótica para classes do ensino médio na Escola Municipal Clóvis Borges Miguel, no centro de Serra, Espírito Santo. [...] "Um dia, uma aluna me perguntou se poderíamos fazer um robô-cachorrinho. Perguntei por quê, e ela logo respondeu: para ajudar as pessoas que não enxergam."

Na hora, a professora não vislumbrou como levar aquela ideia adiante, mas se lembrou que a escola tinha uma aluna cega e foi atrás dela para saber de suas necessidades no dia a dia. "Foi quando eu soube que desviar de objetos suspensos era o seu maior desafio. E, claro, porque a bengala não consegue alcançá-los."

Depois de quatro meses de muito estudo, Neide chegou ao primeiro protótipo feito com peças de ferro-velho, que tinha como objetivo inicial identificar obstáculos a tempo de seus condutores não se machucarem. "Levei a peça para a mesma aluna, que experimentou e me disse: 'Nossa, isso vai mudar a minha vida'. E mudou foi a minha. Dali por diante passei a ter uma causa, um projeto mesmo de vida", afirmou Neide, sobre os últimos dez anos.

[...]

O apoio foi dado por três fundos públicos de amparo à pesquisa de São Paulo, Rio e Espírito Santo. O recurso permitiu melhorias na versão final do robô, que pode ser programado para gerar mapas de ambientes fechados, permitindo uma verdadeira navegação.

A Lysa "fala" e direciona seus condutores por meio de rodas que os puxam para a frente ou para os lados e ainda os fazem parar diante de obstáculos. [...]

As vantagens da Lysa em relação aos cães de carne e osso não param por aí. [...] O valor [de Lysa] é três vezes menor que [...] [o valor necessário] para que um animal vire guia. Hoje, por causa do custo, do tempo de treinamento (dois anos) e do baixo número de instrutores capacitados, a fila de espera soma mais de 500 nomes.

[...]

[...] A invenção da professora que trabalhou e estudou em escolas públicas – e só se formou em ciências da computação depois de conseguir uma bolsa – foi premiada internacionalmente no início do mês. Ficou em terceiro lugar na categoria Cidades Inteligentes na Semana de Inovação e Tecnologia de Cingapura.

"É um prêmio simbólico pra mim. Essa área de tecnologia é muito discriminatória. Tenho certeza de que muitos dos 'nãos' que recebi nesse caminho me foram dados porque sou mulher", afirmou. "Chegaram a me perguntar se meu marido era o engenheiro responsável pelo projeto. É incrível como para nós, mulheres, as portas e janelas se fecham o tempo todo. Não podemos errar nada, um gesto, uma fala. Mas sabemos construir outras portas e outras janelas." No caso de Neide, até robôs.

Professora brasileira ganha prêmio internacional por robô "cão-guia" para cegos. *Estadão*, 26 nov. 2021. Disponível em: https://www.estadao.com.br/politica/professora-publica-cria-robo-cao-guia-para-cegos/. Acesso em: 13 mar. 2023.

◀ Lysa é um robô com cerca de 4 quilos, 40 centímetros de altura e formato de uma pequena mala de mão, com alça retrátil e rodinhas, dotado de sensores, de câmera e de inteligência artificial para mapear a rota mais segura para o usuário. Seu custo, porém, ainda é alto.

Para compreender

1. Cite um desafio enfrentado pelas pessoas cegas que usam bengala. Como o protótipo mencionado no texto permite superá-lo?

2. De que forma a mobilidade se relaciona à saúde e à qualidade de vida das pessoas?

3. **SABER SER** Busque mais informações sobre cães-guia e sobre o robô cão-guia Lysa, e enumere as vantagens e as desvantagens em se investir em cada um deles. Em seguida, responda:
   - De que forma esses recursos poderiam se tornar mais acessíveis às pessoas cegas?

ATIVIDADES INTEGRADAS

Retomar e compreender

1. Copie o diagrama a seguir no caderno e complete-o com os termos adequados, relacionados ao sistema musculoesquelético.

ATIVIDADES FÍSICAS REGULARES

beneficiam os sistemas

porque fortalecem os

evitando

2. Em pessoas adultas, onde se localizam a medula óssea vermelha e a medula óssea amarela e quais são suas principais funções?

Aplicar

3. Forme dupla com um colega e faça o que se pede.
   I. Cortem tiras de papel do mesmo comprimento de cada um de seus dedos das mãos. A largura das tiras deve ser suficiente para envolver todo o dedo.
   II. Em seguida, peça ao colega de dupla que enrole as tiras em cada um de seus dedos e prenda-as firmemente com fita adesiva.
   III. Repita esse procedimento com os dedos da outra mão. Depois, tente realizar ações do dia a dia, como amarrar o cadarço do tênis, escrever com um lápis e dobrar os dedos.
   IV. Auxilie seu colega nesse mesmo processo, para que ele também possa realizá-lo.

◀ Modelo de como deve ser enrolada a tira de papel nos dedos.

a) Você conseguiu realizar todos os movimentos com as mãos? Que dificuldades você encontrou? Comente.

b) Que estrutura do sistema musculoesquelético foi prejudicada nesse experimento? Relacione sua resposta com a função dessa estrutura nos dedos das mãos.

Analisar e verificar

4. Em acidentes de trânsito mais graves, fraturar as costelas é uma consequência relativamente comum. Nesse caso, quais órgãos do corpo humano ficam mais vulneráveis? Justifique.

5. Leia o texto e responda às questões a seguir.

   Durante um passeio de bicicleta, Marina caiu e quebrou a perna direita, por isso precisou ficar mais de um mês com a perna engessada. Quando tirou o gesso, percebeu que a perna direita estava um pouco mais fina que a esquerda.

   a) Por que isso ocorreu?
   b) Por que é importante o acompanhamento do ortopedista ou do fisioterapeuta nos casos de fraturas no corpo?

6. Observe a imagem a seguir e faça o que se pede.

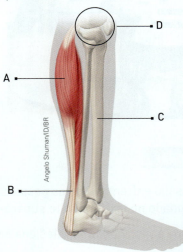

◀ Representação sem proporção de tamanho e em cores-fantasia.

a) Identifique as estruturas **A**, **B**, **C** e **D**.
b) Em caso de lesão em qualquer uma dessas estruturas, qual função do sistema musculoesquelético seria afetada? Explique.

220

Criar

7. Leia o texto a seguir e, depois, responda às questões.

> O sedentarismo é um problema de saúde pública que afeta cada vez mais pessoas, inclusive as mais jovens. Dados da OMS (Organização Mundial da Saúde) mostram que, antes da pandemia do coronavírus, 84% dos adolescentes brasileiros já não realizavam a quantidade recomendada de atividade física, que é de pelo menos 60 minutos por dia – para atingir essa meta vale tudo, desde praticar esportes até caminhar para ir para a escola, brincar de pega-pega etc.
>
> Na pandemia, com as aulas *on-line* e o isolamento social para reduzir a disseminação da covid, a inatividade física aumentou mais ainda e, segundo um levantamento realizado pelo Departamento de Pediatria da Escola Paulista de Medicina da Unifesp (Universidade Federal de São Paulo), apenas 1% das crianças e adolescentes com idade entre 7 e 17 anos realizou o mínimo de exercícios sugerido pela OMS.
>
> O impacto dessa falta de movimentação é enorme: aumenta o risco de desenvolver obesidade e outras doenças crônicas, como diabetes e hipertensão; provoca alterações hormonais, no padrão de sono e no mecanismo de fome, podendo afetar o crescimento e a puberdade; e prejudica o ganho de massa óssea e muscular.
>
> [...]
>
> Toda atividade física na infância e adolescência é importante para melhorar a resistência cardiorrespiratória, a força, a saúde óssea e metabólica e o desenvolvimento motor e cognitivo, além de prevenir o ganho de peso. Os esportes, especialmente [os] coletivos, ainda promovem um efeito muito positivo na socialização.
>
> "No esporte coletivo, crianças e adolescentes aprendem a interagir com os colegas de equipe e a respeitar as regras e os treinadores. Também entendem a importância do trabalho em conjunto para alcançar objetivos", afirma Paulo Roberto Correia, fisiologista do exercício, pesquisador e professor da Unifesp.
>
> Luciana Piris. Esporte coletivo combate o sedentarismo e ajuda na socialização de crianças. *Viva Bem UOL*, 25 mar. 2022. Disponível em: https://www.uol.com.br/vivabem/noticias/redacao/2022/03/25/mais-saude-menos-telas-beneficios-de-esportes-coletivos-para-adolescentes.htm. Acesso em: 13 mar. 2023.

a) Segundo a OMS, qual é a quantidade mínima de atividade física recomendada para crianças e adolescentes?

b) Faça uma lista com todas as atividades físicas que você realiza durante o dia e o tempo de duração dessas atividades. Você atinge o mínimo recomendado pela OMS? Caso a resposta seja negativa, quanto tempo de atividade física diária você precisa incorporar ao seu cotidiano para atingir o mínimo recomendado?

c) Formem grupos de três estudantes e criem um folheto informativo, com imagens e textos, sobre os benefícios da prática de atividades físicas para a saúde e os cuidados a serem tomados ao realizar essas atividades.

8. **SABER SER** De acordo com a Lei de Incentivo ao Esporte (lei n. 11 438/2006), empresas e pessoas físicas podem investir parte do que pagariam de imposto de renda em projetos esportivos aprovados por uma comissão. Muitos projetos visam promover a inclusão social e despertar o interesse pelo esporte em pessoas com deficiência e funcionam com base em recursos captados pela Lei de Incentivo ao Esporte.

▲ O vôlei sentado é uma modalidade esportiva destinada a pessoas que possuem alguma deficiência de locomoção.

a) Converse com os colegas: Vocês concordam com o uso da lei para realizar projetos como esses? Justifique.

b) Independentemente da resposta que você e os colegas deram ao item anterior, por que devemos respeitar a lei?

221

CIDADANIA GLOBAL
UNIDADE 8

Retomando o tema

Nesta unidade, você estudou que os direitos das pessoas com deficiência são protegidos por lei no Brasil e que a acessibilidade dessas pessoas é considerada um direito fundamental.

Agora, verifique o que aprendeu respondendo às questões a seguir.

1. O que são os direitos das pessoas com deficiência?
2. Por que a acessibilidade é considerada um direito fundamental para as pessoas com deficiência?
3. Quais são os direitos garantidos por lei para as crianças e os jovens brasileiros com deficiência?
4. Por que as tecnologias assistivas são importantes para as pessoas com deficiência?
5. Como tornar a escola mais inclusiva para as pessoas com deficiência?

Geração da mudança

- Com o auxílio do professor, organizem uma mesa-redonda para discutir a inclusão de pessoas com deficiência na escola.
- Para a formação da mesa-redonda, convidem um funcionário da direção da escola, um professor para ser o mediador e um estudante com deficiência.
- Convidem também pessoas da comunidade escolar para participar da mesa-redonda com perguntas sobre o tema. As perguntas recebidas deverão ser encaminhadas com antecedência aos organizadores do evento.
- O professor mediador será responsável por fazer as perguntas aos participantes da mesa.
- Ao final da mesa-redonda, elaborem um documento para a direção da escola com propostas de melhorias para que a escola seja mais inclusiva para os estudantes com deficiência.

Autoavaliação

COORDENAÇÃO DO CORPO

UNIDADE 9

PRIMEIRAS IDEIAS

1. Em que situações você já ouviu a palavra neurônio ser usada? Comente.
2. Imagine que você viu um gato em cima de um muro e que ele estava miando. Que partes de seu corpo foram usadas nesse processo de ver e ouvir o gato?
3. Em sua opinião, o que você imagina que faz bem ao cérebro humano? E o que pode fazer mal? Por quê?

Conhecimentos prévios

Nesta unidade, eu vou...

CAPÍTULO 1 — Organização do sistema nervoso

- Explicar como o sistema nervoso coordena as ações motoras e de percepção.
- Explicar o que é neurônio, identificar suas partes e entender o que é sinapse.
- Identificar as estruturas básicas que compõem o sistema nervoso central e o sistema nervoso periférico e comparar suas funções.
- Reconhecer a importância de o conhecimento científico ser sempre questionado.

CAPÍTULO 2 — Funcionamento do sistema nervoso

- Examinar o caminho percorrido pela informação sensorial no sistema nervoso.
- Distinguir o sistema nervoso somático do sistema nervoso autônomo.
- Compreender o mecanismo básico de atuação dos sistemas nervosos autônomos simpático e parassimpático.
- Reconhecer a importância do uso de equipamentos de proteção para a saúde do sistema nervoso.
- Relacionar o bom funcionamento do sistema nervoso com a saúde mental.
- Explicar como o uso de drogas pode afetar o bom funcionamento do sistema nervoso.

CAPÍTULO 3 — Sistema sensorial

- Relacionar os sentidos à detecção de estímulos por receptores e estruturas sensoriais e entender que a percepção é a interpretação dessas informações no encéfalo.
- Reconhecer os principais sentidos do corpo e a importância deles na interação com o ambiente e associá-los a órgãos do sentido.
- Elaborar um desenho explicativo do funcionamento do olho e indicar lentes adequadas para corrigir distúrbios da visão.
- Testar como sinto o ambiente em que vivo e de que modo meu corpo pode responder à maneira como meu cérebro interpreta as informações que recebo.

INVESTIGAR

- Pesquisar algumas deficiências e os principais meios de superá-las e ser capaz de discutir esse tema com os colegas.

CIDADANIA GLOBAL

- Discutir sobre a participação e a responsabilidade que todos temos no combate ao *cyberbullying*.
- Propor ações para promover a saúde mental e o bem-estar no ambiente escolar e na internet.

LEITURA DA IMAGEM

1. Observe a imagem. O que a menina retratada na foto está fazendo? Que partes do corpo ela está utilizando para executar essas ações?
2. O que a menina está utilizando para registrar suas ações?
3. A menina parece feliz ao realizar essa atividade? Explique.
4. Em sua opinião, o uso da internet e das redes sociais pode afetar nosso cérebro e nossa saúde? De que modo? Justifique sua resposta.

CIDADANIA GLOBAL

3 SAÚDE E BEM-ESTAR

Tudo o que fazemos no dia a dia afeta o cérebro e a saúde mental. As postagens que fazemos em ambiente virtual também influenciam de algum modo, positiva ou negativamente, nós mesmos e as pessoas com as quais interagimos. Nas redes sociais ou em aplicativos de mensagens, não é raro haver pessoas exibindo comportamentos agressivos e pouco acolhedores e até praticando o *cyberbullying*, ao utilizar esses ambientes virtuais para, por exemplo, perseguir, ameaçar ou humilhar uma pessoa ou um grupo de pessoas.

- Como utilizar a internet de maneira respeitosa e responsável, tornando a comunicação e as interações no ambiente digital mais positivas e acolhedoras?

 Assista a *cyberbullying: o que é e como prevenir essa prática* e explique o que ela é e como cada pessoa pode contribuir para combatê-la, tornando a internet um ambiente mais seguro.

Muitos adolescentes usam *smartphones* com aplicativos para gravar, editar e compartilhar vídeos curtos, nos quais costumam fazer desafios, reproduzir coreografias, imitar pessoas e reagir a outros vídeos.

CAPÍTULO 1
ORGANIZAÇÃO DO SISTEMA NERVOSO

PARA COMEÇAR
De que forma o sistema nervoso é importante para interagir com o ambiente à sua volta, realizar as ações do dia a dia ou mesmo manter o organismo funcionando?

FUNÇÕES DO SISTEMA NERVOSO

Entre as principais funções do sistema nervoso estão a aprendizagem, a memória, a sensação e a percepção do ambiente e do próprio corpo, a execução de movimentos, a elaboração de reações emocionais e comportamentais e o controle do funcionamento de todo o organismo.

Enquanto você lê este texto, muitas ações estão sendo coordenadas ao mesmo tempo no seu corpo. Veja, a seguir, alguns exemplos de ações coordenadas pelo sistema nervoso durante a leitura de um texto em um *tablet*.

▼ Durante a leitura de um texto em um *tablet*, o sistema nervoso envia informações para o organismo, bem como recebe informações do corpo, por intermédio de células especializadas em receber, processar e transmitir sinais elétricos.

Os olhos captam a luz refletida na tela do *tablet* e enviam essas informações para o cérebro.

Uma parte do cérebro interpreta as informações vindas dos olhos e forma imagens, como as letras e figuras, e processa a leitura do texto. Outra parte desse órgão relaciona as informações novas com o conhecimento já existente, dando sentido a essas informações.

Se quiser fazer uma anotação no caderno, o cérebro deverá selecionar os dados e enviar comandos aos músculos da mão.

Vibrações no ar geram os sons do ambiente, que são captados pelas orelhas.

Sem que você perceba, o sistema nervoso mantém seu corpo sentado e equilibrado, além de controlar os demais sistemas de seu organismo, como o respiratório e o circulatório.

Sob o comando do sistema nervoso, braços, antebraços e mãos sustentam o *tablet*.

AS CÉLULAS DO SISTEMA NERVOSO

No sistema nervoso humano, há cerca de 86 bilhões de células especializadas conectadas entre si, formando uma extensa rede que se comunica por meio de substâncias químicas e impulsos elétricos: essas células são os neurônios. Além deles, o tecido do sistema nervoso é composto de células da glia.

OS NEURÔNIOS

Os **neurônios** são as células do sistema nervoso responsáveis por captar, processar e transmitir informações. Cada neurônio pode receber mensagens de milhares de outros neurônios e retransmiti-las para outros milhares dessas células.

Os neurônios têm formato variado. Geralmente, são constituídos de um **corpo celular**, no qual está localizado o núcleo, de onde partem extensões finas e ramificadas chamadas **dendritos** e um prolongamento mais espesso e alongado denominado **axônio**.

Os dendritos e o corpo celular recebem informações de outros neurônios, iniciando um **impulso nervoso**, sinal elétrico que percorre todo o axônio. A extremidade do axônio pode se comunicar com outros neurônios, que continuam passando a informação adiante.

Os neurônios podem ser classificados conforme a função. Os **neurônios sensitivos** recebem os estímulos sensoriais e transmitem a informação para o sistema nervoso central (que será estudado adiante neste capítulo); já os **neurônios motores** transmitem a resposta para os órgãos, como os músculos e o intestino. Além desses dois tipos de neurônio, existem os **interneurônios**, que fazem a ligação entre os neurônios sensitivos e os motores.

AS CÉLULAS DA GLIA

Por muito tempo, acreditou-se que as **células da glia**, ou **células gliais**, atuavam como auxiliares dos neurônios, mantendo-os unidos, nutrindo-os e protegendo-os.

No final do século XX, no entanto, experimentos revelaram outras funções exercidas por essas células, e, no século XXI, verificou-se que as células da glia participam ativamente das ações do sistema nervoso. Essas descobertas modificaram a visão que se tinha do sistema nervoso e demonstraram que tanto os neurônios quanto as células gliais fazem conexões neurais e processam informações.

Estudos mais recentes sugerem que as células gliais estejam envolvidas em funções como a memória e a consciência.

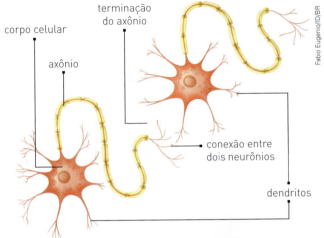

▲ A conexão entre neurônios, mostrada nesse esquema, permite a transmissão de um impulso nervoso. (Representação sem proporção de tamanho e em cores-fantasia.)

Fonte de pesquisa: Jane B. Reece e outros. *Biologia de Campbell*. 10. ed. Porto Alegre: Artmed. 2015. p. 1062.

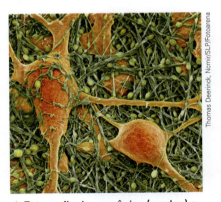

▲ Fotografia de neurônios (verdes) e células gliais (alaranjadas). Estudos indicam que há uma célula glial para cada neurônio. Foto ao microscópio eletrônico de varredura (imagem colorizada, aumento de cerca de 800 vezes).

> **PARA EXPLORAR**
>
> **Fiojovem**
> Nesse *site*, da Fundação Oswaldo Cruz, faça uma busca utilizando a palavra "cérebro" para encontrar conteúdos interessantes relacionados a esse órgão.
> Disponível em: https://www.fiojovem.fiocruz.br/. Acesso em: 8 mar. 2023.

A COMUNICAÇÃO ENTRE OS NEURÔNIOS

A transmissão de informações dos órgãos sensoriais (como os olhos e o nariz) para o cérebro ocorre pelos impulsos nervosos, que passam de um neurônio a outro em forma de corrente elétrica.

Cada neurônio conecta-se com pelo menos mais um neurônio, formando uma complexa rede neural. O fluxo da informação no neurônio ocorre em um único sentido, apresentado no esquema a seguir:

dendritos ⟶ corpo celular ⟶ axônio

O local em que dois neurônios ou um neurônio e outra célula podem se comunicar é chamado de **sinapse**. Porém, o impulso nervoso não segue continuamente de um neurônio para outro ou para um músculo, por exemplo, porque há um espaço entre eles chamado de **fenda sináptica**.

O impulso nervoso é transmitido de uma célula para outra pela liberação, nas fendas sinápticas, de substâncias químicas conhecidas como **neurotransmissores**, que permitem que a informação passe do axônio de um neurônio à célula seguinte.

Quando os neurotransmissores liberados por um neurônio que está transmitindo um impulso se ligam a receptores localizados na membrana de outro neurônio, um novo impulso nervoso pode ser gerado na segunda célula e dar continuidade à transmissão de informações.

Nem sempre a liberação de neurotransmissores por um neurônio é suficiente para disparar um novo impulso no neurônio seguinte. Isso depende, por exemplo, da quantidade e dos tipos de receptores que ele apresenta. Os neurotransmissores liberados nas sinapses são recapturados pelo próprio axônio terminal após o término da transmissão de impulsos nervosos.

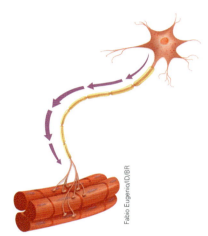

▲ Por meio das sinapses, a informação é transmitida de um neurônio para outro neurônio ou para outras células, como as células musculares (como nesse esquema), e pode causar uma contração muscular. As setas indicam o sentido de propagação do impulso nervoso. (Representação sem proporção de tamanho e em cores-fantasia.)

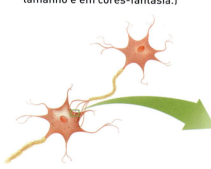

▲ Esquema simplificado do processo de liberação de neurotransmissores na sinapse. O impulso nervoso provoca a liberação de neurotransmissores (pontos vermelhos) na fenda sináptica. Esse processo possibilita que o estímulo seja transmitido de uma célula para outra. (Representação sem proporção de tamanho e em cores-fantasia.)

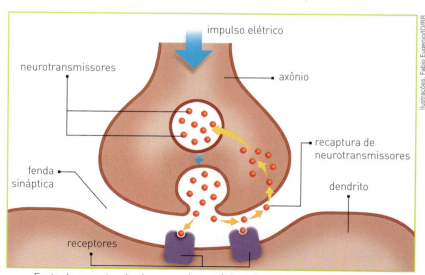

Fonte de pesquisa das imagens desta página: Jane B. Reece e outros. *Biologia de Campbell*. 10. ed. Porto Alegre: Artmed, 2015. p. 1072 e 1124.

AS PARTES DO SISTEMA NERVOSO

Para facilitar o estudo, o sistema nervoso pode ser dividido em duas partes: sistema nervoso central e sistema nervoso periférico.

SISTEMA NERVOSO CENTRAL

O **sistema nervoso central** compreende os órgãos de comando nervoso do organismo e é composto do encéfalo e da medula espinal. Acompanhe o esquema a seguir.

MENINGES

O sistema nervoso central é envolvido por três membranas chamadas **meninges**, que o protegem, assim como o crânio e a coluna vertebral.

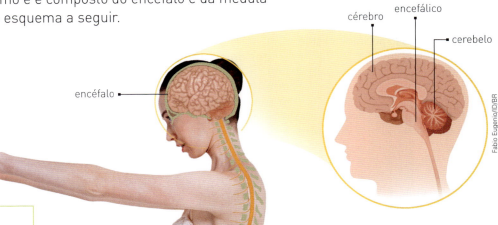

ENCÉFALO
Órgão protegido pelo crânio, o encéfalo integra as informações percebidas pelo corpo e o centro de decisões voluntárias e ações involuntárias. Também controla o equilíbrio e o domínio acurado do movimento dos músculos.
O encéfalo é formado basicamente pelo **cérebro**, que ocupa a maior parte do crânio, pelo **cerebelo** e pelo **tronco encefálico**. Cada parte regula e controla funções específicas do corpo.

MEDULA ESPINAL
É um prolongamento do sistema nervoso central e se localiza no interior da coluna vertebral, que a protege de danos mecânicos. A medula recebe informações sensoriais do corpo e as conduz ao encéfalo e também recebe informações vindas do encéfalo e as conduz ao restante do corpo. Além disso, atua na produção de alguns movimentos reflexos sem a interferência do encéfalo. O fluxo de informação entre a medula e o corpo ocorre por meio de 31 pares de nervos medulares, que incluem fibras nervosas que partem da medula em direção ao corpo e fibras nervosas que partem do corpo em direção à medula.

Cérebro: órgão responsável pelo controle do funcionamento dos demais órgãos do corpo. Coordena as atividades de aprendizagem, memória, emoção, motivação, pensamento, criatividade, linguagem, movimento e tomada de decisões. Recebe e interpreta informações visuais, auditivas, olfativas, gustativas e táteis.

Cerebelo: controla o equilíbrio e a postura corporal e coordena os movimentos habilidosos, como aqueles requeridos ao andar de bicicleta ou ao dançar balé.

Tronco encefálico: várias decisões vitais involuntárias, como controlar os batimentos cardíacos, o ritmo básico da respiração, a digestão e o sono, são tomadas no tronco encefálico. Ele também regula mecanismos como o vômito e a tosse e funciona como uma ponte de comunicação entre a medula espinal e o cérebro.

▲ Esquema do sistema nervoso central em uma bailarina. A coluna vertebral, a medula espinal e o encéfalo, no detalhe, foram representados em corte longitudinal e em cores-fantasia.

Fonte de pesquisa: Johannes Sobotta. *Atlas de anatomia humana*. 22. ed. Rio de Janeiro: Guanabara Koogan, 2008. v. 1. p. 284-288.

SISTEMA NERVOSO PERIFÉRICO

O **sistema nervoso periférico** faz a comunicação, por meio de nervos e gânglios, entre o sistema nervoso central e o restante do organismo.

Os **gânglios nervosos** são formados por agrupamentos de corpos celulares de neurônios localizados fora do sistema nervoso central. Essa localização estratégica promove maior rapidez no processamento de informações e nas respostas, na comparação com os neurônios localizados no encéfalo.

Os **nervos** são feixes de axônios agrupados – um nervo pode ter de centenas a milhares de axônios. Veja o esquema a seguir.

Assista a **papel do sistema nervoso** e explique com suas palavras como o sistema nervoso central e o sistema nervoso periférico estão integrados.

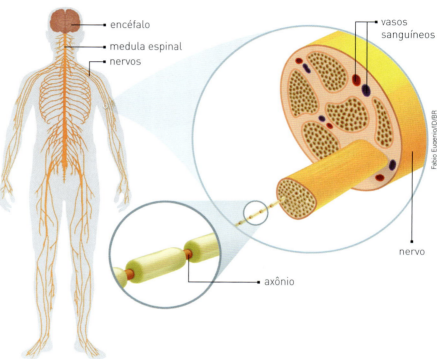

▶ Esquema do sistema nervoso humano. Os neurônios estão presentes tanto no sistema nervoso central quanto no periférico. Por meio de nervos e gânglios, as informações do encéfalo e da medula espinal são transmitidas para os músculos e outros órgãos, e as informações sensoriais retornam para o sistema nervoso central. No detalhe, estrutura de um nervo em corte transversal. (Representação sem proporção de tamanho e em cores-fantasia.)

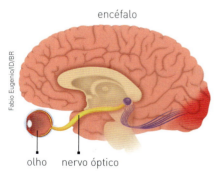

▲ O esquema mostra, em corte longitudinal e em cores-fantasia, o olho, o encéfalo e o nervo óptico, um tipo de nervo sensitivo.

Fonte de pesquisa das imagens desta página: Johannes Sobotta. *Atlas de anatomia humana*. 23. ed. Rio de Janeiro: Guanabara Koogan, 2008. v. 3. p. 214-215.

Os nervos podem ser classificados de acordo com os axônios dos neurônios que apresentam. Os **nervos sensitivos** apresentam apenas axônios de neurônios sensitivos, que transmitem informações dos órgãos sensoriais para o sistema nervoso central. O nervo óptico (visão) e o auditivo (audição) são exemplos desse tipo de nervo.

Os **nervos motores** apresentam apenas axônios de neurônios motores, que conduzem impulsos do sistema nervoso central para órgãos diversos. Os nervos que movimentam os braços e as pernas são exemplos de nervos motores.

Já os **nervos mistos** apresentam tanto axônios de neurônios sensitivos quanto axônios de neurônios motores, que transmitem informações do sistema nervoso central para os órgãos e também dos órgãos sensoriais para o sistema nervoso central. O nervo facial é um exemplo de nervo misto.

ATIVIDADES

Acompanhamento da aprendizagem

Retomar e compreender

1. O que é neurônio? Qual é sua função?

2. Como agem os neurotransmissores durante as sinapses?

3. O esquema simplificado a seguir mostra dois neurônios na transmissão de um impulso nervoso.

   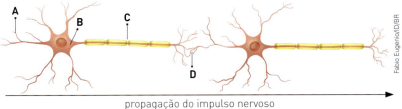

   propagação do impulso nervoso

   a) No caderno, escreva o nome das estruturas identificadas pelas letras **A**, **B**, **C** e **D**.

   b) Considerando o que você estudou sobre as relações estabelecidas entre os neurônios e a quantidade dessas células no corpo humano, explique por que essa representação simplificada não reflete a complexidade do sistema nervoso.

4. Como o sistema nervoso coordena os movimentos do corpo? E a percepção do ambiente? Justifique suas respostas dando exemplos.

5. Em relação ao sistema nervoso central e ao sistema nervoso periférico, faça o que se pede.

   a) Cite quais estruturas formam cada parte desses sistemas.

   b) Compare as funções desses sistemas.

6. Em uma rede de transmissão elétrica, a eletricidade percorre cabos que vão da estação geradora de energia diretamente até uma lâmpada ou um eletrodoméstico de sua casa. Às vezes, o sistema nervoso é comparado a uma rede de transmissão elétrica. Você concorda com essa comparação? Por quê?

Aplicar

7. Leia o texto e faça o que se pede a seguir.

   Um garoto estava em pé na padaria esperando para pedir um lanche. Enquanto lia o cardápio, ele se lembrou do doce preferido de sua mãe e decidiu comprá-lo de presente para ela. O garoto começou a salivar assim que ouviu o atendente mencionar os sabores. Seu estômago roncava, e ele estava com fome.

   a) Identifique no texto pelo menos cinco processos controlados pelo sistema nervoso.

   b) No caderno, escreva um texto de até quatro parágrafos relatando ações controladas pelo sistema nervoso que acontecem no dia a dia.

8. O veneno extraído da pele de alguns anfíbios é usado por muitos indígenas em dardos para caçar outros animais. Quando o veneno penetra na pele das presas, ele bloqueia os receptores presentes nas fendas sinápticas entre os neurônios e os músculos esqueléticos. Como resultado, os neurotransmissores liberados na fenda não agem.

   - Explique por que o uso do veneno facilita a captura dos animais.

A rã da espécie *Dendrobates leucomelas* é um anfíbio cujo veneno, extraído da pele, é utilizado em dardos para caça.

comprimento: 4 cm

CIÊNCIA DINÂMICA

A ciência em constante revisão

Ao iniciar um projeto de pesquisa, é importante entrar em contato com os conhecimentos que existem sobre a área de interesse e questionar a origem e a validade dessas informações. Muitas informações são divulgadas em artigos científicos e em textos introdutórios de livros e, às vezes, usadas como ponto de partida para pesquisas, mesmo sem ter sido devidamente confirmadas.

As informações científicas devem ser constantemente questionadas e, em caso de dúvida, ser investigadas por pesquisadores, que podem obter resultados semelhantes ao ou diferentes do esperado. O texto a seguir traz um exemplo.

Números em revisão

Esse livro [*Cem bilhões de neurônios*, do neurocientista brasileiro Roberto Lent (1948-)] [...] está de certo modo na origem das dúvidas que motivaram os pesquisadores da UFRJ [Universidade Federal do Rio de Janeiro] a investigar quantas células há no cérebro. Pouco antes de seu lançamento, Suzana [Herculano-Houzel, neurocientista] havia iniciado um estudo para avaliar o conhecimento de estudantes de Ensino Médio e universitário sobre neurociência. Uma das 95 afirmações que eles tinham de dizer se estava certa ou errada era: *usamos apenas 10% do cérebro*.

Quase 60% dos 2,2 mil entrevistados responderam que, sim, estava correta. Essa afirmação – incorreta, pois usamos todo o cérebro o tempo todo – decorre de outra, apresentada em 1979 pelo neurobiólogo canadense David Hubel, que recebeu o Nobel de Medicina ou Fisiologia em 1981. Hubel afirmava haver no cérebro 100 bilhões de neurônios e 1 trilhão de células da glia. Repetida em outras publicações, a informação se disseminou. Como os neurônios são as unidades processadoras de informação – e representariam só um décimo das células cerebrais –, concluiu-se que os outros 90% do cérebro não seriam usados quando se caminha, planeja uma viagem ou dorme.

▲ Células do cérebro. Foto ao microscópio eletrônico de varredura (imagem colorizada, aumento de cerca de 1 500 vezes).

O resultado incomodou Suzana, que buscou na literatura científica a fonte original desses números e não [a] encontrou. Ela, que havia colaborado para o livro de Lent, levou a dúvida para ele: "Como você sabe que são 100 bilhões de neurônios?". Ao que Lent respondeu: "Ora, todo mundo sabe, todo livro diz isso". Muitos artigos e livros traziam a informação. Mas não diziam de onde a haviam extraído. "Eram dados aparentemente intuitivos que se consolidaram e as pessoas citavam sem pensar muito", comenta Lent.

[...]

neurociência: área da ciência que estuda o sistema nervoso.

À época recém-contratada pela UFRJ, Suzana contou a Lent que tinha uma ideia "ousada e meio maluca" de como contar neurônios, mas não tinha laboratório. E ele a convidou para trabalharem juntos. A proposta de Suzana era simples: tornar homogêneas as regiões cerebrais antes de contar suas células. Como? Desmanchando as células.

[...]

A contagem das células revelou que o cérebro humano tem, em média, 86 bilhões de neurônios. Esse número é 14% menor que o estimado antes e próximo ao proposto em 1988 por Karl Herrup, da Universidade Rutgers. "Há quem diga que a diferença é pequena, mas discordo", diz Suzana. "Ela corresponde ao cérebro de um babuíno ou a meio cérebro de um gorila, um dos primatas evolutivamente mais próximos dos seres humanos", explica a neurocientista [...].

Ricardo Zorzetto. Números em revisão. Revista *Pesquisa Fapesp*, São Paulo, Fapesp, ed. 192, fev. 2012. Disponível em: http://revistapesquisa.fapesp.br/2012/02/23/n%C3%BAmeros-em-revis%C3%A3o/. Acesso em: 8 mar. 2023.

Com a nova contagem da quantidade de neurônios, verificou-se também que essas células representam cerca de 50% do total da massa cerebral, ou seja, estão acompanhadas de 85 bilhões de células da glia. Logo, neurônios e células da glia são encontrados na proporção de 1 para 1.

Em discussão

1. De acordo com o texto, um novo método de contagem de células cerebrais permitiu verificar uma quantidade diferente de neurônios no sistema nervoso dos seres humanos. O que mudou com essa descoberta?

2. Na ciência, é preciso questionar o conhecimento sempre. Leia a observação feita por Roberto Lent, um dos cientistas responsáveis pela contagem dos neurônios e pela divulgação dos dados obtidos com o novo método de contagem.

Cauteloso, Lent comenta: "Não podemos afirmar que esses números são representativos da espécie humana. É provável que sejam representativos de adultos maduros." Ou nem isso, já que foram analisados apenas quatro cérebros. Nos mais jovens também pode ser diferente. "Quem sabe indivíduos na faixa etária dos 20 anos não tenham 100 bilhões de neurônios, que perdem com o tempo?", questiona o pesquisador. Seu grupo agora estuda o cérebro de pessoas mais jovens e compara cérebros de homens e mulheres. Enquanto não responde [a] essa questão, Lent alterou o título da segunda edição de seu livro, publicada em 2010, para *Cem bilhões de neurônios?*, com um ponto de interrogação no final.

Ricardo Zorzetto. Números em revisão. Revista *Pesquisa Fapesp*, São Paulo, Fapesp, ed. 192, fev. 2012. Disponível em: http://revistapesquisa.fapesp.br/2012/02/23/n%C3%BAmeros-em-revis%C3%A3o/. Acesso em: 8 mar. 2023.

a) Você concorda com as observações feitas por Roberto Lent? Comente.

b) Converse com os colegas a respeito do que estudaram sobre o sistema nervoso humano. Pensem em perguntas que vocês fariam ou às quais tentariam responder, caso fossem neurocientistas interessados em realizar pesquisas nessa área.

CAPÍTULO 2
FUNCIONAMENTO DO SISTEMA NERVOSO

PARA COMEÇAR

O sistema nervoso controla diversas ações, como as motoras e as sensoriais. De que forma a transmissão de impulsos elétricos e as diferentes partes desse sistema se relacionam à coordenação dessas ações?

ENCÉFALO, MEDULA E NERVOS ATUAM EM CONJUNTO

A todo momento, interagimos com o meio que nos rodeia, recebendo estímulos e reagindo a eles. Essas atividades são possibilitadas pelo sistema nervoso, que coordena nossas ações, recebe e interpreta os estímulos do ambiente e elabora respostas, que são transmitidas aos músculos.

Na situação retratada na foto, a menina se prepara para chutar a bola. Informações sobre a posição e o movimento da bola e a posição de outros jogadores, assim como percepções de profundidade e de luminosidade, são captadas por órgãos dos sentidos e conduzidas por vias nervosas até o encéfalo. Em seguida, uma resposta inicia-se nesse órgão, passa pela medula espinal e pelos nervos motores e chega aos órgãos efetores, ou seja, aqueles que realizam a ação, resultando em atividade muscular. Nesse caso, são principalmente os músculos das pernas que se contraem e se distendem de modo coordenado, e a menina, então, pode chutar a bola.

▼ Na situação mostrada na foto, o encéfalo, a medula espinal e os nervos atuam em conjunto para interpretar as informações e elaborar respostas por meio de ações do organismo.

AÇÕES VOLUNTÁRIAS E AÇÕES INVOLUNTÁRIAS

Do ponto de vista funcional, o sistema nervoso é dividido em sistema nervoso somático e sistema nervoso autônomo. Veja o diagrama a seguir.

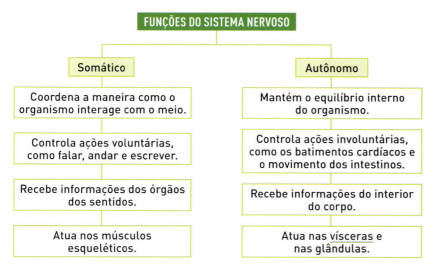

O **sistema nervoso somático** controla as **ações voluntárias**, isto é, aquelas ações sobre as quais é possível exercermos controle consciente, podendo ser iniciadas e interrompidas de acordo com nossa vontade. As respostas voluntárias iniciam-se no cérebro ou no tronco encefálico, percorrem a medula espinal, passam pelos nervos e finalmente chegam aos músculos esqueléticos do corpo, resultando em atividade muscular. Esse sistema também é composto de vias nervosas, que levam informações dos órgãos dos sentidos até o encéfalo.

O **sistema nervoso autônomo** controla boa parte das **ações involuntárias**, ou seja, aquelas ações sobre as quais não temos controle consciente, como o batimento do coração e o funcionamento dos rins. O controle involuntário exercido por esse sistema mantém o equilíbrio interno do corpo.

▲ Ações voluntárias, como correr ou levar a garrafa de água à boca, são controladas pelo sistema nervoso somático. Parte das ações involuntárias, como o funcionamento do coração e dos rins, é controlada pelo sistema nervoso autônomo.

ATO REFLEXO

O **ato reflexo** é um mecanismo que ocorre em situações que podem provocar danos ao organismo. É um tipo de movimento involuntário que resulta em uma rápida ação em resposta ao estímulo recebido. Por exemplo, ao aproximarmos a mão de uma superfície muito quente, imediatamente a afastamos da fonte de calor. Reagimos sem pensar.

No ato reflexo craniano, a integração da informação ocorre no tronco encefálico. Já no ato reflexo espinal, a própria medula espinal recebe e processa a informação. A medula envia uma resposta aos nervos motores, que acionam os músculos do corpo e promovem uma resposta, que pode ser, por exemplo, afastar rapidamente a mão ao aproximá-la da chama de uma vela.

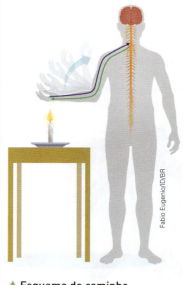

▲ Esquema do caminho percorrido pelo impulso nervoso durante o ato reflexo espinal. (Cores-fantasia.)

víscera: qualquer órgão situado dentro do tronco do corpo humano, como os intestinos.

SISTEMA NERVOSO AUTÔNOMO

O sistema nervoso autônomo é capaz de funcionar independentemente da nossa vontade. Uma das principais funções desse sistema é manter o equilíbrio interno do organismo, ou seja, a homeostase.

O sistema nervoso autônomo tem terminações nervosas em quase todos os órgãos e é composto de dois sistemas: simpático e parassimpático. Esses dois sistemas atuam simultaneamente para manter a homeostase e, em várias situações, agem de maneiras opostas sobre os órgãos que controlam. Porém, nem sempre ocorrem reações opostas por esses sistemas.

As ações do **sistema nervoso simpático**, em geral, estão associadas às reações de luta ou de fuga, que são ativadas em situações de perigo ou estresse ou sob o efeito de fortes emoções. Como exemplos dessas reações podem ser citados o aumento dos batimentos cardíacos, assim como da circulação do sangue nos músculos, e a dilatação das pupilas.

As ações do **sistema nervoso parassimpático** estão associadas ao descanso e ao relaxamento, que trazem o corpo de volta à condição normal depois de ter sido estimulado pelo sistema nervoso simpático. As respostas parassimpáticas estão voltadas para a conservação e a restauração de energia nos períodos em que o corpo não está mobilizado para reagir ao estresse. Assim, por exemplo, os batimentos cardíacos diminuem, bem como a circulação do sangue nos músculos, e as pupilas se contraem.

Veja, no diagrama a seguir, algumas funções desses sistemas.

FUNÇÕES DO SISTEMA NERVOSO AUTÔNOMO

Simpático	Parassimpático
Estimula a produção de suor pelas glândulas sudoríferas.	Não exerce efeito conhecido sobre as glândulas sudoríferas.
Diminui a secreção de saliva.	Estimula a secreção de saliva.
Dilata a pupila.	Contrai a pupila.
Estimula a secreção de adrenalina, hormônio que prepara o organismo para reagir a situações de estresse.	Não exerce efeito conhecido sobre a secreção de adrenalina.
Aumenta os batimentos cardíacos.	Diminui os batimentos cardíacos.
Dilata os brônquios dos pulmões.	Contrai os brônquios dos pulmões.
Diminui a atividade digestória do estômago e dos intestinos.	Estimula a atividade digestória do estômago e dos intestinos.
Promove o relaxamento da bexiga.	Promove a contração da bexiga.

Fonte de pesquisa: Gerard J. Tortora; Bryan Derrickson. *Corpo humano*: fundamentos de anatomia e fisiologia. 8. ed. Porto Alegre: Artmed, 2012. p. 290-291.

TENSÃO E RELAXAMENTO

Muitas respostas simpáticas e parassimpáticas são antagônicas, ou seja, contrárias ou opostas, e preparam o organismo para certas situações. Imagine que você vá andar de montanha-russa. As sensações antes de começar o movimento provavelmente estarão relacionadas ao medo, como aumento das frequências cardíaca e respiratória, boca seca e enrijecimento dos músculos. Essas reações são ativadas pelo sistema nervoso simpático e preparam o corpo para situações estressantes de luta ou de fuga. Para ativá-las, os neurônios do sistema simpático liberam neurotransmissores, que chegam aos órgãos efetores e estimulam a atividade de várias funções do corpo.

Quando termina o trajeto da montanha-russa e o carrinho para, rapidamente o batimento cardíaco diminui, a respiração desacelera e os músculos relaxam. Esse estado de relaxamento é ativado pelo sistema nervoso parassimpático, o qual libera neurotransmissores que atuam na inibição da ação dos órgãos que foram excitados pelo sistema simpático.

▲ O sistema nervoso simpático é o responsável pela sensação de "frio na barriga" que sentimos quando estamos em uma montanha-russa.

---

hormônio: substância transportada pela corrente sanguínea e que atua sobre a atividade de outras células do corpo.

A SAÚDE DO SISTEMA NERVOSO

O sistema nervoso controla diversas ações no corpo, portanto, lesões nesse sistema podem trazer sérias consequências. Os danos podem afetar as conexões entre as células nervosas e impedir ou prejudicar a transmissão de informações entre elas.

Um exemplo é a **paralisia**, incapacidade de realizar movimentos. Se a medula espinal for lesionada, dependendo do local da lesão a pessoa poderá perder a sensibilidade e os movimentos dos membros e ficar paraplégica ou tetraplégica. **Paraplegia** é a incapacidade de executar movimentos nos membros inferiores; **tetraplegia** é a paralisia dos membros superiores e inferiores.

Interaja com **o sistema nervoso e o controle de ações** e explique como ocorre a comunicação entre o sistema nervoso central e o restante do corpo.

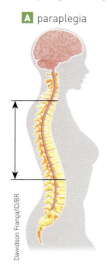
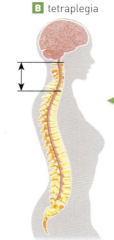

A paraplegia B tetraplegia

Lesões na altura das vértebras torácicas **(A)** provocam a paraplegia. Já lesões na altura das vértebras cervicais **(B)** provocam a tetraplegia. (Cores-fantasia.)

Fonte de pesquisa: Johannes Sobotta. *Atlas de anatomia humana*. 22. ed. Rio de Janeiro: Guanabara Koogan, 2008. v. 1. p. 341 e 351.

O crânio, a coluna vertebral e as meninges ajudam a proteger o sistema nervoso. Ainda assim, é importante tomar alguns cuidados para proteger esse sistema contra acidentes, como usar capacete ao andar de motocicleta ou usar o cinto de segurança em automóveis.

SAÚDE MENTAL

O funcionamento do sistema nervoso depende da manutenção da saúde mental – estado de bem-estar no qual as pessoas desenvolvem suas capacidades, lidam com o estresse da vida, trabalham de forma produtiva e contribuem para a comunidade.

A saúde mental pode ser afetada por diversos distúrbios. Na **depressão**, por exemplo, é comum haver o sentimento de falta de esperança e atitudes de isolamento. Outras desordens desencadeiam sentimentos de medo e ansiedade constantes ou excessivos, tensão muscular e palpitações. Há distúrbios que afetam o aprendizado e podem ser, em alguns casos, confundidos com falta de aptidão para a aprendizagem.

Os distúrbios que afetam a saúde mental devem ser diagnosticados e tratados de modo adequado. Por isso, é importante que a pessoa procure ajuda médica e psicológica.

CIDADANIA GLOBAL

O QUE É SAÚDE MENTAL?

Para a Organização Mundial da Saúde (OMS):

Saúde mental refere-se a um bem-estar no qual o indivíduo desenvolve suas habilidades pessoais, consegue lidar com os estresses da vida, trabalha de forma produtiva e encontra-se apto a dar sua contribuição para sua comunidade.

Em relação às crianças, a saúde mental implica pensar os aspectos do desenvolvimento, tais como: ter um conceito positivo sobre si, ter tanto habilidades para lidar com seus pensamentos e emoções [...] quanto para construir relações sociais, tendo uma atitude de se abrir para aprender e adquirir educação. Em última análise, tudo o que pode possibilitar uma participação ativa na sociedade.

O que é saúde mental? *Saúde Mental*, Universidade Federal de Minas Gerais (UFMG), 22 set. 2020. Disponível em: https://www.ufmg.br/saudemental/saude-mental/o-que-e-saude-mental/. Acesso em: 8 mar. 2023.

1. Explique, com suas palavras, o que é saúde mental.
2. Reúna-se com um colega para trocar ideias sobre hábitos que contribuem para nossa saúde e nosso bem-estar. Ao final, elaborem uma lista com esses hábitos.

DROGAS

Drogas são substâncias que alteram o funcionamento do organismo quando ingeridas, inaladas, injetadas ou absorvidas pela pele. O uso de drogas é um problema social, relacionado ao tráfico de armas, à corrupção, entre outras transgressões. Também é um problema de saúde e de segurança públicas.

Algumas drogas têm **efeitos psicotrópicos**, ou seja, atuam sobre o sistema nervoso central. Alguns exemplos são o álcool, a nicotina (presente no cigarro), a cafeína (presente no café), calmantes, maconha, cocaína, heroína e *ecstasy*. As drogas psicotrópicas afetam o sistema nervoso de diversas formas: interferindo na síntese, no armazenamento ou na liberação de neurotransmissores; bloqueando ou imitando a ação de neurotransmissores; ou, ainda, agindo sobre a recaptação e a degradação de neurotransmissores. Observe o esquema.

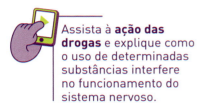

Assista à **ação das drogas** e explique como o uso de determinadas substâncias interfere no funcionamento do sistema nervoso.

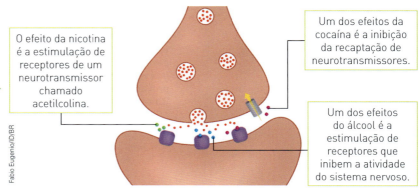

O efeito da nicotina é a estimulação de receptores de um neurotransmissor chamado acetilcolina.

Um dos efeitos da cocaína é a inibição da recaptação de neurotransmissores.

Um dos efeitos do álcool é a estimulação de receptores que inibem a atividade do sistema nervoso.

Esquema simplificado de como a nicotina, o álcool e a cocaína agem nas sinapses. (Representação sem proporção de tamanho e em cores-fantasia.)

Fonte de pesquisa: Neil Carlson. *Fisiologia do comportamento*. 7. ed. Barueri: Manole, 2002. p. 106.

Os efeitos das drogas psicotrópicas são os mais variados. Existem aquelas com efeito estimulante, que aumentam a atividade cerebral, como a cocaína, o *crack*, a nicotina do cigarro e as anfetaminas, outras com efeito depressor, que inibem o funcionamento do cérebro, como o álcool, e outras com efeito perturbador, que distorcem a percepção da realidade, como a maconha, o LSD e o *ecstasy*. A dependência física e a psicológica de drogas causam efeitos danosos e podem levar à morte. Por isso, muitas drogas têm seu uso proibido ou controlado.

As drogas e a adolescência

A adolescência é uma fase de intensa mudança. Nessa etapa da vida, o jovem está mais disposto a passar por novas experiências e a formar novas opiniões. Alguns adolescentes podem ver o uso de drogas como uma saída para enfrentar desafios, ter prazer e facilitar a relação com outras pessoas. Entretanto, o uso de drogas leva à perda de liberdade, pois provoca dependência, além de expor o usuário a situações de risco.

Ter amigos de confiança e familiares que se preocupam com seu bem-estar é essencial para o jovem na adolescência – assim como o **autocuidado**, o cuidado que o jovem tem consigo mesmo.

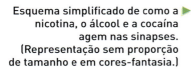

ÁLCOOL E CIGARRO

Drogas como a cocaína e o *ecstasy* são ilegais ou ilícitas, ou seja, seu uso não é permitido. Há, no entanto, drogas lícitas, cujo uso é permitido a maiores de 18 anos, como o álcool e a nicotina, presente no cigarro.

Contudo, ainda que sejam lícitas, essas drogas são prejudiciais à saúde: o uso de cigarro pode causar doenças, como o câncer de pulmão, e o álcool pode causar dependência, por exemplo.

ATIVIDADES

Acompanhamento da aprendizagem

Retomar e compreender

1. Suponha que você esteja jogando vôlei e a bola atinja sua perna. Descreva como o sistema nervoso atua para que o contato da bola com sua pele seja percebido pelo corpo.

2. No caderno, classifique cada reação a seguir em voluntária ou involuntária.
   a) Agachar-se e pegar uma bola.
   b) Espirrar.
   c) Tomar água.
   d) Salivar antes de comer.
   e) Decidir pular de paraquedas.
   f) Tossir ao engasgar.
   g) Tossir quando o médico pedir.
   h) Ficar pálido antes de pular de paraquedas.

3. Diferencie as funções do sistema nervoso somático e do sistema nervoso autônomo.

4. Sobre as drogas, responda às questões.
   a) O que são essas substâncias? Dê exemplos.
   b) Explique como elas podem afetar o funcionamento do sistema nervoso.
   c) Que efeitos o cigarro e o álcool podem causar ao sistema nervoso central?

5. O uso da maconha gera alterações na percepção dos sentidos e afeta a memória, a concentração, os pensamentos e o humor. De que maneira essa droga altera o funcionamento do sistema nervoso central?

6. Leonardo está andando por uma rua escura e se assusta com um barulho alto. Mas, logo em seguida, ele se acalma ao perceber que um gato tinha derrubado uma lata. Relacione as reações de Leonardo aos sistemas simpático e parassimpático.

7. Ficar nervoso ou estressado é uma reação natural do organismo, que facilita a adaptação a situações novas ou ameaçadoras. Entretanto, diversos estudos revelam que o estresse por períodos prolongados favorece o aparecimento de diabetes, doenças do coração e depressão, entre outras enfermidades.
   - Que atitudes você acha que podem evitar situações de estresse?

Aplicar

8. Leia o texto e responda às questões.

Entenda como funciona o implante que fez três paraplégicos voltarem a andar.

O uso de implantes elétricos combinado com inteligência artificial ajudou três pacientes paraplégicos a conseguirem voltar a andar em apenas um dia. A façanha, detalhada na última edição da revista especializada *Nature Medicine*, é resultado do trabalho de cientistas da Suíça que, desde 2014, desenvolvem a tecnologia de recuperação de movimentos. Com o auxílio dos dispositivos que restabeleceram a "ponte" de comunicação entre o cérebro e a coluna, os voluntários conseguiram nadar, pedalar e praticar canoagem. Isso depois de uma operação que durou quatro horas.

[...] Na cirurgia experimental, eles receberam 18 implantes de eletrodos em toda a medula espinhal. Esses dispositivos emitem sinais elétricos sincronizados, que simulam a ação dos neurônios presentes ao longo da medula responsáveis por fazer o cérebro ativar os músculos do tronco e das pernas.

Os eletrodos são conectados a um [...] [tablet] com um sistema de inteligência artificial. Dessa forma, ao comando do paciente, o computador aciona o tipo de atividade motora a ser realizada, como dobrar o joelho. "Ao controlar esses implantes, podemos ativar a medula espinhal como o cérebro faria naturalmente", resume, em comunicado, Grégoire Courtine, pesquisador da Escola Politécnica Federal de Lausanne e um dos autores do estudo científico.

Vilhena Soares. Entenda como funciona o implante que fez três paraplégicos voltarem a andar. *Correio Braziliense*, 8 fev. 2022. Disponível em: https://www.correiobraziliense.com.br/ciencia-e-saude/2022/02/4983392-entenda-como-funciona-o-implante-que-fez-tres-paraplegicos-voltarem-a-andar.html. Acesso em: 16 fev. 2023.

a) De que procedimento o texto trata? Que resultados foram obtidos com os pacientes submetidos a esse procedimento? Em sua resposta, explique o que é paraplegia.

b) Discuta com os colegas e o professor: O que pesquisas como a mencionada no texto podem significar para o tratamento de pessoas com paraplegia?

239

CAPÍTULO 3
SISTEMA SENSORIAL

PARA COMEÇAR
A todo momento, o corpo percebe o que acontece dentro e fora dele. Como o sistema nervoso participa desse processo? E como ele se relaciona às respostas tomadas em cada situação?

SENSAÇÕES E PERCEPÇÕES

O corpo humano é capaz de detectar diversos estímulos por meio dos sentidos. Os estímulos podem vir do ambiente externo, como um aroma (substâncias no ar) e a luminosidade, ou podem ser internos, como a mudança de temperatura corporal. Os sentidos mais conhecidos são a visão, a audição, o olfato, a gustação e o tato. Outros são relacionados à **propriocepção**, isto é, à percepção do próprio corpo, como o movimento dos membros.

Para que seja detectado, um estímulo deve ser capaz de ativar neurônios sensitivos, chamados de **receptores sensoriais**. Cada tipo de receptor reage a um tipo de estímulo, como luz, substâncias químicas e variações de pressão. Ao serem estimulados, esses receptores traduzem o estímulo em impulsos nervosos, que são conduzidos por nervos até o encéfalo ou a medula espinal.

A tradução de um estímulo em impulsos nervosos é chamada de **sensação**. Esses impulsos nervosos atingem o sistema nervoso central e são integrados com outros sinais, resultando em percepções. As **percepções** são, portanto, interpretações dos estímulos ambientais geradas no encéfalo.

▼ De modo geral, cada sentido está associado a um órgão ou a estruturas especializadas. Nesta foto, a menina usa o sentido da visão para ler as páginas de um livro. Além disso, ao segurá-lo, ela sente esse objeto na mão por meio do tato.

O TATO

Quando alguém toca sua pele, mesmo que você esteja de olhos fechados, você consegue descrever várias sensações: dizer se a mão está quente ou fria, se é áspera ou macia, se o toque é leve ou mais forte. Uma das funções da pele é detectar estímulos do ambiente pelo **tato**.

A pele, formada pela epiderme e pela derme, é dotada de **mecanorreceptores**, que detectam estímulos mecânicos, como vibrações e pressão; de **nociceptores**, que são receptores de dor; e de **termorreceptores**, que detectam variações de temperatura.

> **FUNÇÕES DA PELE**
>
> A **pele** desempenha várias funções no ser humano, como revestir o corpo, evitar a perda de umidade e servir de barreira contra a entrada de microrganismos.

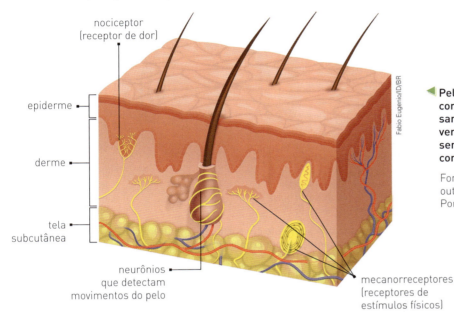

◀ Pele e tela subcutânea, em corte, com alguns receptores. Os vasos sanguíneos estão representados em vermelho e azul. (Representação sem proporção de tamanho e em cores-fantasia.)

Fonte de pesquisa: Jane B. Reece e outros. *Biologia de Campbell*. 10. ed. Porto Alegre: Artmed, 2015. p. 1107.

Diferentemente dos outros sentidos, o tato não se dá em uma região específica do corpo. Há receptores para detecção de pressão, vibração, variações de temperatura, cócegas e dor por toda a pele, na tela subcutânea e nas mucosas. Todas essas informações são traduzidas pelos vários tipos de receptor e são conduzidas até o sistema nervoso central, que as interpreta e gera a sensação de tato.

Algumas partes do corpo, como os lábios e a ponta dos dedos, concentram maior quantidade de receptores do tato e, portanto, são mais sensíveis aos estímulos. Outras, como o braço e as costas, apresentam concentração menor desses receptores.

O tato é particularmente importante para pessoas cegas ou com baixa visão. Em 1825, na França, um jovem cego chamado Louis Braille (1809- -1852) criou um sistema de leitura tátil e escrita composto de seis pontos em relevo que podem ser combinados. Esse sistema, denominado **braile**, é utilizado por pessoas cegas no mundo todo.

tela subcutânea: camada que fica abaixo da pele, formada principalmente por fibras e células que armazenam gordura. Não faz parte da pele, mas serve de suporte a ela.

▼ O sistema braile é uma importante conquista para a educação e a integração de pessoas cegas na sociedade. A variação na disposição de seis pontos permite a formação de 63 combinações.

241

A VISÃO

A **visão** nos possibilita distinguir formas, cores, intensidades luminosas e profundidade. Ela é importante em muitas situações, como ler um livro, observar um quadro, perceber a aproximação de um veículo, entre outras ações cotidianas. Essas ações são possíveis graças à captação da luz do ambiente pelos olhos e ao modo como o cérebro interpreta essa luz.

Os **olhos** são os órgãos sensoriais responsáveis pela captação da luz. Veja algumas partes do olho no esquema a seguir.

A abertura da íris, chamada de **pupila**, muda de tamanho conforme a luminosidade. No escuro, a musculatura da íris contrai-se e a pupila aumenta **(A)**, permitindo maior entrada de luz. Na claridade, os músculos relaxam, a pupila diminui **(B)** e menos luz entra nos olhos.

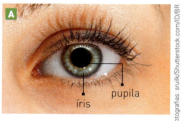

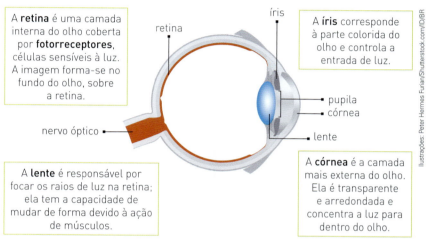

A **retina** é uma camada interna do olho coberta por **fotorreceptores**, células sensíveis à luz. A imagem forma-se no fundo do olho, sobre a retina.

A **íris** corresponde à parte colorida do olho e controla a entrada de luz.

A **córnea** é a camada mais externa do olho. Ela é transparente e arredondada e concentra a luz para dentro do olho.

A **lente** é responsável por focar os raios de luz na retina; ela tem a capacidade de mudar de forma devido à ação de músculos.

▲ Esquema simplificado, visto em corte, das estruturas internas que compõem o olho. (Representação sem proporção de tamanho e em cores-fantasia.)

O FUNCIONAMENTO DO OLHO

Os raios de luz passam pela córnea e entram no olho pela pupila; em seguida, atravessam a lente. É importante saber que, ao passar pela córnea e pela lente, os raios de luz mudam de direção. Ao passar pela lente, então, os raios de luz são desviados e convergem sobre a retina, onde se forma uma imagem invertida. Os fotorreceptores da retina, por sua vez, geram impulsos nervosos que são levados pelo **nervo óptico** até o cérebro. No cérebro, a imagem invertida é interpretada e a percebemos na posição e no tamanho originais.

FOTORRECEPTORES E CORES

Há dois tipos de fotorreceptor: os **cones** e os **bastonetes**. Os cones são estimulados por luzes fortes e proporcionam a visão em cores; os bastonetes detectam luz fraca e permitem ver tonalidades de cinza.

As cores são percebidas pelo cérebro de acordo com os tipos de cone estimulados e a intensidade de sensibilização. Existem três tipos de cone: o azul, mais sensível à cor azul; o verde, mais sensível à cor verde; e o vermelho, mais sensível à cor vermelha. A luz amarela, por exemplo, estimula fortemente os cones verdes e vermelhos, mas não estimula os cones azuis. Já a luz azul estimula fortemente os cones azuis, mas não afeta os outros dois tipos de cone.

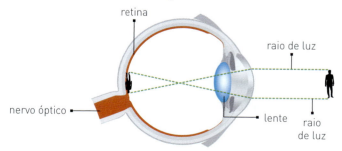

▲ O esquema mostra como a imagem é formada e interpretada no processo de visão. (Representação sem proporção de tamanho e em cores-fantasia.)

Fonte de pesquisa dos esquemas desta página: Gerard J. Tortora; Bryan Derrickson. *Corpo humano*: fundamentos de anatomia e fisiologia. 8. ed. Porto Alegre: Artmed, 2012. p. 308 e 312.

DISTÚRBIOS DA VISÃO E LENTES CORRETIVAS

No olho normal, os raios de luz captados do ambiente convergem para a retina, onde formam uma imagem nítida. Contudo, muitas pessoas têm alterações nos olhos que prejudicam a formação de uma imagem nítida na retina: são os distúrbios da visão. Entre os mais comuns estão a miopia, a hipermetropia e o astigmatismo.

O **míope** tem dificuldade para enxergar o que está longe dos olhos e enxerga bem apenas o que está próximo dele. Isso ocorre porque a imagem se forma antes da retina. A miopia pode ser corrigida utilizando-se um tipo de lente esférica chamada **lente divergente**. Ao passar por esse tipo de lente, os raios de luz mudam de direção: eles afastam-se uns dos outros.

ACESSIBILIDADE

Ainda que seja importante para a comunicação e a orientação espacial nos seres humanos, a ausência de visão pode ser compensada por outros sentidos. As pessoas cegas ou com baixa visão utilizam muito o tato. O piso tátil, por exemplo, ajuda-as a se guiar ao longo de um trajeto.

▲ Piso tátil em estação de metrô de São Paulo (SP). Foto de 2020.

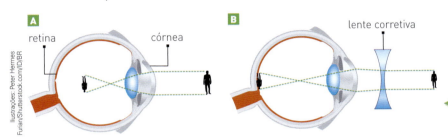

◀ (A) Esquema simplificado da imagem formada em um olho míope – perceba que ela é formada antes da retina. (B) Esquema do mesmo olho míope, com a formação da imagem corrigida pelo uso de lente divergente – nesse caso, o uso da lente permite que a imagem se forme na retina. (Representação sem proporção de tamanho e em cores-fantasia.)

Uma pessoa **hipermetrope** enxerga bem de longe e tem dificuldade para enxergar de perto. Nesse caso, a imagem é formada depois da retina. Para corrigir esse problema, é indicado o uso de outro tipo de lente esférica, a **lente convergente**, que também muda a direção dos raios de luz, convergindo-os, ou seja, fazendo com que eles se aproximem.

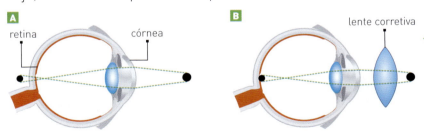

◀ (A) Esquema simplificado da formação da imagem em um olho hipermetrope – perceba que a imagem é formada depois da retina. (B) Esquema do mesmo olho hipermetrope, com a formação da imagem corrigida pelo uso de lente convergente – nesse caso, o uso da lente permite que a imagem se forme na retina. (Representação sem proporção de tamanho e em cores-fantasia.)

Outro problema frequente de visão é o **astigmatismo**. Nesse caso, a imagem é desfocada, independentemente da distância do objeto. Isso ocorre por causa da forma irregular da córnea e da lente do olho. Para corrigir o astigmatismo, é utilizado um tipo especial de lente convergente, com curvatura mais acentuada.

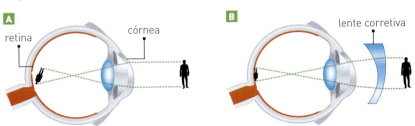

Fonte de pesquisa dos esquemas desta página: Gerard J. Tortora; Bryan Derrickson. *Corpo humano*: fundamentos de anatomia e fisiologia. 8. ed. Porto Alegre: Artmed, 2012. p. 313.

◀ (A) Esquema simplificado do modelo físico para representar o astigmatismo e de sua correção (B) com o uso de lente com curvatura mais acentuada. (Representação sem proporção de tamanho e em cores-fantasia.)

GOLFINHOS E MORCEGOS

Os golfinhos e os morcegos utilizam o aparelho auditivo para se guiar. Eles emitem sons no ambiente e captam os ecos que voltam refletidos nos objetos. Esse modo de orientação chama-se **ecolocalização**.

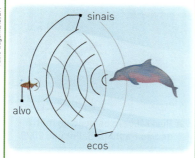

▲ Esquema de como ocorre a ecolocalização em golfinhos. Os radares e sonares, inventados pelo ser humano no início do século XX, funcionam de maneira semelhante à ecolocalização desses animais. (Representação sem proporção de tamanho e em cores-fantasia.)

O esquema, em corte e em cores-fantasia, mostra as partes da orelha.
Fonte de pesquisa: Gerard J. Tortora; Bryan Derrickson. *Corpo humano*: fundamentos de anatomia e fisiologia. 8. ed. Porto Alegre: Artmed, 2012. p. 315.

PARA EXPLORAR

Dicionário de Libras
A **Língua Brasileira de Sinais** (**Libras**) é utilizada por pessoas surdas. Ela tem uma modalidade visual-espacial (os sinais são formados tanto pelas formas quanto pelos movimentos das mãos e também são utilizados pontos de referência no corpo ou no espaço) e estrutura gramatical próprias. No *site* do Instituto Nacional de Educação de Surdos (Ines), há um dicionário *on-line* de Libras.
Disponível em: https://www.ines.gov.br/dicionario-de-libras/. Acesso em: 9 mar. 2023.

A AUDIÇÃO

É por meio da **audição** que percebemos os sons. A emissão de um som gera vibrações no ar, que são chamadas de **ondas sonoras**. Essas vibrações são captadas pela orelha e detectadas por mecanorreceptores, que, como já foi explicado, são neurônios especializados em estímulos mecânicos, como vibrações e pressão.

A **orelha** é o órgão responsável por captar, selecionar e amplificar os sons. Ela pode ser dividida em três partes: orelha externa, orelha média e orelha interna. A existência de duas orelhas, uma de cada lado da cabeça, permite ao cérebro identificar o local de origem do som, porque o som chega às duas orelhas em tempos diferentes.

ORELHA EXTERNA

A **orelha externa** protege as partes mais internas da orelha contra a entrada de partículas e microrganismos. Os pelos e a cera em seu interior auxiliam nessa função. Além disso, a orelha externa capta os sons que chegam até ela. A detecção das ondas sonoras começa no **pavilhão auricular**, que direciona o som para o **meato acústico externo**. Esse canal amplifica alguns tipos de som e os leva à **membrana timpânica**, que separa a orelha externa da orelha média.

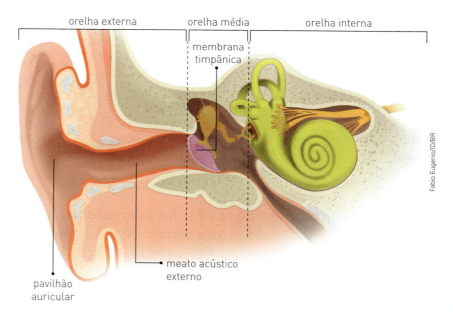

ORELHA MÉDIA

A **orelha média** transmite as vibrações do ar para o líquido interior da orelha interna. Quando as vibrações do ar atingem a membrana timpânica, ela vibra como a pele de um tambor, transmitindo esse sinal a três minúsculos ossos, o **martelo**, a **bigorna** e o **estribo**, que amplificam as vibrações criadas na membrana, levando-as à orelha interna.

ORELHA INTERNA

Os três ossos da orelha média conectam a membrana timpânica à **cóclea**, estrutura presente na **orelha interna**. A cóclea é um órgão em forma de espiral na qual se localizam os mecanorreceptores. Acompanhe os esquemas a seguir.

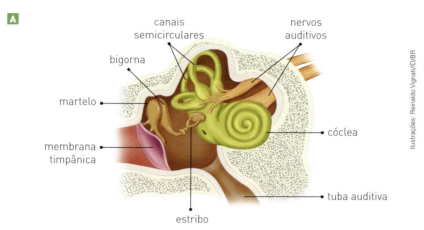

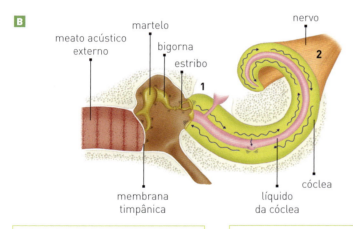

1. As vibrações do estribo provocam a vibração do líquido localizado dentro da cóclea, estimulando os mecanorreceptores.

2. Os impulsos nervosos gerados são então enviados ao **nervo auditivo**, que os encaminha para o cérebro, onde os sons são interpretados.

▲ **(A)** Esquema das principais estruturas da orelha média e da orelha interna. **(B)** Esquema simplificado da transmissão da informação sonora (a cóclea foi representada parcialmente desenrolada e em corte). (Representações sem proporção de tamanho e em cores-fantasia.)

Fonte de pesquisa dos esquemas: Jane B. Reece e outros. *Biologia de Campbell*. 10. ed. Porto Alegre: Artmed, 2015. p. 1109.

O EQUILÍBRIO

Os **canais semicirculares** da orelha interna estão associados ao equilíbrio corporal. Estruturas localizadas na orelha média são responsáveis pela percepção e pela manutenção do equilíbrio – a orientação postural – e do senso de direção. Elas nos permitem identificar a orientação do nosso corpo em relação à força da gravidade e perceber, por exemplo, se estamos em pé ou de cabeça para baixo.

CIDADANIA GLOBAL

A EMPATIA E A SAÚDE MENTAL

No dicionário, a empatia é a ação de se colocar no lugar de outra pessoa, buscando agir ou pensar da forma como ela pensaria ou agiria nas mesmas circunstâncias. Ou seja, compreender que[,] se uma atitude faz bem a si próprio, pode fazer bem ao outro [...] [e] uma atitude que faz mal a si próprio pode machucar o outro. A empatia não é um conceito novo, porém, nos últimos tempos a palavra vem se popularizando, sobretudo nas redes sociais. [...]

[...] A empatia é fundamental para a saúde mental. Fazer o bem ao outro pode agregar muito ao sentimento de satisfação. Mas, mais do que isso, não machucar o outro e respeitar limites evita que relacionamentos nocivos sejam criados. [...]

Quando se exercita a empatia, é gerada uma noção de "eu e outro" que possibilita enxergar até onde se pode ir para não ferir o outro, evitando que se criem relações de disputa [...]. "[...] Muitas vezes, as pessoas estão num polo muito ansioso, agressivo, ou num polo deprimido [...]. Então, o exercício que o olhar da empatia proporciona nesse olhar de 'eu' e do 'outro' ajuda a sair das polarizações [...]", alerta [o psicólogo Sérgio] Marçal.

Rafaella Massa. O poder da empatia é fundamental para a saúde mental, diz psicólogo. *Jornal da Manhã*, 6 jun. 2021. Disponível em: https://jmonline.com.br/saude/o-poder-da-empatia-e-fundamental-para-a-saude-mental-diz-psicologo-1.42574. Acesso em: 16 mar. 2023.

- **SABER SER** De acordo com o texto, como a empatia pode contribuir para a saúde mental? Que outros benefícios essa habilidade proporciona? Explique.

O OLFATO

Pelo sentido do **olfato**, podemos, por exemplo, apreciar o perfume das flores e conseguimos identificar um vazamento de gás, um foco de incêndio ou um alimento estragado. O olfato pode despertar sensações de prazer ou de aversão, trazer lembranças e alertar para situações de perigo, além de atuar, em conjunto com a gustação, na percepção do sabor dos alimentos. Para identificar os odores, usamos o **nariz**, órgão relacionado ao olfato.

Os cheiros podem ser classificados em agradáveis ou desagradáveis, e isso depende, em grande parte, das preferências de cada indivíduo, ou seja, determinados aromas podem ser considerados ruins por uma parte da população e ser apreciados por outras pessoas. O aroma do café, dos perfumes adocicados, da gasolina, entre outros, são exemplos dessa divergência.

A PERCEPÇÃO DOS AROMAS

O processo de reconhecimento de um odor inicia-se no interior do nariz, em uma porção denominada **epitélio olfatório**. Vejamos este exemplo: uma flor exala partículas voláteis que, ao serem inaladas pelo nariz, entram em contato com o muco que reveste esse epitélio e nele se diluem. Os **receptores olfatórios**, células responsáveis pelo reconhecimento das partículas de odor, respondem à substância inalada e geram impulsos nervosos, transmitidos ao encéfalo pelos nervos. Esses receptores olfatórios são **quimiorreceptores**, ou seja, são sensíveis a diferentes substâncias químicas. O encéfalo interpreta a informação recebida e gera uma percepção de odor.

▲ Sentir o cheiro nos ajuda, entre outras funções, a identificar os alimentos e a perceber se estão próprios para o consumo.

muco: material de consistência viscosa.

volátil: material que, à pressão e à temperatura ambientes, passa com facilidade para o estado de vapor.

▼ Esquema simplificado da percepção dos aromas nos seres humanos. O impulso nervoso gerado nos receptores olfatórios é transmitido por nervos até o encéfalo, onde a informação é interpretada. (Representação sem proporção de tamanho e em cores-fantasia.)

Fontes de pesquisa: Gerard J. Tortora; Bryan Derrickson. *Corpo humano*: fundamentos de anatomia e fisiologia. 8. ed. Porto Alegre: Artmed, 2012. p. 320; Arthur. C. Guyton; John E. Hall. *Tratado de fisiologia médica*. Rio de Janeiro: Elsevier, 2006. p. 667.

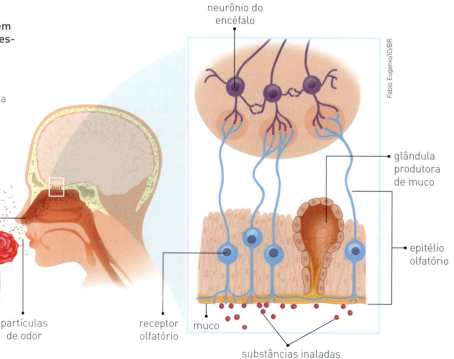

A GUSTAÇÃO

Ao colocar um alimento na boca, em geral conseguimos identificar seu gosto rapidamente. A **língua** é o órgão responsável pelo sentido da **gustação**.

Os alimentos ingeridos entram em contato com a língua, que, por meio de seus quimiorreceptores, reconhece as partículas que conferem gosto à comida. Os receptores identificam cinco gostos: doce, amargo, azedo, salgado e *umami*. A estimulação das células receptoras gera impulsos nervosos que são transmitidos ao encéfalo, onde são interpretados como gostos.

Os receptores de sabor localizam-se principalmente na face superior da língua, em estruturas denominadas **papilas**, mas também estão presentes no céu da boca, na epiglote e na garganta.

▲ *Umami* é o sabor típico de carnes, aspargos, frutos do mar, queijos e cogumelos (foto), como *shimeji*, *shiitake* e *champignon*.

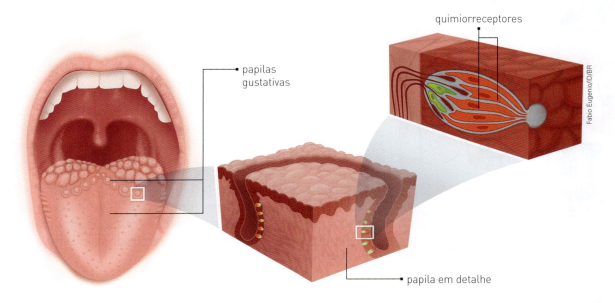

▲ Esquema da superfície da língua e detalhes da papila gustativa e dos quimiorreceptores. (Representação sem proporção de tamanho e em cores-fantasia.)

Fonte de pesquisa: Gerard J. Tortora; Bryan Derrickson. *Corpo humano*: fundamentos de anatomia e fisiologia. 8. ed. Porto Alegre: Artmed, 2012. p. 305.

SENTIDOS QUE ATUAM EM CONJUNTO

O **sabor** é uma combinação, feita pelo sistema nervoso, de informações provenientes da língua e do receptor olfatório. Logo, gustação e olfato atuam em conjunto na determinação dos sabores dos alimentos. Esses dois sentidos podem nos alertar, por exemplo, sobre alimentos estragados ou proporcionar sensações agradáveis durante a degustação de um prato.

Além dos gostos, é possível perceber a temperatura e a textura dos alimentos quando remexidos no interior da boca. Essas informações também são processadas pelo encéfalo na interpretação do sabor.

Quando estamos gripados, é mais difícil sentirmos o cheiro das coisas, pois a grande quantidade de muco produzida impede que os quimiorreceptores do nariz entrem em contato com as partículas de odor. Como consequência disso, a sensação de sabor dos alimentos fica prejudicada.

PRÁTICAS DE CIÊNCIAS

Investigando a percepção

O ambiente que nos cerca está repleto de estímulos, como sons e imagens. As sensações e reações provocadas quando entramos em contato com esses estímulos dependem da recepção das informações do ambiente e do processamento delas no cérebro.

Para explorar o fenômeno da percepção, você vai realizar um **teste** com os colegas.

Como fazer

1. Reúna-se com dois colegas. Posicionem duas cadeiras em linha, uma atrás da outra. Um de vocês senta-se na cadeira da frente, um colega senta-se na cadeira de trás, e o outro colega será o condutor e permanecerá em pé (etapa **1**).

2. Quem está sentado atrás fecha os olhos. O condutor segura a mão desse estudante e posiciona um de seus dedos próximo à ponta do nariz do colega que está sentado à frente (etapa **2**).

3. O condutor toca com o dedo o nariz do colega que está atrás, ao mesmo tempo que esse estudante toca o nariz do colega que está à frente. É importante que os dois toques sejam executados simultaneamente (etapa **3**).

4. Quem está sentado atrás deve perceber qual sensação tem em relação ao tamanho do próprio nariz. Em seguida, os integrantes do grupo fazem um rodízio de papéis, para que todos possam experimentar a atividade.

ATENÇÃO!
O braço estendido não deve encostar no ombro do colega que está à frente.

Para concluir

1. Que sensação o estudante sentado na cadeira de trás teve durante a execução dos toques?

2. A sensação gerada pelo cérebro corresponde à realidade? Como você explica os resultados obtidos?

3. Por que a pessoa submetida ao teste deve permanecer de olhos fechados? Se ela estivesse de olhos abertos durante a condução do experimento, os resultados seriam os mesmos? Justifique.

4. Discuta com os colegas esta afirmação: A imagem que temos do próprio corpo e a forma como enxergamos o mundo podem ser modificadas de acordo com a maneira como nosso cérebro interpreta as informações que recebe.

ATIVIDADES

Retomar e compreender

1. Em que parte do corpo se localizam os receptores da visão, da audição, do olfato, da gustação e do tato?

2. Para onde os impulsos nervosos gerados nos órgãos dos sentidos são direcionados? O que acontece em seguida?

3. Quais sentidos uma pessoa pode usar para se orientar na escuridão? Justifique.

4. Que estímulo ativa os receptores da orelha?

5. No corpo, existem receptores sensoriais externos e internos. Que tipo de informação cada um deles capta?

6. Quais sentidos nos ajudam a identificar um alimento estragado? Justifique.

7. Óculos escuros são usados para proteger os olhos contra a luminosidade excessiva. Compare a ação exercida pelos óculos escuros às mudanças de tamanho da pupila dos olhos.

Aplicar

8. Um estudante fez a seguinte afirmação: "A visão é importante, pois auxilia o ser humano em sua interação com o ambiente".
    a) Explique com exemplos o que ele quis dizer com essa afirmação.
    b) Converse com os colegas sobre esta questão: Ser cego ou ter baixa visão é algo limitante? Por quê?

9. Em casa, experimente tapar o nariz ao comer uma fruta.
    a) Você conseguiu sentir o sabor da fruta?
    b) Por que isso ocorreu?

10. No caderno, faça um desenho e explique com suas palavras como é o funcionamento do olho humano.

11. A todo momento, recebemos estímulos de diversas fontes, os quais geram uma alteração no organismo, que é interpretada no encéfalo.
    - Descreva uma tarefa realizada por você em que são acionados, ao mesmo tempo, receptores responsáveis pela detecção de diferentes estímulos.

12. Observe as fotos a seguir.

a) Qual distúrbio da visão é retratado em cada foto? Justifique.
b) Que tipo de lente seria mais adequado para a correção da visão em cada caso?

13. A unidade usada para medir a intensidade dos sons é o decibel (dB). Uma conversa normal atinge cerca de 60 dB, e um *show* de música pode chegar a 120 dB. Sons acima de 85 dB podem causar danos aos mecanorreceptores e levar à perda auditiva. O dano depende da intensidade e do tempo de exposição ao som.
    - Que atitudes podem evitar danos à audição?

INVESTIGAR

Conhecendo as deficiências e os meios de superá-las

Para começar

Falar de deficiência é falar sobre diversidade humana. Se considerarmos a visão, por exemplo, podemos constatar que as pessoas têm diferentes níveis de percepção visual: algumas enxergam melhor, outras, pior, e há também as que não enxergam nada. No entanto, certos recursos, como lentes, bengalas e objetos em relevo, ajudam a superar as barreiras que impediriam o acesso dessas pessoas a uma vida plena na sociedade.

Nesta investigação, você e os colegas vão desenvolver uma pesquisa que lhes permitirá conhecer melhor a origem de algumas deficiências e os meios disponíveis para superar as barreiras que elas impõem.

O problema

- O que é deficiência e de que tipos ela pode ser?
- Quais são os direitos das pessoas com deficiência? Esses direitos são respeitados em nossa sociedade?

A investigação

- **Procedimento:** pesquisa bibliográfica e entrevista.
- **Instrumento de coleta:** fontes bibliográficas e questionário aberto.

Prática de pesquisa

Parte I – Formação dos grupos e orientações gerais

1. Reúnam-se em grupos de até cinco integrantes. Cada grupo vai pesquisar um tipo de deficiência. Essa pesquisa deve ser feita em duas etapas: a primeira etapa envolve uma pesquisa bibliográfica para o grupo se informar sobre a deficiência a ser investigada; a segunda etapa será entrevistar uma pessoa com a deficiência selecionada pelo grupo.

2. Escolham um tipo de deficiência para pesquisar. Organizem-se e definam as atribuições de cada integrante do grupo. Algumas possibilidades de pesquisa:
   - deficiências visuais, auditivas e motoras (como paralisia de membros);
   - deficiências mentais ou intelectuais, como síndrome de Down e outras.

Parte II – Pesquisa bibliográfica

1. Para se preparar para a etapa de entrevista, pesquisem informações que julgarem pertinentes em livros, revistas, jornais e *sites* de instituições reconhecidas, além de outros dados relevantes. Investiguem:
   - as principais características e causas da deficiência;
   - como a ciência e a tecnologia vêm contribuindo para a melhoria da qualidade de vida das pessoas com essa deficiência;
   - as mudanças necessárias para melhorar a inclusão dessas pessoas na sociedade;

Matheus Costa/ID/BR

250

- a confiabilidade das informações coletadas e notícias falsas (*fake news*) relacionadas ao tema.

2 Discutam aspectos curiosos sobre o tema e os pontos que desejam aprofundar.

Parte III – Entrevista

1 Após a pesquisa bibliográfica, vocês deverão entrar em contato com pessoas ou com instituições para coletar dados por meio de entrevistas. Podem ser pessoas com deficiência, profissionais da saúde, ativistas ligados à inclusão, especialistas em assistência a pessoas com deficiência, entre outros entrevistados.

2 Procurem saber:
- quais recursos ajudam a superar as dificuldades do dia a dia;
- quais equipamentos públicos estão disponíveis para dar assistência às pessoas com o tipo de deficiência em questão;
- o que falta para melhorar a inclusão dessas pessoas na sociedade.

Parte IV – Documentação dos resultados

1 Em grupo, elaborem um documento, a ser entregue ao professor, com os itens elencados anteriormente.

Questões para discussão

1. A realização dessa pesquisa mudou sua forma de perceber as pessoas com deficiência? Você acredita que, depois de realizar essa atividade, algum comportamento seu em relação às pessoas com deficiência tenha mudado ou possa mudar?

2. Como são as condições de acessibilidade na cidade em que você vive? Que tipos de dificuldade você acredita que as pessoas com deficiência enfrentam em sua rotina?

3. É bastante comum encontrar matérias em revistas, jornais, programas de TV e portais da internet que apresentam pessoas com deficiência como exemplos de superação de dificuldades. O que você acha desse tipo de abordagem?

4. Você identificou *fake news* relacionadas ao tema? Se sim, de que forma as notícias falsas que você encontrou podem prejudicar pessoas com deficiência?

Comunicação dos resultados

Preparem uma apresentação oral para a turma e, se possível, selecionem algumas imagens de apoio para que a apresentação fique mais interessante. Procurem expor com clareza as informações e os resultados obtidos.

Após as apresentações, comparem os resultados do seu grupo com os dos outros grupos.

Coletivamente e com a mediação do professor, debatam as questões propostas em "O problema" e procurem chegar a conclusões coletivas.

ATIVIDADES INTEGRADAS

Retomar e compreender

1. No caderno, copie o quadro a seguir e complete-o corretamente.

Estrutura	Função ou funções
Cérebro	
Cerebelo	
Tronco encefálico	
Medula espinal	
Nervos	

2. Com base no funcionamento do olho, explique a importância das lentes (especificando seus tipos) para pessoas míopes e pessoas hipermetropes.

3. Anfetaminas são um grupo de substâncias sintéticas, ou seja, produzidas artificialmente pelo ser humano. Elas geram elevada dependência química nas pessoas, e seu uso pode causar delírios de perseguição e convulsões.
   a) Que tipo de efeito as anfetaminas provocam no sistema nervoso central? Explique.
   b) Cite outros tipos de droga e seus efeitos no sistema nervoso central.

Aplicar

4. Leia o texto e faça o que se pede a seguir.

   Filme de terror. Um frio percorre a espinha e os pelos ficam levantados. Uma sensação de impotência instala-se e um grito fica preso na garganta. O coração dispara, como se fosse sair pela boca.

   a) Essas reações involuntárias são coordenadas pelo sistema nervoso autônomo simpático. Produza um esquema com texto e ilustrações que expliquem como funciona esse sistema.
   b) Imagine que você se levante e saia correndo da sala porque não quer mais assistir ao filme. Do ponto de vista funcional, que parte do sistema nervoso está relacionada a esse movimento voluntário? Quais são as funções desse sistema?

5. A pintura intitulada *Saudade*, reproduzida a seguir, foi feita pelo artista plástico paulista Almeida Júnior (1850-1899) em 1899.

Pinacoteca do Estado, São Paulo, Brasil. Fotografia: ID/BR

a) Ao ler o título da pintura e observá-la, imediatamente você começa a interpretá-la. Que parte do encéfalo é ativada nesse momento?
b) Que sentido você usou para observar essa imagem? No caderno, relacione a sensação, a transmissão da informação e a percepção visual às regiões do sistema nervoso.

6. Observe a imagem a seguir.

ID/BR

a) Quantos triângulos você enxerga?
b) Quantos triângulos estão completamente traçados na imagem?
c) Como você explicaria esses resultados?

7. Leia o texto e responda à questão a seguir.

   O daltonismo é uma condição visual caracterizada pela dificuldade de diferenciar algumas cores ou todas elas. O tipo mais comum de daltonismo é aquele em que a pessoa não distingue as cores vermelha e verde.

   - Qual parte do olho pode estar afetada nas pessoas com daltonismo? Por quê?

Acompanhamento da aprendizagem

Analisar e verificar

8. Leia o texto a seguir e faça o que se pede.

Poluição sonora

Submeter-se a ruídos muito altos por vários anos pode deixar a pessoa incapacitada para o resto da vida. A exposição a sons intensos é a segunda causa mais comum de deficiência auditiva [no Brasil]. [...]

[...] A exposição dos ouvidos* ao barulho intolerável, às vibrações fortes e aos ruídos excessivos desgastam as células sensoriais dos ouvidos, tornando-as incapazes de reação. Se a pessoa estiver com fone de ouvido ouvindo música e não puder conversar com alguém ao seu lado ou se escutar zumbidos ou [tiver] diminuição da clareza da audição quando retirar os fones, é sinal de que entrou no nível perigoso de perturbação. Nesse caso, recomenda-se a diminuição do som dos fones.

[...]

*Embora a nomenclatura anatômica atual seja orelha, o termo ouvido foi mantido por ainda ser utilizado coloquialmente.

Patricia Moreira. Poluição sonora. Fiojovem, 20 ago. 2018. Disponível em: https://www.fiojovem.fiocruz.br/poluicao-sonora. Acesso em: 10 mar. 2023.

- Com base no texto, explique por que as pessoas que se submetem a ruídos muito intensos por períodos prolongados podem ficar surdas.

Criar

9. Leia o texto a seguir e responda às questões.

Você sabe o que é sinestesia? Como será que a sinestesia acontece?

[...]

As diferentes partes do cérebro recebem e interpretam informações vindas de órgãos sensoriais diferentes. Assim, as informações visuais são interpretadas na área considerada o centro da visão, enquanto as informações auditivas são interpretadas na área considerada o centro da audição. Isso é o que acontece no cérebro da maioria das pessoas, mas curiosamente existem exceções.

No cérebro de cerca de 4% da população mundial, há um cruzamento entre essas rotas, o que causa uma mistura sensorial entre a visão, a audição, o olfato, o paladar e o tato. Isso faz com que essas pessoas, chamadas sinestetas, ouçam cores, vejam sons, provem números, cheirem palavras e até tenham sensações gustativas ao tocar um objeto. Esse distúrbio neurológico [...] [em que] ocorrem experiências sensoriais cruzadas [...] ficou conhecido como sinestesia ([do] grego, *syn* = juntos + *aisthesis* = percepção).

[...]

Edmilson Barcellos. Sinestesia: experiências sensoriais cruzadas. *Invivo*, Fiocruz, 30 mar. 2022. Disponível em: http://www.invivo.fiocruz.br/saude/sinestesia-experiencias-sensoriais-cruzadas/. Acesso em: 10 mar. 2023.

a) Em que consistem as rotas que o autor menciona no texto?

b) Houve época em que as pessoas que apresentavam experiências sensoriais cruzadas eram consideradas mentalmente desequilibradas ou mentirosas ou, ainda, pessoas em busca de atenção. Qual é a importância do conhecimento científico em situações como essa?

c) Existem partes específicas do cérebro que são ativadas ao ouvir, falar e ver. Em sua opinião, existem áreas específicas para o amor, a criatividade e a memória? Comente sua hipótese.

10. Com os colegas, faça o que se pede a seguir.

a) Formem grupos de até cinco integrantes.

b) Com materiais simples, construam um modelo que represente a organização e o funcionamento do sistema nervoso.

c) Criem textos curtos e esquemas de apoio para complementar as informações apresentadas no modelo feito pelo grupo.

11. **SABER SER** Por que atividades de lazer e de descanso fazem bem à saúde do sistema nervoso? Você considera a realização dessas atividades uma forma de respeitar a si mesmo?

253

CIDADANIA GLOBAL

UNIDADE 9

3 SAÚDE E BEM-ESTAR

Retomando o tema

Nesta unidade, você estudou a organização e o funcionamento do sistema nervoso e a atuação dos órgãos dos sentidos no sistema sensorial humano. Compreendeu também a importância de utilizar a internet e as redes sociais de maneira respeitosa e responsável, para promover a saúde mental e o bem-estar das pessoas (incluindo você).

Agora, verifique o que aprendeu respondendo às questões a seguir.

1. O que é *cyberbullying*?
2. O que é saúde mental?
3. O que é empatia e quais são seus efeitos para a saúde mental e o bem-estar de crianças e adolescentes?
4. **SABER SER** Como utilizar a internet de maneira respeitosa e responsável, tornando a comunicação e as interações no ambiente digital mais positivas, seguras e acolhedoras?

Geração da mudança

- Com base nas respostas às questões propostas, elaborem materiais para divulgar ações de combate ao *cyberbullying* e atitudes individuais que devem ser adotadas por todos para tornar a internet e as redes sociais ambientes seguros, de modo a contribuir para a saúde mental e o bem-estar de seus usuários. O objetivo desse material deve ser conscientizar a comunidade escolar da importância de combater o *cyberbullying* e de incentivar o uso responsável da internet e das redes sociais.

- Os materiais sobre *cyberbullying*, empatia e saúde mental podem ser afixados no pátio e no mural da escola e também publicados no *site* ou nas redes sociais da escola. Outra possibilidade é montar um fôlder em formato PDF que possa ser compartilhado por aplicativos de mensagens.

Autoavaliação

INTERAÇÃO

COMPOSTEIRA NA ESCOLA

Certos problemas ambientais são difíceis de resolver a curto prazo, mas, com a adoção de algumas atitudes simples em nosso dia a dia, podemos colaborar para a solução de alguns deles.

Neste projeto, você vai conhecer o que é uma composteira, aprender como ela funciona e como mantê-la. Assim, poderá divulgar essa técnica na comunidade onde vive.

Um dos grandes desafios dos centros urbanos na atualidade é a administração dos resíduos sólidos, mais conhecidos como lixo. De acordo com a Associação Brasileira de Empresas de Limpeza Pública e Resíduos Especiais (Abrelpe)*, só no Brasil foram gerados aproximadamente 82,5 milhões de toneladas de lixo no ano de 2020. A preocupação com a destinação correta dessa gigantesca quantidade de materiais é responsabilidade de todos: das pessoas envolvidas no planejamento de políticas públicas e também dos cidadãos, que devem cuidar do destino adequado do próprio lixo.

No desenvolvimento deste projeto, você vai conhecer uma solução possível para o destino de um tipo específico de lixo: os restos orgânicos.

Objetivos

- Construir e monitorar coletivamente uma composteira.
- Divulgar, na comunidade escolar, informações sobre a função e a manutenção de uma composteira.
- Destinar o composto gerado para a adubação de jardins, hortas e vasos da escola ou da comunidade externa.

Planejamento

Discussão inicial

- Antes de iniciar o projeto, cada estudante deve realizar uma pesquisa individual para descobrir o que é uma composteira e para que ela serve. Após essa pesquisa, o professor vai combinar uma data para a turma compartilhar o que descobriu.

Organização da turma

- Para fazer a coleta dos resíduos, você e os colegas podem se organizar em três grupos. Cada grupo deve fazer o recolhimento dos resíduos durante o intervalo entre as aulas. Já o monitoramento da composteira e o uso do composto devem ser realizados por todos os estudantes juntos.
- Por fim, você e os colegas podem se organizar novamente em grupos para realizar a divulgação dos resultados obtidos. Cada grupo deve se responsabilizar por uma forma diferente de divulgação.

Procedimentos

Levantamento de informações

- Pesquisem o que é compostagem, como funciona uma composteira, que tipos de resíduo podem ser aproveitados e quais são as vantagens desse processo. Procurem verificar também se há outros tipos de composteira, diferentes do modelo apresentado neste projeto.
- As informações obtidas nessa pesquisa podem ser úteis para vocês fazerem adaptações no modelo de composteira que vão construir, adequando-o à realidade da escola.

*Fonte de pesquisa: Associação Brasileira de Empresas de Limpeza Pública e Resíduos Especiais (Abrelpe). *Panorama dos resíduos sólidos no Brasil 2021*. São Paulo: Abrelpe, 2021. p. 16.

Construção e manutenção da composteira

Material

- 10 a 15 lixeiras ou baldes com capacidade conhecida (em litro)
- caixotes e tábuas de madeira
- rastelo ou pá
- folhas secas ou serragem
- terra
- restos de frutas, verduras e legumes
- caderno para anotações de estudo de campo
- luvas de borracha (um par por estudante)
- avental (um por estudante)
- outros materiais que se adéquem melhor ao espaço e às condições da escola

Como fazer

1. Coletivamente, escrevam uma carta endereçada à administração da escola pedindo autorização para realizar a construção da composteira e a coleta dos resíduos com o auxílio dos funcionários da limpeza. Além disso, é importante solicitar à administração que indique um local para a construção da composteira. Para justificar o projeto, apresentem as informações relevantes que foram levantadas durante a pesquisa individual.

2. Uma vez que a atividade tenha sido autorizada e o local da composteira esteja decidido, iniciem sua construção. Sob a orientação do professor, sigam o plano de construção que lhes pareceu mais adequado à realidade da escola onde estudam.

3. Distribuam as lixeiras referentes ao projeto pelo pátio, pela cantina e pela cozinha da escola. Orientem os estudantes de outras turmas e os funcionários da escola a usar essas lixeiras apenas para o descarte de restos de frutas, verduras e legumes. Nessas lixeiras, não devem ser depositados restos de carne e outros alimentos de origem animal. É importante contar com o apoio dos funcionários da limpeza, para que eles não joguem fora o conteúdo dessas lixeiras e auxiliem na etapa de coleta.

4. Em um momento definido pelo professor e com a ajuda de um funcionário da limpeza, os grupos devem reunir todo o resíduo orgânico coletado, separando eventuais itens que tenham sido descartados incorretamente (como materiais recicláveis, guardanapos, doces e outros resíduos orgânicos impróprios).

   Atenção: Deve-se sempre usar avental e luvas ao manipular os resíduos!

5. Registrem a quantidade de resíduo recolhido. Essa informação será importante na etapa de divulgação dos resultados do projeto. Para calcular a quantidade de lixo coletada, façam uma estimativa de quantas lixeiras ou baldes é possível encher com os resíduos e convertam essa unidade de medida em litro.

6. Depositem parte dos resíduos orgânicos na composteira e cubram esse material com camadas de folhas secas e terra. Repitam a operação até que sejam formadas duas ou três camadas de resíduos alternadas com camadas de terra e folhas secas, como mostra a ilustração. Depois, reguem o monte até umedecer a camada superior.

camada de terra e folhas secas

camada de restos de frutas e verduras

caixote

257

7. Registrem a data, a quantidade de resíduos colocados na composteira e o aspecto desse material.
8. Visitem a composteira uma vez por semana e revolvam o material de um lado para o outro com o rastelo ou a pá. Reguem o monte apenas se estiver seco.
9. Ao revolver o monte, aproveitem para analisar o aspecto do composto (cor, cheiro, textura, temperatura, etc.) e identificar os seres vivos presentes na composteira. Anotem suas observações no caderno de estudo de campo.
10. Em dois ou três meses, o composto deve estar pronto para ser usado como adubo. Para calcular a quantidade de composto produzido, contem quantas lixeiras ou baldes é possível encher com o adubo formado e, novamente, convertam essa unidade de medida em litro.
11. Realizem uma assembleia para decidir qual será o destino do composto gerado (uso nas áreas verdes da escola, doação para a comunidade do entorno, etc.).
12. Acompanhem e documentem a destinação do uso do composto. Vocês podem usar essas informações na divulgação dos resultados.

Compartilhamento

Em grupos, montem materiais para apresentá-los à comunidade do entorno da escola. Vocês podem elaborar:
- folhetos com instruções de como montar uma composteira;
- cartazes com gráficos sobre a quantidade de lixo coletado e a de composto gerado;
- visitas guiadas à composteira da escola;
- um painel de fotos mostrando as etapas do projeto.

Avaliação

1. Vocês conseguiram orientar os estudantes de outras turmas e os funcionários sobre o descarte adequado do lixo da escola? Quais foram as principais dificuldades?
2. O composto ficou com o aspecto esperado? Se não, comentem o que aconteceu e sugiram possíveis soluções.
3. Na avaliação de vocês, o projeto foi bem recebido pela comunidade? Como despertar o interesse das pessoas pela compostagem?

PREPARE-SE!

PARTE 1

Questão 1

Arquitetos e engenheiros devem saber se orientar pela posição dos pontos cardeais e conhecer os movimentos aparentes do Sol, antes de realizar um projeto de uma casa. Esses profissionais devem considerar que, no hemisfério Sul, onde está localizado quase todo o território brasileiro, a face norte da casa receberá luz solar o dia todo, a face leste terá contato com o sol da manhã, a face oeste captará o sol no período da tarde e a face sul quase não receberá iluminação direta. Considerando essas informações, assinale a alternativa que expressa corretamente qual seria o arranjo ideal de cômodos ou de janelas para melhor aproveitar as características da incidência solar na face sul de uma casa.

a) Recomenda-se que os cômodos nos quais se deseja temperatura agradável, como quartos e varandas, estejam voltados para a face sul, que recebe os raios solares mais amenos da manhã.

b) Em cidades mais frias, recomenda-se posicionar os quartos voltados para a face sul, pois esses cômodos ficarão mais aquecidos à noite.

c) Receber iluminação direta durante o dia pode dificultar a visualização das imagens da televisão; por isso, é recomendável projetar a sala de televisão voltada para a face sul.

d) Grandes janelas devem ser projetadas voltadas para a face sul, pois isso favorece a iluminação da casa e permite economizar energia.

e) Os banheiros, que apresentam maior umidade, devem estar voltados para a face sul, pois essa face recebe mais luz solar ao longo do dia.

Questão 2

Fátima, Marcos e Eduarda foram os estudantes escolhidos para representar os movimentos do Sol, da Terra e dos demais planetas do Sistema Solar, respectivamente. Eles foram desafiados a se movimentar de acordo com as principais explicações sobre o movimento dos astros.

Assinale a alternativa que indica corretamente a situação em que eles representaram o movimento dos astros.

a) Para representar o geocentrismo, Marcos se posicionou no centro da sala de aula e Fátima começou a andar ao redor de Marcos. Eduarda permaneceu parada.

b) Para representar o geocentrismo, Fátima permaneceu parada no centro da sala de aula, enquanto Marcos e Eduarda passaram a dar voltas ao redor dela.

c) Para representar o heliocentrismo, Marcos se posicionou no centro da sala de aula, enquanto Fátima e Eduarda andaram ao redor dele.

d) Para representar o heliocentrismo, Fátima permaneceu parada no centro da sala de aula, enquanto Marcos e Eduarda passaram a dar voltas ao redor dela.

e) Para representar o heliocentrismo, Fátima permaneceu parada no centro da sala de aula, enquanto Marcos passou a dar voltas ao seu redor e Eduarda começou a andar em torno de Marcos.

Questão 3

As três primeiras camadas da atmosfera (troposfera, estratosfera e mesosfera) apresentam composição química semelhante: cerca de 78% de gás nitrogênio, 21% de gás oxigênio e 1% de outros gases (argônio, gás carbônico, vapor de água, entre outros). Conforme a altitude aumenta, essa composição permanece inalterada, porém o ar torna-se rarefeito, causando variações na pressão atmosférica e interferindo na temperatura.

Observe a imagem a seguir e, com base nela e nas informações apresentadas, identifique a alternativa correta.

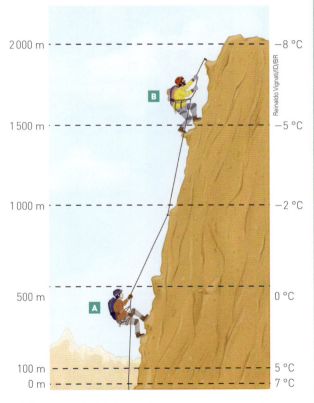

a) Os dois alpinistas estão na camada da troposfera.
b) O alpinista **A** enfrenta temperaturas mais baixas que o alpinista **B**.
c) Conforme a altitude aumenta, torna-se mais fácil respirar, pois o ar é mais rarefeito.
d) Os alpinistas tendem a encontrar temperaturas mais quentes conforme se aproximam do cume da montanha.
e) Cada alpinista está respirando ar com uma composição química diferente.

Questão 4

■ Distribuição de água pelo mundo

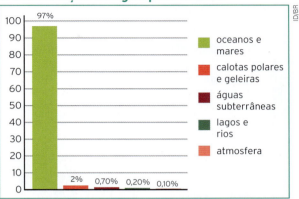

Fonte de pesquisa: Água. Contando Ciência na Web. Disponível em: https://www.embrapa.br/contando-ciencia/agua/-/asset_publisher/EljjNRSeHvoC/content/vamos-economizar-agua-/1355746?inheritRedirect=false#:~:text=Enquanto%2097%25%20da%20%C3%A1gua%20da,rios%20e%20lagos%20do%20planeta. Acesso em: 31 mar. 2023.

Com base no gráfico, podemos concluir que:

a) a proporção de água disponível para consumo humano imediato é bem menor que 3% do total de água disponível no mundo.
b) a proporção de água disponível para consumo humano imediato é cerca de 3% do total de água disponível no mundo.
c) a proporção de águas subterrâneas equivale à proporção de água contida nas calotas polares.
d) a proporção de águas subterrâneas é cerca de duas vezes maior que a proporção de água contida nas calotas polares.
e) a água presente na atmosfera é cerca de duas vezes maior que a proporção de água contida nas calotas polares.

Questão 5

Os rios voadores são formados por imensas massas de vapor de água que fluem pela atmosfera e respondem por grande parte da chuva que ocorre em várias partes do planeta. Observe, no esquema a seguir, um rio voador que se forma no oceano Atlântico.

▲ Representação sem proporção de tamanho e em cores-fantasia.

Fonte de pesquisa: Fenômeno dos rios voadores. Expedição Rios Voadores. Disponível em: http://riosvoadores.com.br/o-projeto/fenomeno-dos-rios-voadores/. Acesso em: 31 mar. 2023.

De acordo com o que conhecemos sobre o ciclo da água e com base no esquema sobre os rios voadores, podemos deduzir que:

a) o desmatamento da floresta Amazônica deve interferir na formação e na circulação dos rios voadores.

b) a ocorrência de chuvas nas regiões Centro-Oeste, Sudeste e Sul não está relacionada com os processos de evaporação e evapotranspiração que ocorrem na região Amazônica.

c) as chuvas que caem sobre o continente não retornam ao oceano.

d) apesar de estar representado, o Sol não tem participação na formação dos rios voadores.

e) a água que se encontra no oceano Atlântico nunca fará parte da neve formada na cordilheira dos Andes.

Questão 6

Para construir um minhocário, pode-se utilizar três caixas plásticas, uma torneira, terra, minhocas e restos de alimentos (lixo orgânico). Observe a imagem a seguir.

A torneira é instalada na caixa de baixo e serve para coletar o chorume liberado na decomposição dos resíduos orgânicos. As minhocas e a terra são depositadas na caixa do meio, e os restos de alimento vão sendo colocados na caixa de cima, que também recebe um pouco de terra. Os furos no fundo da caixa de cima permitem que as minhocas circulem da segunda caixa para a primeira e vice-versa.

Após dois a três meses de compostagem, é possível obter:

a) adubo, composto rico em minerais liberado pelo deslocamento das minhocas entre as caixas.

b) húmus, material enriquecido de nutrientes produzido pela atividade decompositora das minhocas nas caixas superiores.

c) biofertilizante, líquido com excretas nitrogenadas liberado pelas minhocas na terra e recolhido pela torneira do sistema.

d) húmus, adubo inorgânico produzido pelas minhocas, animais decompositores que degradam a matéria orgânica morta.

e) húmus, adubo resultante da ação detritívora das minhocas, que aceleram a degradação dos resíduos orgânicos pelos decompositores.

Questão 7

[...]

A erosão nada mais é do que o deslocamento de terra que acontece de um lugar para o outro. Na natureza, o processo erosivo ocorre pela ação natural [...] de ventos e, principalmente, da água da chuva. No entanto, práticas do agronegócio podem contribuir para o processo ocorrer, como o desmatamento, [o] plantio em terreno inclinado, [as] queimadas, [o] monocultivo, [o] uso abusivo de fertilizantes e [o] excesso de pastoreio.

A erosão também depende das características físicas, químicas e biológicas de cada solo. Dessa forma, os solos arenosos estão mais sujeitos ao movimento de terra. Embora sejam mais permeáveis, são normalmente muito soltos, o que favorece o trabalho das águas. Solos bem estruturados, com maior volume de macroporos, têm permeabilidade rápida, [...] reduzindo o escoamento superficial e, com isso, o processo erosivo.

[...]

O que é erosão e quais são as consequências para o solo?
O Estado de S. Paulo, 16 jun. 2021. Canal Agro. Disponível em: https://summitagro.estadao.com.br/noticias-do-campo/o-que-e-erosao-e-quais-sao-as-consequencias-para-o-solo/. Acesso em: 11 jan. 2023.

Com base nas informações do texto, é possível deduzir que:

a) a erosão pode transportar fertilizantes e agrotóxicos até os corpos d'água.

b) práticas como o monocultivo, o uso abusivo de fertilizantes e o excesso de pastoreio contribuem para a formação de solos bem estruturados.

c) o deslocamento do solo provocado pela ação da água das chuvas não afeta terrenos inclinados e, por isso, não deve ser a causa de deslizamentos.

d) desmatar áreas para o plantio de monoculturas não interfere na estrutura do solo.

e) os processos erosivos comprometem, principalmente, as camadas mais profundas do solo.

263

Questão 8

O princípio da superposição das camadas, proposto pelo cientista dinamarquês Nicolau Steno (1638--1686), diz que uma camada sedimentar é mais antiga do que a que lhe serve de cobertura. Porém, esse princípio deixa de ser aplicado quando falhas e dobras modificam a disposição original das camadas rochosas. A idade relativa das rochas também pode ser estimada ao se estudar os fósseis que elas podem conter. Observe, na imagem a seguir, as camadas rochosas de três locais.

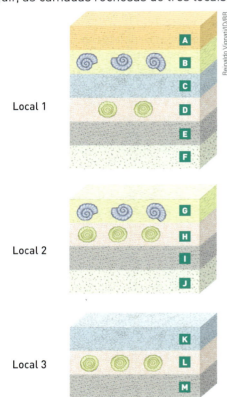

De acordo com o princípio da superposição das camadas e com o que sabemos dos fósseis, podemos concluir que:

a) a camada **M** é mais recente que a camada **K**.
b) as camadas **E**, **I** e **L** foram formadas no mesmo período geológico.
c) as camadas **B** e **G**, assim como as camadas **D**, **H** e **L**, devem ter a mesma idade geológica.
d) é possível determinar com exatidão a idade de uma rocha utilizando apenas o princípio da superposição das camadas e a identificação de fósseis.
e) não é possível fazer qualquer tipo de afirmação sobre os dados apresentados.

Questão 9

O aspecto granulado da rocha retratada na foto e as cores dos diferentes minerais que a formam revelam que ela é do tipo:

a) metamórfica.
b) sedimentar.
c) magmática.
d) vulcânica.
e) plutônica.

Questão 10

A tabela a seguir mostra a proporção de diferentes tamanhos de grãos e o percentual de húmus de alguns tipos de solo.

Solo	Areia	Silte	Argila	Húmus
1	75%	19%	5%	1%
2	65%	18%	10%	7%
3	55%	15%	20%	10%
4	45%	20%	30%	5%
5	30%	25%	40%	3%

Os solos que possivelmente apresentam menor permeabilidade e menor quantidade de matéria orgânica, respectivamente, são:

a) 1 e 3.
b) 1 e 4.
c) 5 e 1.
d) 5 e 3.
e) 4 e 2.

Questão 11

Considerando as informações no rótulo da barra de chocolate, retratada na imagem, é possível identificar que a redução apontada se refere à(ao):

a) cor.
b) volume.
c) densidade.
d) massa.
e) solubilidade.

Questão 12

Sucos são líquidos nutritivos extraídos de matéria vegetal (frutas ou verduras) por meio de pressão, sucção ou trituração, por exemplo. Muitas vezes, opta-se por separar pedaços de fibras, sementes e outros fragmentos sólidos obtidos nesses processos. Nas alternativas a seguir, são dados alguns exemplos de obtenção de suco. Assinale a alternativa que descreve o método da decantação.

a) Depois de espremer o sumo da laranja, é comum separar os caroços usando uma peneira.

b) É possível escoar a parte líquida do suco de maracujá, depois de triturar a fruta no liquidificador, pois os fragmentos de sementes se depositam no fundo do recipiente desse aparelho.

c) O chamado suco verde é feito à base de frutas, verduras e água. Caso esses ingredientes não tenham sido bem triturados, é possível coar parte das fibras das folhas usando um coador.

d) Para fazer o suco, as sementes da melancia podem ser catadas antes de bater a fruta com um pouco de água no liquidificador.

e) Alguns sucos são misturados com chás. Antes de misturá-los, as flores e as folhas usadas para obter o chá são coadas com papel-filtro.

Questão 13

O vinagre é um composto comum utilizado como tempero de alimentos, como saladas, e o bicarbonato de sódio é um ingrediente de determinadas receitas de bolo, por exemplo. Além disso, esses dois produtos combinados podem ser utilizados na limpeza doméstica. Juntos, eles produzem uma efervescência capaz de eliminar manchas e até remover mofo. Assinale a alternativa que indica a evidência da transformação química que ocorre ao se misturar esses dois produtos.

a) Mudança de textura.

b) Variação de temperatura.

c) Formação de precipitado.

d) Formação de gás.

e) Mudança de sabor.

Questão 14

Nós, humanos, achamos que inventamos a reciclagem, com nossas garrafas PET e nossas coleções de jornais antigos, mas a natureza já faz reciclagem há bilhões de anos, desde que começou a vida na Terra. O cocô e as coisas vivas que se alimentam dele são uma parte importante dessa reciclagem natural. [...] Essa reciclagem acontece de forma silenciosa e quase invisível, mas seu efeito é enorme. Sem ela, a vida na Terra iria acabar muito rápido.

Nicola Davies. *Cocô*: uma história natural daquilo que ninguém comenta. São Paulo: Girafinha, 2008. p. 44.

O processo ao qual o texto se refere é a:

a) reciclagem.

b) fertilidade.

c) permeabilidade.

d) decomposição.

e) adubação.

Questão 15

A indústria alimentícia utiliza os corantes em larga escala para colorir os alimentos e também, em alguns casos, para mascarar a qualidade inferior de determinados alimentos. Inicialmente, os corantes eram de origem natural, porém, com o desenvolvimento de corantes sintéticos, a utilização desse tipo de material cresceu consideravelmente. Em relação aos processos de obtenção de corantes naturais e sintéticos, podemos afirmar que:

a) antigamente, os corantes naturais eram obtidos de matérias-primas vegetais ou, eventualmente, animais, com o emprego de processos tecnológicos adequados.

b) os corantes naturais foram criados pelos seres humanos por meio de processos de transformação física, como mudanças de estado físico.

c) os corantes sintéticos têm origem natural (animal, vegetal ou mineral) e são obtidos por meio de processos tecnológicos adequados.

d) os corantes naturais e sintéticos têm, necessariamente, diferentes usos e finalidades.

e) a origem da matéria-prima e os processos utilizados para obter ambos os tipos de corante são semelhantes.

PARTE 2

Questão 1

Existem doenças humanas que afetam os músculos e podem ser fatais. Uma das possibilidades de tratamento desse tipo de doença é o desenvolvimento de tecido muscular em áreas específicas. Uma linha de pesquisa que se propõe a transformar células em tecido muscular deve ter como alvo:

a) a membrana plasmática, que permite a entrada de moléculas na célula.

b) as mitocôndrias, que fornecem energia para essa transformação.

c) o citoplasma, que é diferenciado nas células musculares.

d) o DNA, que pode induzir essa diferenciação celular.

e) os lisossomos, que digerem as proteínas.

Questão 2

A semente contém o embrião que se desenvolverá em uma nova planta. A formação de uma ou mais sementes é resultado do processo de reprodução sexuada das plantas. Assim, para a formação de uma semente, foi preciso:

a) o desenvolvimento de fragmentos do corpo da planta.

b) não haver contato entre o material contido no núcleo das células.

c) haver a participação de um único gameta.

d) ocorrer a fecundação com a união de gametas.

e) que uma simples célula se dividisse, conservando características idênticas às da planta-mãe.

Questão 3

Pesquisadores da Unir descrevem duas novas espécies de peixes da bacia do rio Madeira

O biólogo Willian M. Ohara, do Departamento de Engenharia de Pesca, do *campus* de Presidente Médici da Fundação Universidade Federal de Rondônia (Unir), em coautoria com a pesquisadora Ângela Zanata, da Universidade Federal da Bahia (UFBA)[,] e os pesquisadores Junior Chuctaya e Luiz Malabarba, da Universidade Federal do Rio Grande do Sul (UFRGS)[,] [...] [descobriu e descreveu] duas novas espécies de peixes da bacia do rio Madeira.

Uma das espécies é conhecida popularmente como canivete e foi encontrada nas cabeceiras do rio Guaporé, próximo à cidade de Comodoro, Mato Grosso. A outra espécie é conhecida como piaba ou lambari e ocorre nas cabeceiras do rio Jaci-Paraná, próximo à cidade de Campo Novo de Rondônia. Ambas as espécies possuem pequeno porte (não ultrapassando 10 cm) e são consideradas endêmicas do rio Madeira, ou seja, não ocorrem em outros rios da bacia Amazônica.

[...] [Uma das espécies foi nomeada] [...] _____[,] em homenagem à [...] [aldeia] indígena da região de Comodoro, onde a espécie ocorre. E a outra espécie foi nomeada [...] _____[,] em razão [...] [de] estar presente no Parque Nacional Pacaás Novos. Os trabalhos foram publicados na revista internacional *Journal of Fish Biology*.

Pesquisadores da Unir descrevem duas novas espécies de peixes da bacia do rio Madeira. Universidade Federal de Rondônia (Unir), 13 out. 2020. Disponível em: https://www.unir.br/noticia/exibir/8869#. Acesso em: 10 jan. 2023.

Observe as lacunas do texto. Assinale a alternativa que apresenta o modo correto de indicar o nome científico das duas novas espécies que foram descritas pelos cientistas.

a) *Characidium nambiquara* e *Odontostilbe pacaasnovos*.

b) *characidium nambiquara* e *odontostilbe pacaasnovos*.

c) *Characidium nambiquara* e *Odontostilbe pacaasnovos*.

d) *Odontostilbe Pacaasnovos* e *Characidium Nambiquara*.

e) *Characidium* e *Odontostilbe*.

Questão 4

Um grupo de estudantes foi nadar em uma lagoa. Ao sair da água, um deles percebeu que havia alguns pequenos animais grudados em sua pele. Ao tirar um desses animais, viu uma pequena mancha de sangue. Diante disso, os estudantes levantaram algumas hipóteses. Assinale a mais aceitável.

a) Júlia acha que os animais eram planárias, por serem parasitas que vivem na água doce.

b) Gabriel disse que o animal não deveria ser um anelídeo, já que vive apenas no solo úmido.

c) Mariana falou que o animal, por ser bem pequeno, poderia ser uma lombriga (nematódeo).

d) Marcos observou que o animal era muito mole; logo, poderia ser uma lesma ou outro molusco.

e) Jaqueline disse que o animal era provavelmente uma sanguessuga, um ectoparasita que pertence ao mesmo grupo das minhocas.

Questão 5

Em uma coleta de campo, foram encontrados exemplares de animais pertencentes aos grupos representados na tabela a seguir.

Grupos de animais		Quantidade de exemplares
Anelídeos		2
Moluscos		2
Artrópodes	Crustáceos	1
	Aracnídeos	23
	Insetos	75
	Miriápodes	6

Com base no que conhecemos sobre os grupos de animais encontrados, podemos deduzir que:

a) a coleta foi feita em um ambiente marinho, já que grande parte das aranhas, dos escorpiões e dos ácaros vive nesse tipo de ambiente.

b) a quantidade de insetos sugere que a coleta foi feita em um ambiente aquático, já que a maior parte dos insetos vive nesse tipo de ambiente.

c) minhocas, pertencentes ao grupo dos anelídeos, e lacraias, do grupo dos miriápodes, podem ser encontradas na superfície do solo de uma área florestal.

d) a coleta foi realizada em um ambiente aquático, já que não existem artrópodes em ambientes terrestres.

e) entre os dois moluscos encontrados, deve haver um camarão.

Questão 6

Mapeamento de toxinas produzidas por anêmonas-de-tubo revela moléculas com potencial farmacológico

[...]

Uma das hipóteses para a diversidade de toxinas na espécie [*Isarachnanthus nocturnus*] está no fato de ela passar muito mais tempo na fase larval — cerca de quatro meses — do que outras anêmonas-de-tubo, que vagam por dois ou três dias na coluna d'água antes de se fixarem no leito marinho. Assim como os corais, anêmonas e anêmonas-de-tubo passam a maior parte da vida fixadas no chão. O tempo estendido interagindo com predadores pode ter feito a *I. nocturnus* desenvolver defesas mais eficientes do que as outras espécies.

Junto com a *Cerianteomorphe brasiliensis*, a espécie é uma das duas encontradas no Brasil que fizeram parte do estudo. Também integram a pesquisa a *Pachycerianthus borealis*, originária da América do Norte, e a *Pachycerianthus maua*, encontrada no Mar Vermelho, no Golfo de Aden e na costa da Tanzânia.

[...]

André Julião. Mapeamento de toxinas produzidas por anêmonas-de-tubo revela moléculas com potencial farmacológico. *Agência Fapesp*, 9 out. 2020. Disponível em: https://agencia.fapesp.br/mapeamento-de-toxinas-produzidas-por-anemonas-de-tubo-revela-moleculas-com-potencial-farmacologico/34326/. Acesso em: 10 jan. 2023.

Com base nas informações apresentadas no texto sobre as anêmonas-de-tubo, podemos dizer que:

a) por se locomover em curtas distâncias, essa espécie tem defesas mais eficientes que as demais anêmonas.

b) por passar uma fase larval prolongada na coluna d'água, além da fase adulta fixa ao substrato, essa espécie desenvolveu estratégias eficientes para repelir seus predadores.

c) apesar de terem maior contato com predadores, elas reagem a estímulos do ambiente atacando seus predadores com toxinas menos eficientes que as das demais espécies.

d) apesar do menor contato com predadores, elas desenvolveram substâncias com toxinas muito eficientes.

e) os pesquisadores não encontraram nessa espécie substâncias de interesse para a ciência.

Questão 7

Acidentes por envenenamento causados por aranhas peçonhentas são chamados araneísmos. A tabela a seguir apresenta o número de casos de araneísmo registrados nas cinco regiões do Brasil e o total de ocorrências no país, entre 2000 e 2020.

	Região Norte	Região Nordeste	Região Sudeste	Região Sul	Região Centro-Oeste	Brasil
2000	95	214	1438	1427	83	3257
2001	145	257	2117	8106	119	10744
2002	222	329	2713	9439	127	12830
2003	473	389	2601	12057	155	15675
2004	458	448	3747	12864	241	17758
2005	543	524	4405	13449	293	19214
2006	558	620	4190	13027	327	18722
2007	408	609	4432	17078	249	22776
2008	444	599	4672	15545	308	21568
2009	598	776	6257	16660	431	24722
2010	551	941	5550	17548	448	25038
2011	737	1114	6095	18066	481	26493
2012	820	1161	7120	15542	624	25267
2013	896	1417	9007	17532	686	29538
2014	827	1252	7062	17051	593	26785
2015	789	1277	8229	19490	589	30374
2016	794	1494	8596	17535	665	29084
2017	1073	2221	9757	19112	994	33157
2018	1139	2569	11715	19639	1097	36159
2019	1235	2700	12141	20891	1192	38159
2020	1132	2110	10197	15292	1140	29871

Fonte de pesquisa: BRASIL. Ministério da Saúde. Série histórica 2000/2020: acidentes por aranhas. Disponível em: https://www.gov.br/saude/pt-br/assuntos/saude-de-a-a-z/a/animais-peconhentos/acidentes-por-aranhas/arquivos/10-serie-historica-2000-2020-acidentes-por-aranhas.pdf/view. Acesso em: 13 abr. 2023.

De acordo com o que conhecemos sobre aranhas e outros artrópodes e com os dados da tabela, podemos concluir que:

a) o número de acidentes com aranhas no Brasil aumentou em mais de nove vezes entre os anos 2000 e 2020. Isso pode estar relacionado com a capacidade das aranhas de detectar suas presas humanas por meio de antenas.

b) o número de casos de araneísmo na Região Centro-Oeste diminuiu de 2006 para 2007, aumentando novamente em 2008. Esse aumento pode estar relacionado à seca de 2008, já que aracnídeos não sobrevivem em locais úmidos.

c) a Região Centro-Oeste apresentou o menor número de casos de araneísmo porque as aranhas podem ter se alimentado de outros animais, poupando os seres humanos.

d) o recorde de acidentes no Brasil ocorreu em 2019. Isso deve ter acontecido porque, naquele ano, as baixas temperaturas favoreceram a reprodução de insetos como as aranhas.

e) em 2019, houve 12141 casos de araneísmo na Região Sudeste. Esses acidentes podem acontecer nas residências porque aracnídeos se escondem em locais como frestas de paredes e interior de sapatos.

Questão 8

De todas as espécies animais, as do grupo dos insetos são as mais numerosas. Os cientistas estimam que existam entre 2,5 milhões e 10 milhões de espécies desses animais, das quais apenas um milhão, aproximadamente, é conhecida. Além disso, esse grupo apresenta grande diversidade de formas e de estruturas. Um exemplo são os apêndices articulados que formam os diferentes tipos de aparelho bucal dos insetos, descritos a seguir.

- As borboletas apresentam o tipo sugador-maxilar, uma espécie de tubo enrolado sobre si mesmo que se desenrola quando o animal se alimenta.
- O mosquito *Aedes aegypti* apresenta o tipo sugador-picador, formado por uma projeção tubular semirrígida, usada para perfurar e sugar fluidos internos.
- Os insetos herbívoros ou os predadores, como besouros, apresentam o tipo mastigador-triturador, com mandíbulas robustas, usadas para triturar os alimentos.
- As abelhas são dotadas de aparelho bucal lambedor, formado por um prolongamento tubular, que elas utilizam na absorção de alimentos líquidos.

De acordo com as informações apresentadas, é possível deduzir que:

a) a diversidade de formas e estruturas permite aos insetos explorar diferentes tipos de ambiente e de alimento.

b) a diversidade de formas e de estruturas encontrada no corpo dos insetos favorece a maior competição por alimento entre os indivíduos.

c) o fato de os insetos viverem em vários ambientes do planeta não tem relação com a diversidade de formas e de estruturas que eles apresentam.

d) as diferentes formas e estruturas do corpo dos insetos não apresentam relação com o ambiente em que eles vivem.

e) apesar de apresentarem várias formas, os diferentes tipos de aparelho bucal permitem que os insetos explorem qualquer tipo de alimento.

Questão 9

Em um desafio culinário de um programa de televisão, os participantes deveriam preparar uma receita utilizando cação, um peixe cartilaginoso. A primeira etapa do desafio era selecionar o peixe correto. Um dos participantes pegou um peixe e, quando foi limpá-lo, deparou-se com esta imagem:

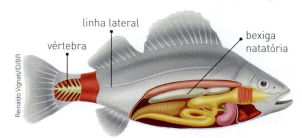

▲ Representação sem proporção de tamanho e em cores-fantasia.

Fonte de pesquisa: Tracy I. Storer e outros. *Zoologia geral*. 6. ed. São Paulo: Companhia Editora Nacional, 2002. p. 596.

Sobre o peixe selecionado pelo participante, podemos afirmar que:

a) ele não é cartilaginoso, pois, entre outras características, apresenta coração e brânquias.

b) ele é cartilaginoso, assim como os tubarões e as raias.

c) a forma das nadadeiras indica se tratar de um pequeno mamífero aquático, como um golfinho.

d) a presença da bexiga natatória e do esqueleto indica que é um peixe ósseo. Portanto, não se trata de um cação.

e) apesar de ele não ser cartilaginoso, não é possível concluir a qual grupo pertence, porque a imagem não mostra o opérculo.

Questão 10

Assinale a alternativa que apresenta o que pode ser feito para reduzir a morte dos anfíbios.

a) Diminuir as emissões de gases de efeito estufa, como o CO_2, que são responsáveis pelas mudanças climáticas no planeta.

b) Inundar territórios, para que os anfíbios fiquem protegidos, escapando dos poluentes do ar.

c) Exterminar os predadores dos anfíbios endêmicos. Sem seus predadores, esses animais não serão extintos.

d) Não é preciso fazer nada, porque, em dez anos, apenas cerca de dez espécies de anfíbios serão extintas, e o Brasil apresenta mais de oitocentas espécies desse grupo de animais.

e) Drenar rios e lagos, para que os anfíbios vivam apenas em ambiente terrestre, onde estarão protegidos da poluição das águas.

Questão 11

O sapo-cururu não canta mais na beira do rio. Isso porque os anuros – ordem de animais do qual fazem parte, além dos sapos, rãs e pererecas – estão ameaçados de extinção. Cerca de 30% das mais de 5 600 espécies de anuros [...] [estão] correndo risco de sumir de vez. Nos últimos 30 anos, 35 espécies foram extintas. Isso significa que, em média, mais de uma espécie de anuro desaparece por ano.

O Brasil tem a maior diversidade de sapos, pererecas e rãs. Aqui podemos encontrar 15% das espécies existentes no mundo. A maioria das 849 espécies encontradas em nosso país só pode ser encontrada aqui. Por isso as chamamos de endêmicas. Tamanha biodiversidade vem acompanhada de muita responsabilidade [...], [pois,] se alguma espécie endêmica for extinta em nosso território, não poderemos encontrá-la em nenhum outro lugar.

[...]

Por serem anfíbios, os anuros passam parte de sua vida na água e parte na terra. Além disso, eles têm a pele fina e permeável – ou seja, pode ser atravessada por líquidos e gases. Essas duas características os tornam sensíveis a alterações ambientais. Poluição e mudanças climáticas podem ser fatais para esses animais.

[...]

Bruno Delecave. O sumiço dos anuros. *InVivo*, 23 nov. 2021.
Disponível em: http://www.invivo.fiocruz.br/biodiversidade/o-sumico-dos-anuros/. Acesso em: 13 abr. 2023.

Com base nas informações do texto, assinale a alternativa correta.

a) Por poderem respirar tanto pela pele quanto pelos pulmões, os anfíbios são animais muito resistentes à poluição.

b) Embora sejam sensíveis à poluição, os anfíbios não são afetados por mudanças climáticas, já que eles podem viver tanto na água quanto no ambiente terrestre.

c) As espécies endêmicas de anfíbios podem desaparecer porque migram para outros países, fugindo da poluição dos rios amazônicos.

d) Sapos, rãs e pererecas são anfíbios anuros. Esses animais fazem parte das trocas gasosas pela pele, que é fina e permeável. Essa característica torna-os muito sensíveis aos poluentes.

e) O início do desenvolvimento dos anfíbios se dá na água. Assim, podemos afirmar que esses animais não sofrem com as alterações ambientais no início do desenvolvimento.

Questões 12 e 13

Em uma escola, o professor entregou aos estudantes uma chave de identificação, como a representada a seguir, e propôs um desafio. Organizados em equipes, os estudantes receberam um cartão com informações sobre um animal vertebrado para, seguindo a chave de identificação, descobrir a qual grupo de animais pertencia o animal descrito.

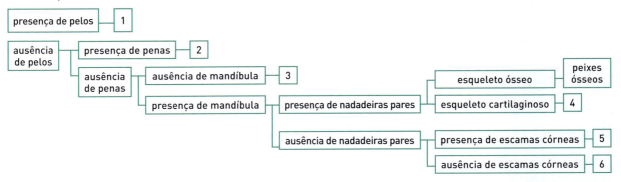

12. Ao analisar a chave de identificação, antes de solucionar o desafio, os estudantes fizeram algumas observações. Qual afirmação está de acordo com a chave e com os conhecimentos sobre animais vertebrados?

    a) Os peixes ósseos não têm pelos nem penas, mas apresentam mandíbula, nadadeiras pares e esqueleto ósseo.
    b) A presença de nadadeiras pares não ajuda na identificação, por isso não é possível saber o que representam os números **4**, **5** e **6**.
    c) As serpentes não têm pelos ou penas nem nadadeiras pares ou escamas córneas, mas apresentam mandíbula.
    d) Os grupos de animais identificados pelos números **1**, **2** e **3** apresentam pelos.
    e) A ausência de mandíbula caracteriza os grupos de animais representados pelos números **1**, **2** e **3**.

13. Considerando que o animal descrito não tem penas ou pelos nem nadadeiras pares ou escamas, mas apresenta mandíbula, ao final da aula, os estudantes puderam deduzir que ele pertence ao grupo dos (das):

    a) répteis.
    b) aves.
    c) anfíbios.
    d) mamíferos.
    e) peixes.

271

Questão 14

■ **Distribuição geográfica do ornitorrinco**

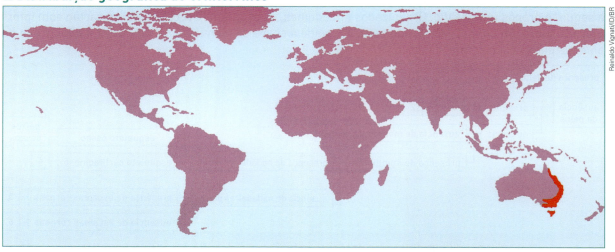

Fonte de pesquisa: Animal Fact Guide. Disponível em: http://www.animalfactguide.com/animal-facts/platypus/. Acesso em: 13 abr. 2023.

Com base no que você estudou sobre mamíferos e nesse mapa, identifique a afirmação correta sobre o ornitorrinco.

a) Vive na Austrália e em todo o continente asiático. Diferentemente dos mamíferos placentários, as fêmeas dessa espécie não produzem leite para alimentar os filhotes.

b) Tem distribuição mundial. Assim como os mamíferos placentários, os embriões desses animais vivem em bolsas conhecidas como marsúpios.

c) Vive apenas na Austrália. Embora os filhotes dessa espécie nasçam de ovos, eles são amamentados pela mãe, de forma semelhante aos demais mamíferos placentários.

d) Vive em toda a Oceania. Diferentemente dos mamíferos placentários, apresenta autofecundação e produz ovos.

e) Vive apenas na Austrália. Assim como os demais marsupiais, apresenta uma bolsa onde ocorre parte do desenvolvimento do filhote.

Questão 15

Na imagem a seguir, que representa um esqueleto humano, estão indicados alguns ossos. Observe-a e escolha a alternativa que apresenta uma conclusão plausível.

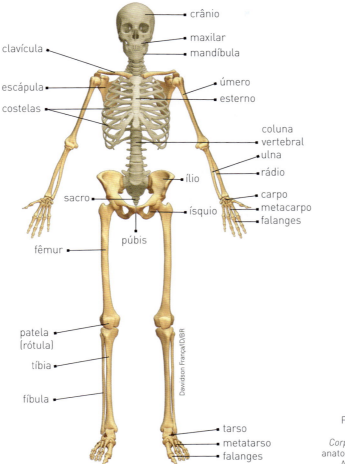

Fonte de pesquisa: Gerard J. Tortora; Bryan Derrickson. *Corpo humano*: fundamentos de anatomia e fisiologia. 8. ed. Porto Alegre: Artmed, 2012. p. 130.

a) O úmero é um osso de formato irregular que faz parte do esqueleto axial, junto com as costelas e a coluna vertebral.

b) A caixa torácica é formada pelas costelas e pelo osso esterno. Esses ossos protegem órgãos vitais, como os pulmões e o coração.

c) O crânio é formado por um único osso longo, que protege o encéfalo e parte da medula espinal.

d) O púbis, o ísquio e o ílio fazem parte da cintura escapular, que sustenta os membros superiores.

e) A coxa é formada por dois ossos longos: a tíbia e a fíbula.

273

Questão 16

O transplante de medula óssea é um tratamento indicado para doenças relacionadas com a fabricação de células do sangue e com deficiências no sistema imunológico. O procedimento é rápido, como uma transfusão de sangue, e dura em média duas horas. Ele consiste na substituição de uma medula óssea doente por células normais da medula óssea, com o objetivo de reconstituição de uma nova medula saudável.

O paciente, depois de se submeter a um tratamento que destruirá a sua própria medula, receberá as células da medula sadia de um doador. Essas células, após serem coletadas do doador, são acondicionadas em uma bolsa de criopreservação de medula óssea, congeladas e transportadas em condições especiais (maleta térmica controlada com termômetro, em temperatura entre 4 °C e 20 °C) até o local onde acontecerá o transplante.

[...]

Transplante de medula óssea. Registro Brasileiro de Doadores Voluntários de Medula Óssea (Redome), 17 set. 2015. Instituto Nacional de Câncer (Inca). Disponível em: https://redome.inca.gov.br/sobre-transplante/transplante-de-medula-ossea/. Acesso em: 13 abr. 2023.

Assinale a alternativa que apresenta a informação correta sobre a medula óssea.

a) A medula óssea vermelha é um tecido conjuntivo ósseo com função de sustentação.

b) A medula óssea amarela produz células sanguíneas, por isso, é ideal para o transplante.

c) A medula óssea amarela tem a função de reparo do esqueleto humano.

d) A medula óssea vermelha produz os componentes do sangue, por isso, é ideal para o transplante.

e) Apenas crianças têm medula óssea vermelha.

Questão 17

As frases a seguir se referem aos tipos de tecido muscular do corpo humano. Analise-as e escolha a correta.

a) O movimento peristáltico do trato digestório, como no estômago e no intestino, ocorre por estimulação voluntária.

b) O esfíncter anal é um músculo de contração involuntária e, portanto, pode ter musculatura não estriada ou estriada cardíaca.

c) O batimento cardíaco pode ser controlado pelo marca-passo, por isso, sua estimulação é voluntária.

d) A língua é um músculo que apresenta fibras cilíndricas com estriações transversais e realiza movimentos voluntários.

e) O diafragma é um músculo não estriado que só realiza movimentos involuntários.

Questão 18

Dentre as orientações a seguir, indique a que descreve a postura adequada para a coluna vertebral.

a) Os quadris devem se manter desequilibrados – um quadril deve estar mais elevado que o outro.

b) Manter a coluna ereta e não rígida, assim como o tórax relaxado, contribui para a expansão da região torácica e melhora a respiração.

c) Os ombros devem estar contraídos e tensos nessas articulações.

d) Ao sentar-se, o tronco e a cabeça devem estar alinhados, com a coluna curvada. Os quadris não devem estar apoiados em um encosto, para diminuir o cansaço e o comprometimento da respiração.

e) Ao carregar um objeto nas costas, é preciso sustentá-lo usando apenas um dos ombros e verificar o peso carregado – ele deve ser no máximo cerca de 50% da massa do corpo de quem o leva.

Questão 19

Saúde do Idoso

[...]

O envelhecimento ativo e saudável consiste na busca pela qualidade de vida por meio da alimentação adequada e balanceada, prática regular de exercícios físicos, convivência social estimulante, busca de atividades prazerosas e/ou que atenuem o estresse, redução dos danos decorrentes do consumo de álcool e tabaco e diminuição significativa da automedicação. Um idoso saudável tem sua autonomia preservada, tanto a [...] física como a psíquica.

É importante qualificar os serviços de Saúde para trabalhar com aspectos específicos da saúde da pessoa idosa (como a identificação de situações de vulnerabilidade social, a realização de diagnóstico precoce de processos demenciais, a avaliação da capacidade funcional etc.). É necessário garantir [o] acesso a instrumentos diagnósticos adequados, à medicação e à reabilitação funcional da população idosa, prevenir a perda de capacidade funcional ou reduzir os efeitos negativos de eventos que a ocasionem.

Saúde do Idoso. Secretaria Municipal de Saúde, 23 out. 2012. Prefeitura de Petrópolis. Disponível em: https://www.petropolis.rj.gov.br/ssa/index.php/acoes-e-programas-top/saude-do-idoso.html. Acesso em: 11 jan. 2023.

Medidas que favoreçam a qualidade de vida e a saúde da pessoa idosa, assim como de qualquer indivíduo, devem estar relacionadas:

a) à independência e à autonomia apenas.
b) à alimentação adequada e balanceada apenas.
c) ao acesso a instrumentos diagnósticos adequados, à medicação e à reabilitação funcional.
d) ao bem-estar físico (que envolve alimentação saudável, prática de exercícios físicos e acesso a instrumentos diagnósticos adequados, à medicação e à reabilitação funcional), assim como a aspectos de bem-estar psicológico e social.
e) a aspectos específicos da saúde da pessoa idosa apenas.

Questão 20

A plasticidade cerebral refere-se à capacidade do cérebro de se modificar, ajustar, adequar, organizar e reorganizar de acordo com o uso. Para que ela ocorra, as sinapses são fundamentais. É neste local de conexão entre dois neurônios que ocorre a transmissão de impulsos nervosos e, da mesma forma que um neurônio pode estabelecer sinapses com neurônios diferentes, essas conexões também podem ser desfeitas. Assim, é comum determinadas sinapses se tornarem mais fortes, enquanto outras se enfraquecem e se desfazem.

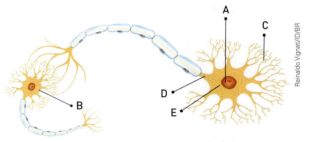

▲ Representação sem proporção de tamanho e em cores-fantasia.

Assinale a alternativa que apresenta a letra que identifica a sinapse.

a) A
b) B
c) C
d) D
e) E

Questão 21

O ato reflexo do corpo humano pode ser percebido em:

a) tirar a mão rapidamente ao tocar em uma assadeira que acabou de sair do forno.

b) pisar no pedal do freio de um veículo ao observar que o sinal está vermelho.

c) não ligar o interruptor para acender a luz ao entrar em um ambiente que tenha odor de gás.

d) dirigir-se à saída de emergência ao ouvir o sinal de alerta de incêndio.

e) não ingerir um alimento ao sentir seu sabor ruim.

Questão 22

Cientistas desenvolvem braço biônico que restaura comportamentos naturais em pacientes com amputações

[...]

A equipe de pesquisa internacional liderada pela Cleveland Clinic desenvolveu o sistema biônico que combina três funções importantes – controle motor intuitivo, cinestesia de toque e preensão, a sensação intuitiva de abrir e fechar a mão.

"Modificamos uma prótese-padrão de cuidado com este sistema biônico complexo que permite que os usuários movam seu braço protético de forma mais intuitiva e sintam sensações de toque e movimento ao mesmo tempo", afirmou o pesquisador principal, Paul Marasco, Ph.D., professor associado do Departamento de Engenharia Biomédica do Cleveland Clinic Lerner Research Institute. [...]

O sistema é o primeiro a testar todas as três funções sensoriais e motoras em uma interface neural-máquina ao mesmo tempo em um braço protético. A interface neural-máquina se conecta aos nervos dos membros do usuário. Ela permite que os pacientes enviem impulsos nervosos de seus cérebros para a prótese[,] quando desejam usá-la ou movê-la, e receber informações físicas do ambiente e retransmiti-las de volta ao cérebro por meio dos nervos.

[...]

Thaís Garcia. Cientistas desenvolvem braço biônico que restaura comportamentos naturais em pacientes com amputações. *Conexão Política*, 1º set. 2021. Disponível em: https://www.conexaopolitica.com.br/saude/2021/09/01/cientistas-desenvolvem-braco-bionico-que-restaura-comportamentos-naturais-em-pacientes-com-amputacoes/. Acesso em: 11 jan. 2023.

Com base nas informações do texto, assinale a alternativa correta.

a) Os comandos motores realizados pela mão biônica são geralmente movimentos independentes dos músculos.

b) Os pacientes podem enviar impulsos nervosos do cérebro para a prótese, assim como transmitir estímulos do ambiente de volta ao cérebro, por meio de nervos.

c) Os pacientes que recebem a mão biônica não são capazes de perceber a sensação de toque nem suas mãos e seus braços se movendo.

d) Os pacientes que recebem a mão biônica não são capazes de controlar os movimentos dessa prótese.

e) A recepção de informações físicas do ambiente e a retransmissão dessas informações ao cérebro não ocorrem por meio dos nervos.

Questão 23

As ilustrações a seguir permitem comparar o olho humano a uma máquina fotográfica. Ao analisá-las, um grupo de estudantes chegou a algumas conclusões. Assinale a alternativa que apresenta a conclusão correta sobre a formação de imagens no olho humano.

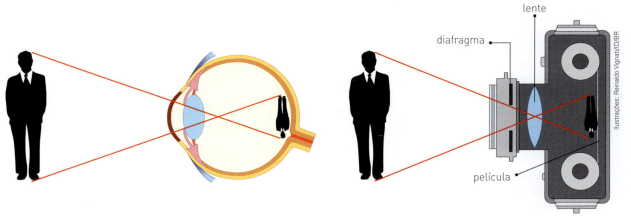

⚠ Representação sem proporção de tamanho e em cores-fantasia.

a) Ao contrário do que ocorre nas máquinas fotográficas, a imagem não é projetada de forma invertida na retina humana.

b) O cristalino do olho humano pode ser comparado ao diafragma da máquina, porque as duas estruturas regulam a entrada de luz.

c) O diafragma da máquina fotográfica tem função semelhante à da retina do olho humano.

d) A íris é a parte que dá coloração aos olhos; por isso, não há um correspondente para essa estrutura na câmera fotográfica.

e) No olho humano, a imagem é projetada na retina, que corresponde à película na máquina fotográfica.

Questão 24

Sobre os órgãos relacionados aos sentidos da visão, da audição e do olfato, podemos afirmar que:

a) a retina é a membrana mais interna do bulbo ocular, contendo um único tipo de célula sensível à luz.

b) a orelha interna é a região onde estão localizados a membrana timpânica e os três ossículos (martelo, bigorna e estribo).

c) as partículas odoríferas entram na cavidade nasal e são capturadas e retidas pelos nervos olfatórios.

d) a lente do olho desloca-se para a frente ou para trás para focalizar objetos que estão em distâncias diferentes.

e) a pupila dilata-se quando estamos em um ambiente escuro, o que permite a entrada de uma quantidade maior de luz.

Questão 25

[...]

O consumo de álcool por jovens e adolescentes é um problema de saúde global, que está associado com exposição a riscos e uma série de complicações à saúde, tais como prática de sexo sem proteção, maiores índices de gravidez, aumento no risco de dependência de álcool em idade adulta, mortes por traumas e queda no desempenho cognitivo e escolar. [...]

Segundo os dados da última edição da Pesquisa Nacional de Saúde do Escolar (PeNSE) de 2019, a experimentação de bebidas alcoólicas dos escolares entre 13 e 17 anos foi de 63,3%. A pesquisa também mostrou diferenças significativas quanto à experimentação do álcool por sexo: as escolares mulheres apresentaram um percentual de 66,9%, enquanto nos escolares homens esse percentual foi de 59,6%. [...]

[...]

A idade de início do consumo de álcool é preocupante em diversos aspectos. Sabe-se que os menores de idade que fazem uso de álcool tendem a se expor a situações de risco [...]. Além disso, quanto mais cedo ocorre o uso de álcool, maior o risco associado de desenvolver dependência na vida adulta. Os possíveis motivos que justificam essa associação vão desde prejuízos no julgamento causados pelo álcool, escolha de pares e amigos, bem como envolvimento em situações de risco.

[...]

Em termos gerais, os adolescentes, em comparação aos adultos, são mais sensíveis aos efeitos neurotóxicos do consumo de álcool. O cérebro do adolescente, que apresenta bastante plasticidade, pode sofrer mudanças duradouras em decorrência do uso de álcool e, consequentemente, provocar mudanças de comportamento.

Uma revisão de literatura sobre o efeito do uso de álcool no cérebro e no comportamento do adolescente mostrou que o consumo excessivo de álcool e o Beber Pesado Episódico (BPE) estão associados a um funcionamento cognitivo mais fraco, incluindo aprendizado, memória, funcionamento visuoespacial, velocidade psicomotora, atenção, funcionamento executivo e impulsividade [...], além de uma atividade neuronal anômala durante o funcionamento executivo, controle da atenção e tarefas de sensibilidade à recompensa. O estudo também relata que o impacto danoso do álcool sob o cérebro do jovem parece ser mais intenso entre mulheres, entre filhos de pais alcoolistas e entre aqueles jovens que já fazem consumo de outras drogas (cigarro e maconha, por exemplo).

[...]

Álcool e jovens. Centro de Informações sobre Saúde e Álcool (Cisa), 9 fev. 2022. Disponível em: https://cisa.org.br/pesquisa/artigos-cientificos/artigo/item/75-alcool-e-jovens. Acesso em: 22 fev. 2023.

Assinale a alternativa correta, de acordo com as informações do texto.

a) Embora as pesquisas tenham demonstrado um percentual maior de consumo de bebidas alcoólicas por jovens do sexo feminino em idade escolar, a maior preocupação deve voltar-se para os jovens do sexo masculino em idade escolar, já que o impacto danoso dessa droga parece ser mais intenso entre eles.

b) O consumo de álcool por jovens e adolescentes é considerado um problema de saúde global, uma vez que está associado a prejuízos no julgamento e na escolha de amigos, à maior probabilidade de desenvolver dependência na vida adulta, além da tendência a se expor a situações de risco.

c) Adultos e idosos são os grupos mais suscetíveis aos danos causados pelo consumo de álcool, uma vez que o cérebro do adolescente apresenta bastante plasticidade e, por isso, não sofre mudanças duradouras.

d) Mulheres, filhos de pais alcoolistas e jovens que fazem consumo de outras drogas não representam um grupo de risco.

e) Dados da pesquisa (PeNSE) demonstram que a experimentação de bebidas alcoólicas por jovens escolares não é significativa e, por isso, não exige atenção.

BIBLIOGRAFIA COMENTADA

AMARAL, S. E.; LEINZ, V. *Geologia geral*. 14. ed. São Paulo: Companhia Editora Nacional, 2003.

A obra trata das subdivisões da Geologia – geologia geral ou dinâmica, geologia histórica e geologia ambiental –, bem como dos fenômenos físicos, químicos e biológicos que fazem parte da história geral da Terra, desde sua formação até os dias atuais.

BRASIL. Ministério da Educação. Secretaria de Educação Básica. *Base nacional comum curricular*: educação é a base. Brasília: MEC/SEB, 2018. Disponível em: http://basenacionalcomum.mec.gov.br/. Acesso em: 3 abr. 2023.

A BNCC é um documento de caráter normativo que define o conjunto progressivo de aprendizagens essenciais a serem desenvolvidas pelos estudantes ao longo da Educação Básica.

BRASIL. Ministério da Educação. Secretaria de Educação Básica. Secretaria de Educação Continuada, Alfabetização, Diversidade e Inclusão. Conselho Nacional de Educação. *Diretrizes curriculares nacionais da Educação Básica*. Brasília: MEC/SEB/Secadi/Dicei, 2013. Disponível em: http://portal.mec.gov.br/index.php?option=com_docman&view=download&alias=13448-diretrizes-curiculares-nacionais-2013-pdf&Itemid=30192. Acesso em: 3 abr. 2023.

As DCN são normas obrigatórias para a Educação Básica que orientam o planejamento curricular.

BRUSCA, R. C.; MOORE, W.; SHUSTER, S. M. *Invertebrados*. 3. ed. Rio de Janeiro: Guanabara Koogan, 2018.

O livro é considerado um dos mais completos tratados sobre organismos invertebrados.

CARVALHO, A. M. P. de (org.). *Ensino de Ciências*: unindo a pesquisa e a prática. São Paulo: Cengage Learning, 2004.

O livro traz pesquisas do Laboratório de Pesquisa e Ensino de Física (LaPEF), da Faculdade de Educação da Universidade de São Paulo, que foram testadas em escolas dos ensinos Fundamental e Médio.

DELERUE, A. *Rumo às estrelas*: guia prático para observação do céu. 9. ed. Rio de Janeiro: Zahar, 2004.

O guia ajuda o leitor a localizar e a identificar as principais estrelas e constelações do hemisfério Sul, além de apresentar algumas lendas associadas às estrelas.

DIAS, G. F. *Educação ambiental*: princípios e práticas. 9. ed. São Paulo: Gaia, 2010.

O livro traz informações básicas sobre educação ambiental e um histórico das atividades dessa área no mundo e ainda sugere atividades para sua prática.

FAIRCHILD, T. R. et al. *Decifrando a Terra*. 2. ed. São Paulo: Ibep, 2008.

O livro traz os principais avanços do conhecimento científico e tecnológico das Ciências Geológicas.

GASPAR, A. *Experiências de Ciências para o Ensino Fundamental*. 2. ed. São Paulo: Ática, 2015.

Nesse livro, o autor apresenta diversas atividades práticas para o ensino de Ciências.

GROTZINGER, J.; JORDAN, T. *Para entender a Terra*. 6. ed. Porto Alegre: Bookman, 2013.

O livro é uma introdução às ciências da Terra, com desenhos e esquemas inovadores.

INSTITUTO BRASILEIRO DE GEOGRAFIA E ESTATÍSTICA (IBGE). *Atlas geográfico escolar*. 8. ed. Rio de Janeiro: IBGE, 2018.

A obra traz dezenas de mapas sobre temas variados, como biomas brasileiros, disponibilidade de água, diversidade ambiental, desigualdades socioeconômicas, entre outros.

JUNQUEIRA, L. C.; CARNEIRO, J. *Histologia básica*. 13. ed. Rio de Janeiro: Guanabara Koogan, 2017.

Obra de referência para o estudo da histologia, o atlas apresenta informações atualizadas sobre biologia celular e aplicações clínicas da histologia, além de desenhos e imagens obtidas por microscopia óptica.

KRASILCHIK, M.; MARANDINO, M. *Ensino de Ciências e cidadania*. São Paulo: Moderna, 2004.

A obra enfatiza a necessidade de se obter um conhecimento básico de Ciências e traz sugestões de atividades para compreender problemas complexos de diferentes áreas do saber.

LEPSCH, I. F. *Formação e conservação dos solos*. 2. ed. São Paulo: Oficina de Textos, 2010.

O livro traz informações sobre a origem dos solos e as características da paisagem e do clima que condicionam os tipos de solo.

MARGULIS, L.; SAGAN, D. *O que é vida?* Rio de Janeiro: Zahar, 2002.

Os autores sugerem respostas à pergunta "O que é vida?" abordando os níveis de organização e as propriedades emergentes dos sistemas biológicos.

MENDONÇA, F.; DANNI-OLIVEIRA, I. M. *Climatologia*: noções básicas e climas do Brasil. São Paulo: Oficina de Textos, 2007.

A obra reúne conceitos básicos de climatologia e meteorologia, com destaque para os domínios climáticos e sistemas atmosféricos da América do Sul e do Brasil.

MOURÃO, R. R. de F. *A astronomia na época dos descobrimentos*. São Paulo: Lacerda, 2000.

O livro discorre sobre o papel da astronomia nas viagens dos navegadores portugueses e espanhóis e a importância das culturas árabe e judaica no desenvolvimento da ciência náutica na época das Grandes Navegações.

POUGH, F. H.; JANIS, C. M.; HEISER, J. B. *A vida dos vertebrados*. 4. ed. São Paulo: Atheneu, 2008.

A obra aborda diferentes aspectos da biologia, morfologia e fisiologia dos cordados, com ênfase nos vertebrados, tanto na perspectiva filogenética como na perspectiva da conservação das espécies.

PRIMAVESI, A. M. *Agricultura sustentável*: manual do produtor rural. São Paulo: Nobel, 1992.

Nesse livro, a pioneira da agroecologia em solos tropicais ensina a combater pragas e a fazer a rotação das culturas e o manejo das pastagens, com base na agricultura sustentável, que considera não só os aspectos econômicos, mas também os sociais e ambientais.

REBOUÇAS, A. da C.; BRAGA, B.; TUNDISI, J. G. (org. e coord.). *Águas doces no Brasil*: capital ecológico, uso e conservação. 4. ed. São Paulo: Escrituras, 2015.

A obra aborda o tema da água doce no Brasil e no mundo explorando assuntos como desenvolvimento sustentável, recuperação de ecossistemas, saneamento básico e saúde, agricultura, pecuária, indústria, hidreletricidade, legislação brasileira, entre outros.

REECE, J. B. et al. *Biologia de Campbell*. 10. ed. Porto Alegre: Artmed, 2015.

A obra reúne extensa gama de conhecimentos das diversas áreas que compõem as Ciências Biológicas.

RONAN, C. A. *História ilustrada da ciência*. 2. ed. Rio de Janeiro: Zahar, 2001. 4 v.

Obra em quatro volumes que apresenta um panorama geral do desenvolvimento da ciência e do pensamento científico em todo o mundo, desde os tempos antigos até os dias atuais, passando por todas as ciências puras e as principais civilizações científicas.

Ross, J. L. S. (org.). *Geografia do Brasil*. 6. ed. São Paulo: Edusp, 2005.

Esse livro trata de temas essenciais para o estudo da Geografia e aborda fatos de natureza histórico-política sob a perspectiva geográfica.

Sagan, C. *Cosmos*. Rio de Janeiro: Gradiva, 2009.

O livro reúne alguns dos conhecimentos mais avançados sobre a natureza, a vida e o Universo.

Schmidt-Nielsen, K. *Fisiologia animal*: adaptação e meio ambiente. 5. ed. São Paulo: Santos, 2002.

O livro reúne conceitos e informações importantes sobre os sistemas fisiológicos nos animais.

Sobotta, J. *Atlas de anatomia humana*. 24. ed. Rio de Janeiro: Guanabara Koogan, 2018.

Nessa obra sobre a anatomia humana, destacam-se as imagens e as informações que enriquecem o estudo.

Tortora, G. J.; Derrickson, B. *Corpo humano*: fundamentos de anatomia e fisiologia. 10. ed. Porto Alegre: Artmed, 2016.

A obra reúne uma gama de conhecimentos das áreas de anatomia e de fisiologia, com ênfase na homeostasia.

Townsend, C. R.; Begon, M.; Harper, J. L. *Fundamentos em ecologia*. 3. ed. Porto Alegre: Artmed, 2010.

O livro aborda as principais temáticas da ecologia atual, de forma clara e acessível e com ricos exemplos.

Fontes da internet

Agência Nacional de Vigilância Sanitária (Anvisa). Disponível em: http://portal.anvisa.gov.br/. Acesso em: 3 abr. 2023.

O *site* traz informações sobre programas, ações e projetos implementados pela Anvisa, além de conteúdos sobre controle sanitário da produção e consumo de produtos e serviços de vigilância sanitária.

Animal Diversity Web. Disponível em: http://animaldiversity.org/. Acesso em: 3 abr. 2023.

O banco de dados *on-line* (em inglês), organizado pelo Museu de Zoologia da Universidade de Michigan (EUA), traz informações sobre a história natural, a distribuição e classificação e a biologia da conservação de milhares de espécies de animais. Inclui fotografias, clipes de áudio e um museu virtual.

Departamento de Astronomia. Instituto de Física da Universidade Federal do Rio Grande do Sul (UFRGS). Disponível em: http://astro.if.ufrgs.br. Acesso em: 3 abr. 2023.

Nesse *site*, é possível acessar conteúdos diversos sobre astronomia, como a história dessa ciência, os planetas extrassolares, a escala do Universo, entre outros.

Departamento de Geologia Aplicada da Universidade Estadual Paulista Júlio de Mesquita Filho. Disponível em: http://igce.rc.unesp.br/#!/departamentos/geologia-aplicada/. Acesso em: 3 abr. 2023.

Nesse *site*, é possível obter informações e encontrar conteúdos sobre geociências, como os do *site* do Museu Heinz Ebert, que disponibiliza um banco de dados sobre rochas e minerais.

Empresa Brasileira de Pesquisa Agropecuária (Embrapa). Disponível em: https://www.embrapa.br. Acesso em: 3 abr. 2023.

O *site* da Embrapa disponibiliza informações e publicações relacionadas ao desenvolvimento da agricultura e da pecuária tropicais.

Instituto Brasileiro de Geografia e Estatística (IBGE). Disponível em: https://www.ibge.gov.br. Acesso em: 3 abr. 2023.

No portal do IBGE, é possível consultar resultados de pesquisas sobre diversos temas e áreas, como meio ambiente, saúde, educação, mercado de trabalho, atividades agropecuárias, entre outros.

Instituto Brasileiro do Meio Ambiente e dos Recursos Naturais Renováveis (Ibama). Disponível em: https://www.ibama.gov.br. Acesso em: 3 abr. 2023.

O *site* reúne notícias, informações e publicações relativas à atuação do órgão responsável por implementar e fiscalizar políticas públicas de proteção ambiental.

Instituto de Astronomia, Geofísica e Ciências Atmosféricas da Universidade de São Paulo. Disponível em: http://www.iag.usp.br/astronomia. Acesso em: 3 abr. 2023.

O *site* disponibiliza informações sobre graduação, pós-graduação, pesquisa, cultura e extensão do Instituto de Astronomia da USP.

Instituto de Biociências da Universidade de São Paulo. Disponível em: http://www.ib.usp.br. Acesso em: 3 abr. 2023.

O *site* apresenta informações sobre graduação, pós-graduação, pesquisa, cultura e extensão do Instituto de Biociências da USP.

Instituto de Geociências da Universidade Federal do Pará. Disponível em: http://www.ig.ufpa.br. Acesso em: 3 abr. 2023.

Além de informações sobre graduação, pós-graduação, pesquisa, cultura e extensão, o *site* possibilita a consulta virtual às coleções de minerais do instituto.

Instituto Nacional de Pesquisas Espaciais (Inpe). Disponível em: https://www.gov.br/inpe/pt-br. Acesso em: 3 abr. 2023.

O *site* do instituto, que é vinculado ao Ministério da Ciência, Tecnologia e Inovação, apresenta dados sobre clima, previsões do tempo, informações sobre queimadas, entre outros conteúdos.

Ministério do Meio Ambiente e Mudança do Clima (MMA). Disponível em: https://www.gov.br/mma/pt-br. Acesso em: 3 abr. 2023.

O *site* traz diversas informações, publicações, vídeos e notícias referentes ao ministério.

Nações Unidas Brasil (ONUBR). Disponível em: http://www.onu.org.br. Acesso em: 3 abr. 2023.

O *site* apresenta as agências especializadas das Nações Unidas e os fundos e programas que elas desenvolvem no Brasil.

Nações Unidas Brasil (ONUBR). Objetivos de Desenvolvimento Sustentável. Disponível em: https://brasil.un.org/pt-br/sdgs. Acesso em: 3 abr. 2023.

A página da ONU apresenta os 17 Objetivos de Desenvolvimento Sustentável (ODS) da Agenda 2030 e suas metas.

Saúde Brasil. Ministério da Saúde. Disponível em: https://www.gov.br/saude/pt-br/assuntos/saude-brasil. Acesso em: 3 abr. 2023.

O portal traz informações e conteúdos sobre assuntos diversos na área da saúde, como vídeos e publicações com dicas para ter uma vida saudável.

Secretaria de Agricultura Familiar e Agroecologia. Disponível em: https://www.gov.br/agricultura/pt-br/assuntos/agricultura-familiar. Acesso em: 3 abr. 2023.

O *site* fornece informações sobre cadastros, programas, projetos e selos da secretaria, que é vinculada ao Ministério do Desenvolvimento Agrário e Agricultura Familiar.